Paul

# EINFÜHRUNG IN DIE MAKROÖKONOMISCHE THEORIE

von

**Gerhard Mussel**

**Verlag W. Kohlhammer**
**Stuttgart Berlin Köln Mainz**

**CIP-Kurztitelaufnahme der Deutschen Bibliothek**

**Mussel, Gerhard:**
Einführung in die Makroökonomische Theorie /
von Gerhard Mussel.
Stuttgart ; Berlin ; Köln ; Mainz : Kohlhammer, 1987.

ISBN 3-17-009855-1


Stuttgart Berlin Köln Mainz
Verlagsort: Stuttgart
Gesamtherstellung:
W. Kohlhammer Druckerei GmbH + Co. Stuttgart
Printed in Germany

# VORWORT

Das vorliegende Buch beschäftigt sich mit den elementaren Bausteinen der makroökonomischen Theorie sowie deren wirtschaftspolitischer Relevanz. Bestimmend für den Aufbau des Buches ist dabei der die makroökonomische Theorie kennzeichnende "Theorienstreit" zwischen "Klassikern" und "Keynesianern". Vor dem Hintergrund dieser rivalisierenden Paradigmen erfolgen die Darstellung und der Vergleich des Güter-, Geld- und Arbeitsmarktes sowie des gesamtwirtschaftlichen Gleichgewichts. Die Kenntnisse dieser theoretischen Zusammenhänge sind Voraussetzung für das Verständnis der angebots- und nachfrageorientierten Wirtschaftspolitik, deren Merkmale den Abschluß des Buches bilden. Auf die "Neue Makroökonomie" wird im Rahmen dieser Einführung nicht eingegangen.

Besonderer Wert wird auf eine verständliche Form der Präsentation makroökonomischer Modelle gelegt, was u.a. in einer Vielzahl von Abbildungen und Zahlenbeispielen seinen Ausdruck findet. Daher wendet sich dieses Lehrbuch in erster Linie an Studierende der Wirtschaftswissenschaften im Grundstudium an Hochschulen und Akademien.

Wesentlichen Anteil an der Entstehung dieses Buches hat Herr Prof. Dr. Helmut Walter. Während zahlreicher Diskussionen, die ich in den vergangenen Jahren mit ihm führen konnte, erhielt ich wertvolle Anregungen, die dieses Buch entscheidend mitgeprägt haben. Hierfür möchte ich Herrn Walter an dieser Stelle ebenso herzlich danken wie für die Durchsicht des Manuskripts. Für kritische Hinweise danke ich ferner meinem Kollegen Dr. Jürgen Pätzold. Bei der Erstellung des PC-Textes unterstützte mich Herr stud.oec. Albrecht Roller mit unermüdlichem Einsatz, Herr cand.oec. Jürgen Kölsch fertigte mit großer Sorgfalt die Zeichnungen an und Herr cand.oec. Raimund Koziollek war mir bei den Korrekturen behilflich; auch ihnen gilt mein Dank. Für die technische Unterstützung möchte ich mich beim Rechenzentrum der Universität Hohenheim, insbesondere bei Herrn Dipl.-Math. W. Pommerer bedanken.

Hohenheim, im Januar 1987 — Gerhard Mussel

## INHALTSVERZEICHNIS

**Vorbemerkungen** .......... 1
I. Einordnung und Gegenstand der makroökonomischen Theorie .......... 1
II. Methoden der Analyse des Wirtschaftsprozesses .......... 4

**Erster Teil: Ex-post-Analyse des Volkseinkommens und der Beschäftigung** .......... 6

I. Das Volkswirtschaftliche Rechnungswesen .......... 6
II. Der Wirtschaftskreiskauf .......... 7
1. Haushalte und Unternehmungen: der 2-polige Kreislauf .......... 8
2. Berücksichtigung der Vermögensbildung: der 3-polige Kreislauf .......... 11
3. Einbeziehung des Staates: der 4-polige Kreislauf .......... 19
4. Einbeziehung des Auslandes: der 5-polige Kreislauf .......... 20
III. Ergebnis des Wirtschaftskreislaufs .......... 22
1. Nationales Produktionskonto .......... 22
2. Sozialproduktbegriffe .......... 23
3. Berechnungsmethoden des Sozialprodukts .......... 26
4. Aussagefähigkeit des Sozialpodukts .......... 29
IV. Globalgrößen des Arbeitsmarktes .......... 31

**Zweiter Teil: Ex-ante-Analyse des Volkseinkommens und der Beschäftigung** .......... 34

I. Vorbemerkungen .......... 34
1. Modelle .......... 34
2. Die makroökonomischen Paradigmen .......... 37
a. Das klassische Paradigma .......... 38
b. Das Keynesianische Paradigma .......... 39
3. Weitere Vorgehensweise .......... 41
II. Der Gütermarkt .......... 44
1. Der klassische Ansatz .......... 44
a. Produktionsfunktion .......... 45
b. Gleichgewicht in der stationären Wirtschaft .......... 47
c. Die Sparfunktion .......... 52
d. Die Investitionsfunkton .......... 55
e. Gleichgewicht in der evolutorischen Wirtschaft .......... 57

2. Der Keynesianische Ansatz .......................... 62
a. Konsum- und Sparfunktion .......................... 63
b. Gleichgewicht und Ungleichgewicht bei autonomen Investitionen .......................... 69
c. Anpassungsprozesse .......................... 74
d. Investitionsmultiplikator .......................... 80
e. Einbeziehung des Staates .......................... 87
f. Einbeziehung des Auslandes .......................... 95
g. Investitionsfunktion .......................... 98
h. Gleichgewicht bei zinsabhängigen Investitionen .......................... 106
III. Der Geldmarkt .......................... 115
1. Begriffliche Grundlagen .......................... 115
a. Geldfunktionen .......................... 115
b. Geldarten .......................... 116
c. Geldmengendefinitionen .......................... 117
d. Geldmarkt .......................... 118
2. Der klassische Ansatz .......................... 118
a. Die Transaktionskasse .......................... 118
b. Cambridge-Gleichung .......................... 123
c. Quantitätsgleichung .......................... 124
3. Der Keynesianische Ansatz .......................... 128
a. Die Spekulationskasse .......................... 128
b. Die gesamtwirtschaftliche Geldnachfrage .......................... 132
c. Geldwirtschaftliches Gleichgewicht .......................... 133
IV. Der Arbeitsmarkt .......................... 145
1. Der klassische Ansatz .......................... 145
a. Arbeitsangebot .......................... 145
b. Arbeitsnachfrage .......................... 147
c. Vollbeschäftigungsgleichgewicht .......................... 149
2. Der Keynesianische Ansatz .......................... 151
a. Arbeitsangebot .......................... 151
b. Arbeitsnachfrage .......................... 152
c. Unterbeschäftigungsgleichgewicht .......................... 153
V. Gesamtwirtschaftliches Gleichgewicht .......................... 156
1. Das klassische Gesamtmodell .......................... 156
a. Darstellung .......................... 156
b. Realwirtschaftliche Störung .......................... 158
c. Monetäre Störung .......................... 160

2. Das Keynesianische Gesamtmodell ........................ 164
a. Hicks-Hansen-Diagramm ........................ 164
b. Gleichgewicht bei Voll- und Unterbeschäftigung ............ 167
c. Das gleichgewichtige Preisniveau ........................ 169
d. Flexibilität der Preise und Löhne ........................ 174
VI. Wirtschaftspolitische Konsequenzen ........................ 177
1. Klassischer Ansatz und angebotsorientierte Wirtschaftspolitik . 178
a. Wirtschaftspolitik im klassischen Modell .................. 178
b. Monetarismus und angebotsorientierte Wirtschaftspolitik ..... 179
2. Keynesianischer Ansatz und nachfrageorientierte Wirtschaftspolitik ........................ 183
a. Möglichkeiten und Grenzen der Fiskalpolitik ............... 184
b. Möglichkeiten und Grenzen der Geldpolitik ................ 190
c. Das Konzept der Globalsteuerung ........................ 195

Literaturverzeichnis ........................ 200

Stichwortverzeichnis ........................ 204

## SYMOBLVERZEICHNIS

A = Angebot
AK = Anschaffungskosten
ALQ= Arbeitslosenquote
B = Arbeit
b = brutto
ß = marginaler Kapitalkoeffizient
C = Konsum
c = durchschnittliche Konsumquote
c' = marginale Konsumneigung
D = Abschreibung
E = Nettoeinnahme
Ex = Exporte
ExÜ = Exportüberschuß
G = Staatsausgaben
GE = Gegenwartswert
g = geplant
H = private Haushalte
I = Investitionen = Nettoinvestitionen
Im = Importe
i = Kapitalkostensatz
i' = marginale Investitionsneigung
j = Kontraktzins
K = Kapitalbestand
k = Kassenhaltungskoeffizient
L = Geldnachfrage
$L_T$ = Transaktionskasse
$L_S$ = Spekulationskasse
l' = Liquiditätsneigung
M = Geldmenge
m' = marginale Importneigung
N = Nachfrage
O = Obligationen
P = Preisniveau
$P_{x,y}$ = Preis des Gutes x,y
q = Grenzleistungsfähigkeit des Kapitals
r = real
S = Sparen

$s$ = durchschnittliche Sparquote
$s'$ = marginale Sparneigung
St = Staat
T = Steuer
Tr = Transferzahlung
tats = tatsächlich
$t$ = Zeitindex
$t'$ = Steuersatz
U = Unternehmungen
u = ungeplant
V = Vermögensänderungspol
$v$ = Umlaufgeschwindigkeit des Geldes
$Y$ = Produktion, Realeinkommen
$Y_{nom}$ = Nominaleinkommen
$Y_v$ = verfügbares Einkommen
$z$ = Effektivzins, Marktzins
$z'$ = Investitionsneigung = Zinsreagibilität der Investitionen
$*$ = Gleichgewichtswert

## Vorbemerkungen

## I. Einordnung und Gegenstand der makroökonomischen Theorie

Die Wirtschaftswissenschaften werden traditionell in die Betriebswirtschaftslehre (BWL) und die Volkswirtschaftslehre (VWL) unterteilt. Wenngleich für diese beiden Bereiche keine einheitlichen Definitionen anzutreffen sind, so ist dennoch festzuhalten, daß sich die Betriebswirtschaftslehre mit dem Betrieb als Ort der Leistungserstellung und -verwertung sowie der Unternehmung als Entscheidungszentrum befaßt, während die Volkswirtschaftslehre weitergehend sämtliche Erscheinungsformen des Wirtschaftslebens zum Gegenstand hat.

Häufig erfolgt eine Aufteilung der auch als "Nationalökonomie" bezeichneten Volkswirtschaftslehre in die drei Blöcke

- Wirtschaftstheorie
- Wirtschaftspolitik
- Finanzwissenschaft

Allerdings erweist sich dieses Vorgehen als problematisch. Zum einen wird hierdurch das verbreitete Vorurteil unterstützt, Theorie und Politik seien zwei verschiedene "Welten", die nichts miteinander zu tun hätten. Diese unzutreffende Vorstellung übersieht jedoch, daß Theorie und Politik untrennbar miteinander verbunden sind, denn eine rationale Wirtschaftspolitik benötigt Kenntnisse über Ursache-Wirkungszusammenhänge, die von der Theorie aufzudecken sind, und umgekehrt eröffnen sich der Wirtschaftstheorie neue Aufgabenfelder durch Probleme, die sich den Wirtschaftspolitikern stellen. Im Rahmen dieses Buches wird zu zeigen sein, inwieweit die Wirtschaftstheorie mithilfe von teilweise komplizierten Modellen der Wirtschaftspolitik Handlungsanweisungen liefern kann.

Zum andern erscheint die Ausgliederung der Finanzwissenschaft, die sich mit dem wirtschaftlichen Handeln des Staates befaßt, fragwürdig. Wenngleich Gebiete wie Steuereinnahmen und Staatsausgaben eigenständig abgehandelt werden können, so ist doch die wirtschaftliche Verflechtung der öffentlichen Gebietskörperschaften mit der privaten Wirtschaft sehr ausgeprägt. Der wachsende Anteil des Staates an der Gesamtwirtschaft machte dessen Einbeziehung in allgemeine wirtschaftstheoretische und wirtschaftspolitische Überlegungen notwendig.

Hält man trotz dieser Vorbehalte an der erwähnten Dreiteilung der Volkswirtschaftslehre fest, so wird die **Wirtschaftstheorie** weiter in die **mikroökonomische Theorie** und die für uns im Mittelpunkt stehende **makroökonomische Theorie** aufgespalten. Da für die makroökonomische Theorie keine allgemeingültige Definition existiert, erscheint es zweckmäßig, deren Gegenstand durch einen Vergleich mit der mikroökonomischen Theorie sowie durch typische Fragestellungen herauszuarbeiten.

Zwischen den beiden Teilbereichen der Wirtschaftstheorie gibt es Gemeinsamkeiten und Unterschiede. Sowohl die mikro- als auch die makroökonomische Theorie analysieren die **Verhaltensweisen von Wirtschaftssubjekten** (Wirtschaftseinheiten), das sind natürliche und juristische Personen, die ökonomische Entscheidungen treffen. Üblicherweise geschieht die Klassifikation der wirtschaftlichen Akteure nach deren ökonomischer Aktivität:

- Haushalte treffen typischerweise Konsumentscheidungen
- Unternehmungen treffen typischerweise Produktions- und Investitionsentscheidungen.

Erkenntnisobjekt der mikroökonomischen Theorie - sie wird auch als "Mikroökonomie" oder "Mikroökonomik" bezeichnet - ist nun das **einzelne Wirschaftssubjekt**. Die Betrachtungen des Kaufverhaltens eines einzelnen Haushalts münden in die Theorie der Nachfrage, in der die Herleitung der Determinanten der individuellen Konsumnachfrage aufgrund von Nutzenmaximierungsüberlegungen erfolgt. Analog analysiert die Theorie des Angebots das Produktionsverhalten einer einzelnen Unternehmung, die nach dem Gewinnmaximum strebt. Schließlich ermittelt die mikroökonomische Theorie im Rahmen der Preis- und Marktheorie den Preis eines einzelnen Gutes, der Angebot und Nachfrage auf dem Markt dieses Gutes zur Übereinstimmung bringt.

Demgegenüber interessiert sich die makroökonomische Theorie, für die auch die Bezeichnungen "Makroökonomie" bzw. "Makroökonomik" gebräuchlich sind, weniger für das Individualverhalten; hier steht stattdessen das **Durchschnittsverhalten** der Wirtschaftssubjekte im Mittelpunkt. An die Stelle der Nachfrage des einzelnen Haushalts tritt die gesamte Nachfrage aller Haushalte einer Volkswirtschaft; bei den privaten Haushalten ist dies der Private Konsum (Privater Verbrauch), bei den öffentlichen Haushalten handelt es sich um die Staatsausgaben. Entsprechend treten an die Stelle der individuellen Produktion einer einzelnen Unternehmung die

Gesamtproduktion aller Unternehmungen, die ihren Ausdruck im Sozialprodukt bzw. im Volkseinkommen findet, sowie die Investitionen. Bei den Güterpreisen erfolgt die Betrachtung sämtlicher Preise, d.h. des Preisniveaus einer Volkswirtschaft.

Der wesentliche Unterschied zwischen den beiden Theorien liegt also in der Betrachtungsebene. Die makroökonomische Theorie faßt sowohl gleichartige Personengruppen als auch gleichartige ökonomische Größen zusammen. Man bezeichnet dieses Vorgehen als Aggregation, die solchermaßen zusammengefaßten Gruppen bzw. Größen als **Aggregate**.

Einen schematischen Überblick zum Verhältnis von mikro- und makroökonomischer Theorie vermittelt folgende Übersicht:

Wirtschaftstheorie

| | mikroökonomische Theorie | makroökonomische Theorie |
|---|---|---|
| Gemeinsamkeit | Analyse des Verhaltens von Wirtschaftssubjekten | |
| Unterschiede: | Individualverhalten, "Einzelner" | Durchschnittsverhalten, "Alle" |
| | Nachfrage eines einzelnen Haushalts nach einem Gut | Gesamtnachfrage aller Haushalte (Privater Konsum, Staatsausgaben) |
| | Angebot eines Gutes durch eine einzelne Unternehmung | Gesamtproduktion aller Unternehmungen (Sozialprodukt, Volkseinkommen, Investitionen) |
| | Preis eines einzelnen Gutes | Preisniveau aller Güter |

Darüber hinaus behandelt die makroökonomische Theorie auch solche Bereiche, die in der Mikroökonomie ausgeklammert bleiben. Hierzu gehören insbesondere Fragen der Beschäftigung sowie die Bedeutung des Staates (Staatseinnahmen, Staatsausgaben, Haushaltsausgleich), des Auslandes (Exporte, Importe) und des Geldes in der Volkswirtschaft. Die bisher aufgezählten Aspekte bilden den Inhalt der makroökonomischen Theorie im engeren Sinne, die auch die Bezeichnung **"Einkommens- und**

**Beschäftigungstheorie"** trägt. Desweiteren können der Makroökonomie auch die Konjunktur-, Wachstums- und Verteilungstheorie, die spezifische Geld- und Außenwirtschaftstheorie sowie das Volkswirtschaftliche Rechnungswesen zugerechnet werden.

Im Mittelpunkt diese Buches steht die makroökonomische Theorie im engeren Sinne, also die Einkommens- und Beschäftigungstheorie, für deren Verständnis jedoch bestimmte Grundkenntnisse des Volkswirtschaftlichen Rechnungswesens unabdingbar sind. Diese bilden den Gegenstand des ersten Teils dieses Buches.

## II. Methoden der Analyse des Wirtschaftsprozesses

Verfolgt man die Geschehnisse des wirtschaftlichen Alltags in einem Land, so stellt man fest, daß es sich dabei um eine Vielzahl teilweise ganz unterschiedlicher Vorgänge handelt, die ein möglicherweise verwirrendes Bild vom Wirtschaftsleben hinterlassen. Meldungen über die konjunkturelle Lage gehen einher mit Nachrichten über Arbeitslosigkeit, Wechselkurse, Inflationsraten, Zinssätze usw. Die Gesamtheit dieser äußerst komplexen Vorgänge nennt man den **Wirtschaftsprozeß**.

Aufgabe der Volkswirtschaftslehre ist es, diesen Prozeß mit Hilfe geeigneter Untersuchungsmethoden zu durchdringen. Dabei erweist es sich als zweckmäßig, die Analyse auf zwei Ebenen durchzuführen, indem zum einen die Beschreibung und zum anderen die Erklärung des Wirtschaftsprozesses erfolgt.

Bei der ersten, **deskriptiven Methode** handelt es sich um eine Einteilung der wirtschaftlichen Geschehnisse in gleichartige Kategorien. Für diese Klassifikation ist es zunächst erforderlich, die ökonomischen Größen begrifflich zu bestimmen, also Definitionen zu bilden. Die definierten Variablen lassen sich dann in der Realität ermitteln, d.h. empirisch erfassen. Neben der Festlegung und Feststellung der Größen gilt es auch, Beziehungen aufzudecken, die zwischen den unterschiedlichen Variablen bestehen. Es handelt sich also um eine **Systematisierung** des Wirtschaftsprozesses. Typisch für diesen ersten Analyseweg ist die Tatsache, daß die Betrachtung der Wirtschaft rückblickend erfolgt; am Ende einer Zeitperiode - üblicherweise ein Jahr - bringt man in Erfahrung, welche Ergebnisse sich einstellten, es erfolgt eine Bestandsaufnahme des Wirtschaftsprozesses. Für dieses Vorgehen hat sich die Bezeichnung **"ex-post-Analyse"** durchgesetzt.

Obgleich es sicherlich nicht einfach, wenn nicht gar unmöglich sein dürfte, sämtliche Resultate des Wirtschaftsprozesses nachträglich zu ermitteln, so erweist sich diese Methode zur Durchdringung der Volkswirtschaft als weniger anspruchsvoll im Vergleich zur zweiten Methode, der **Erklärung** des Wirtschaftsprozesses. Hierbei steht die Frage im Mittelpunkt, weshalb sich die wirtschaftlichen Größen in ganz bestimmter Höhe einstellen bzw. weshalb bestimmte Veränderungen zustande kommen. Das höhere Anspruchsniveau dieses Ansatzes leuchtet anhand eines einfachen Beispiels ein. Kommt es zu einem Autounfall, so lassen sich die Folgen in Form des Sachschadens, der Anzahl von Verletzten usw. relativ leicht ermitteln; dagegen können bei der Klärung der Schuldfrage große Schwierigkeiten auftreten. Mit Hilfe des zweiten Ansatzes sollen also die Einflußgrößen ökonomischer Variablen aufgedeckt werden. Dahinter verbergen sich die Verhaltensweisen der Wirtschaftssubjekte. Es ist daher erforderlich, Annahmen über das für die Makroökonomie relevante Durchschnittsverhalten zu machen, d.h. Verhaltenshypothesen aufzustellen, die in Verhaltensgleichungen ihren Ausdruck finden. Kennzeichnend für die zweite Methode ist somit die Analyse **kausaler Zusammenhänge**. Man bezeichnet sie als **"ex-ante-Analyse"**. Die Kenntnis von Ursache-Wirkungszusammenhängen erlaubt auch Prognosen, d.h. Aussagen über die künftige Entwicklung wirtschaftlicher Grössen; insoweit erweist sich die ex-ante-Analyse im Gegensatz zur ex-post-Analyse als vorausschauend. Hinter der ex-ante-Analyse verbirgt sich die bereits beschriebene makroökonomische Theorie im engeren Sinne. Die daraus gewonnenen Erkenntnisse erlauben dann die Ableitung theoretisch fundierter Handlungsanweisungen für die Wirtschaftspolitik.

An diese beiden unterschiedlichen Ansätze zur Analyse des Wirtschaftsprozesses knüpft der Aufbau des vorliegenden Buches an. Im ersten Teil erfolgt die Darstellung der ex-post-Analyse, welche die Grundlagen für die im zweiten Teil zu behandelnde ex-ante-Analyse liefert.

# Erster Teil: Ex-post-Analyse des Volkseinkommens und der Beschäftigung

## I. Das Volkswirtschaftliche Rechnungswesen

Die in der ex-post-Analyse durchgeführte Beschreibung des Wirtschaftsprozesses mündet in das sogenannte **Volkswirtschaftliche Rechnungswesen**. Darin erfolgt die Erfassung und Ermittlung aller wichtigen volkswirtschaftlichen Kenngrößen. Im einzelnen unterscheidet man folgende Bereiche:

- **Wirtschaftskreislauf**; hierbei werden sämtliche während eines Zeitraumes zu verzeichnenden wirtschaftlichen Transaktionen systematisch registriert;

- **Volkswirtschaftliche Gesamtrechnung (VGR)**; sie hat die Aufgabe, die im Wirtschaftskreislauf auftretenden Größen statistisch zu ermitteln;

- **Input-Output-Tabellen**; in ihnen kommen die interindustrielle Lieferverflechtung sowie die volkswirtschaftliche Marktververflechtung zum Ausdruck;

- **Vermögensrechnung**; dahinter verbirgt sich eine Bestandsaufnahme der Höhe und Struktur aller Vermögensobjekte in einer Volkswirtschaft;

- **Gesamtwirtschaftliche Finanzierungsrechnung**; Inhalt sind die nach unterschiedlichen Merkmalen unterteilten Kreditbeziehungen in einer Volkswirtschaft;

- **Geldaggregate**; aus dem Spektrum der Kreditbeziehungen greift man jene heraus, die für ihre Besitzer Geld darstellen;

- **Zahlungsbilanz**; darin werden alle ökonomischen Transaktionen aufgezeichnet, die innerhalb eines Zeitraumes zwischen Inländern und Ausländern vorgenommen wurden;

- **Sonstige Kenngrößen**; hierzu zählen die Globalgrößen der Beschäftigung und der Preisentwicklung sowie Daten zur Einkommens- und Vermögensverteilung.

Für das Verständnis makroökonomischer Zusammenhänge ist die Kenntnis des Wirtschaftskreislaufs von grundlegender Bedeutung. Dessen Analyse führt zu zentralen gesamtwirtschaftlichen Größen wie Sparen, Investieren, Sozialprodukt und Volkseinkommen. Daher soll auf diesen Teilbereich des Volkswirtschaftlichen Rechnungswesens im folgenden ausführlicher eingegangen werden. Daneben erfolgt noch eine genauere Erläuterung der im Rahmen der Einkommens- und Beschäftigungstheorie relevanten Größen des Arbeitsmarktes.

## II. Der Wirtschaftskreislauf

Der Wirtschaftsprozeß ist gekennzeichnet durch eine Vielzahl von Tauschhandlungen, die Ausdruck der **Arbeitsteilung** sind. Aufgrund unterschiedlicher Neigungen, Begabungen, Erfahrungen und Ausbildungen ist es für die Wirtschaftssubjekte sinnvoll, sich ganz bestimmten Tätigkeiten zuzuwenden. Dieses Organisationsprinzip ist typisch für die modernen Volkswirtschaften, die man auch als **Verkehrswirtschaften** bzw. **Geldwirtschaften** bezeichnet, denn Geld fungiert als Tauschmittel. Der hohe Grad an Spezialisierung ist eine wesentliche Voraussetzung für die Steigerung der Produktion, also für Wirtschaftswachstum, wodurch eine Verbesserung der Güterversorgung der Bevölkerung eines Landes möglich ist. Allerdings dürfen die Probleme, die durch Einführung der Arbeitsteilung aufgeworfen werden, nicht übersehen werden, z.B. die Entstehung von Abhängigkeiten, die Verteilung der Mehrproduktion, die Gefahr der Überproduktion oder die Monotonie der Arbeit - Probleme also, die sich der heutigen Wirtschafts- und Gesellschaftspolitik nahezu permanent stellen.

Die durch Arbeitsteilung bedingten Tauschhandlungen vollziehen sich auf Märkten; dort stehen sich Anbieter und Nachfrager gegenüber, wobei dem Preis die Aufgabe zufällt, einen Ausgleich von Angebot und Nachfrage herbeizuführen. Auf aggregierter Ebene kommen als Tauschpartner die Haushalte und Unternehmungen sowie der Staat und das Ausland in Betracht. Faßt man sämtliche Haushalte zu einer Gruppe zusammen, so spricht man in der Kreislaufanalyse vom **"Pol"** bzw. **"Sektor"** oder **"Transaktor"** der Haushalte, entsprechendes gilt für die anderen Wirtschaftssubjekte. Die zwischen den Polen zu verzeichnenden Aktivitäten heißen **"Ströme"** bzw. **"Transaktionen"**.

Um den komplexen Wirtschaftsprozeß der Realität zu beschreiben, geht die Analyse des Wirtschaftskreislaufs schrittweise vor:

- im 2-poligen Kreislauf erfolgt die Darstellung der ökonomischen Transaktionen zwischen Haushalten und Unternehmungen;
- im 3-poligen Kreislauf wird die Vermögensbildung dieser Sektoren berücksichtigt;

- im 4-poligen Kreislauf erfolgt die Einbeziehung der ökonomischen Aktivitäten des Staates;
- im 5-poligen Kreislauf kommt zusätzlich die wirtschaftliche Verflechtung des Inlandes mit dem Ausland zum Ausdruck.

Im folgenden sollen diese vier Kreislaufmodelle näher beschrieben werden.

## 1. Haushalte und Unternehmungen: der 2-polige Kreislauf

Bereits in der mikroökonomischen Theorie finden sich Kreislaufbeziehungen zwischen einem Haushalt und einer Unternehmung. Dabei werden die Ausgaben des Haushalts zum Erlös der Unternehmung, und umgekehrt entsprechen die Kosten der Unternehmung den Faktoreinkommen des Haushalts. Buchhalterisch stimmen bei jedem Wirtschaftssubjekt die linke und rechte Seite des Kontos überein, es herrscht ein Budgetgleichwicht im Sinne der Übereinstimmung von Ausgaben und Einnahmen.

An diesen Tatbestand knüpft die gesamtwirtschaftliche Kreislaufanalyse an, indem sie gemäß ihrer Fragestellung die Einnahmen-Ausgaben-Beziehungen auf Aggregate überträgt. Die auf makroökonomischer Ebene zwischen den Haushalten und den Unternehmungen auftretenden Kreislaufströme lassen sich folgendermaßen darstellen:

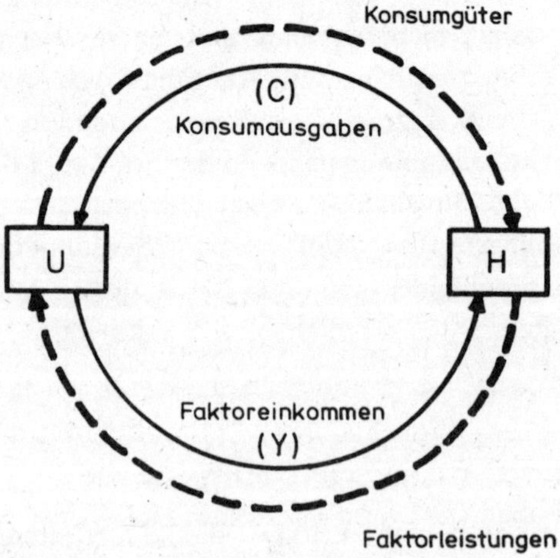


Abb.1: Der 2-polige Kreislauf

Zum Haushaltssektor (H) zählen sowohl Arbeitnehmer- als auch

Unternehmerhaushalte; sie sind Eigentümer der Produktionsmittel (Gebäude, Maschinen usw.), die zur Herstellung von Gütern benötigt werden. Im Unternehmenspol (U) vollzieht sich der Prozeß der Produktion von materiellen (Waren) und immateriellen Gütern (Dienstleistungen). Aus Vereinfachungsgründen wird hier zunächst unterstellt, daß die Unternehmungen keine eigene Rechtspersönlichkeit besitzen.

Die Haushalte stellen den Unternehmungen **Faktorleistungen** zur Verfügung (gestrichelter Strom von H nach U), also die Produktionsfaktoren Arbeit und Kapital. Dafür erhalten sie als Gegenleistung **Konsumgüter** (gestrichelter Strom von U nach H). Den sich solchermaßen ergebenden Kreislauf nennt man auch den "äußeren" Kreislauf, in ihm werden **reale Ströme** erfaßt.

Da die Faktorleistungen und Güter jedoch äußert heterogen sind, benötigt man einen Vergleichsmaßstab. Hierfür bieten sich die Faktor- und Güterpreise an, d.h. die Ströme werden in Geldeinheiten ausgedrückt. Die Bewertung eines realen Stromes ergibt einen **monetären Strom**, der graphisch stets dem realen Strom entgegengerichtet sein muß (durchgezogene Ströme). Die aus Löhnen, Gewinnen usw. bestehenden **Faktoreinkommen** (Y) fließen als Wert der Faktorleistungen von U nach H, analoges gilt für die **Konsumausgaben** (C). Dadurch gelangt man zum "inneren" Kreislauf. Üblicherweise basieren die Kreislaufmodelle auf monetären Strömen, eine Konvention, die auch den folgenden Ausführungen zugrundeliegt.

Wie bereits erwähnt, soll die Vermögensbildung zunächst vernachlässigt werden. Für den Haushaltssektor kommt dies in der Tatsache zum Ausdruck, daß die Konsumausgaben die gleiche Höhe wie die Faktoreinkommen aufweisen, mithin nicht gespart wird. Eine Vergrößerung des Produktionsapparats seitens der Unternehmungen, also Investieren, findet nicht statt. Eine Wirtschaft ohne Sparen und Investieren heißt **"stationär"**, die Höhe der Güterproduktion bleibt hier im Zeitablauf unverändert.

Kennzeichnend für die Kreislaufanalyse ist, daß für jeden Pol der Wert der hereinfließenden Ströme genauso hoch wie der Wert der herausfließenden Ströme ist. Man bezeichnet diesen Tatbestand auch als **Kreislaufaxiom** oder als "geschlossenen Kreislauf". Sofern ökonomische Transaktionen innerhalb eines Pols, z.B. zwischen Unternehmungen stattfinden, werden diese in den Betrachtungen des Wirtschaftskreislaufs nicht erfaßt, es existieren also keine "In-sich-Ströme".

Im Hinblick auf die auftretenden Ströme darf der Begriff "Kreislauf" nicht zu wörtlich genommen werden. Die Faktorleistungen fließen nicht wieder zu den Haushalten zurück, sondern gehen in den Produktionsprozeß ein, ebenso verbleiben die Konsumgüter im Haushaltspol. Der Begriff Wirtschaftskreislauf soll vielmehr sinnbildlich zum Ausdruck bringen, daß bestimmte Vorgänge im Wirtschaftsleben ständig wiederkehren. Einen Kreislauf im physischen Sinne führt nur das Geld durch, welches zur Finanzierung der Transaktionen dient.

Den bisherigen Überlegungen lag die **graphische Darstellungsform** des Wirtschaftskreislaufs zugrunde. Daneben stehen noch weitere Möglichkeiten zur Verfügung, Kreislaufzusammenhänge aufzuzeigen, nämlich die Gleichungsform, die Kontenform und die Matrixform.

Bei der **Gleichungsform** stellt man für jeden Pol eine Gleichung nach dem Prinzip

Summe der hereinfließenden Ströme = Summe der herausfließenden Ströme

auf. Im 2-poligen Kreislauf lautet die entsprechende Gleichung daher:

$$Y = C$$

Sie gilt für die beiden Pole U und H gleichermaßen.

Die **Kontenform** verwendet für jeden Pol ein eigenes Konto, das auf der linken Seite die herausfließenden Ströme (Aufwendungen) und auf der rechten Seite die hereinfließenden Ströme (Erträge) registriert. Angenommen, die Faktoreinkommen belaufen sich auf 100, so läßt sich der Kreislauf in seiner einfachsten Form folgendermaßen abbilden:

| U | |
|---|---|
| Y = 100 | C = 100 |
| 100 | 100 |

| H | |
|---|---|
| C = 100 | Y = 100 |
| 100 | 100 |

Hier findet das Kreislaufaxiom in der Gleicheit von linker und rechter Seite der Konten seinen Ausdruck.

Schließlich lassen sich Kreislaufzusammenhänge auch in einer **Matrix** wiedergeben. Eine solche Tabelle mit doppeltem Eingang enthält in der Kopfzeile und in der Vorspalte die relevanten Pole in gleicher Reihenfolge. Für den 2-poligen Kreislauf ergibt sich folgendes Bild:

| von \ an | U | H | Σ |
|---|---|---|---|
| U | – | Y | Y |
| H | C | – | C |
| Σ | C | Y | |

Wegen der Vernachlässigung der In-sich-Ströme bleibt die Hauptdiagonale frei. Das Kreislaufaxiom spiegelt sich in der Übereinstimmung von jeweiliger Zeilen- und Spaltensumme wider.

Als gebräuchliche Darstellungsmethoden kommen vor allem die graphische Form und die Gleichungsform in Betracht. Während die zeichnerische Darstellung den Vorzug der Anschaulichkeit bietet, erweist sich die Gleichungsform insbesondere bei komplizierten Kreislaufzusammenhängen als überlegen, da sie in kurzer und prägnanter Weise die wirtschaftlichen Beziehungen zwischen den Sektoren zeigt.

## 2. Berücksichtigung der Vermögensbildung: der 3-polige Kreislauf

Den bisherigen Überlegungen lag die Annahme zugrunde, daß die Wirtschaftssubjekte kein Vermögen bilden. Diese Prämisse soll nunmehr aufgegeben werden.

Aus volkswirtschaftlicher Sicht bilden die **Haushalte** typischerweise **Geldvermögen** (Nominalvermögen), indem sie Teile des ihnen zugeflossenen Einkommens nicht verausgaben. Dieser Konsumverzicht stellt das **Sparen** der Haushalte dar, es konkretisiert sich in Formen wie Bildung von Bankguthaben oder Kauf von Wertpapieren. Entscheidend ist in der ex-post-Analyse die Höhe der Ersparnisse, während die Motive für den Sparentschluß erst in der ex-ante-Analyse interessieren.

Im Gegensatz zu den Haushalten tragen die **Unternehmungen** zur Bildung von **Sachvermögen** (Realvermögen) bei, indem sie durch den Kauf von Maschinen und anderen Produktionsmitteln den volkswirtschaftlichen Sachkapitalbestand aufstocken. Die Vermögensbildung vollzieht sich hier in güterwirtschaftlicher

Weise. Teile der Produktion gelangen nicht zu den Haushalten, sondern verbleiben in den Unternehmungen. Derartige Güter bezeichnet man als **Investitionen.** Es kann sich dabei prinzipiell um zwei Kategorien von Produkten handeln:

- Güter, die von vornherein nicht für die Haushalte, sondern für Unternehmungen produziert wurden, z.B. Werkzeugmaschinen. Hierbei handelt es sich um **Anlageinvestitionen**, die geplant, d.h. freiwillig getätigt werden;

- Güter, die zwar für die Haushalte hergestellt wurden, jedoch (noch) keinen Absatz fanden. Diese bilden die **Lagerinvestitionen** und kommen i.d.R. ungeplant, also unfreiwillig zustande.

Um die Kreislaufwirkungen der Vermögensbildung zu erfassen, ist die Einführung eines zusätzlichen Pols erforderlich. Er hat die Aufgabe, sämtliche vermögenswirksamen Transaktionen zu erfassen und heißt deshalb **Vermögensänderungspol** (V). Bei diesem Pol handelt es sich um einen abstrakten, funktionellen Pol, während die Haushalte und Unternehmungen institutionelle Pole darstellen.Insofern ist es nicht zutreffend, den Vermögensänderungspol als den Sektor der Kreditinstitute zu interpretieren; diese produzieren Dienstleistungen und sind daher in U enthalten.

Fügt man die beschriebenen Arten der Vermögensbildung in das Kreislaufdiagramm ein, so ergibt sich folgenes Bild:

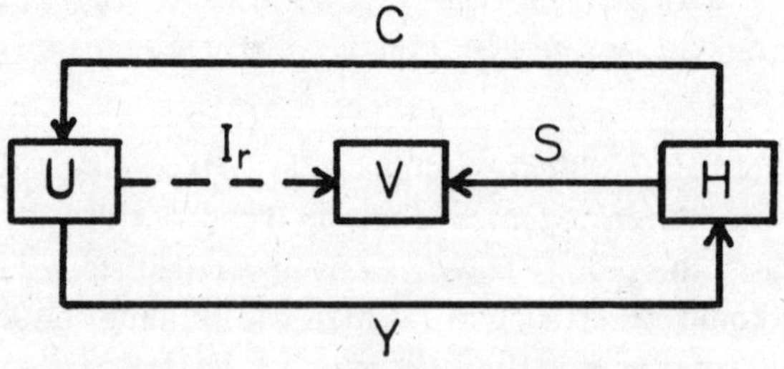


Abb.2: Berücksichtigung der Vermögensbildung

Die unterschiedlichen Arten der Vermögensbildung kommen in der Abbildung im durchgezogenen Strom der Geldvermögensbildung der Haushalte (S = Sparen) und im gestrichelten Strom der Sachvermögensbildung der Unternehmungen ($I_r$ = reale Investitionen) zum Vorschein. Obwohl die

Investitionen aus güterwirtschaftlicher Sicht einen In-sich-Strom darstellen, tauchen sie wegen ihres Vermögenseffektes im Kreislaufdiagramm auf. Aufgrund der Konvention, sämtliche Ströme wertmäßig zu erfassen, erscheinen die Investitionen als monetärer Strom (I) von V nach U:

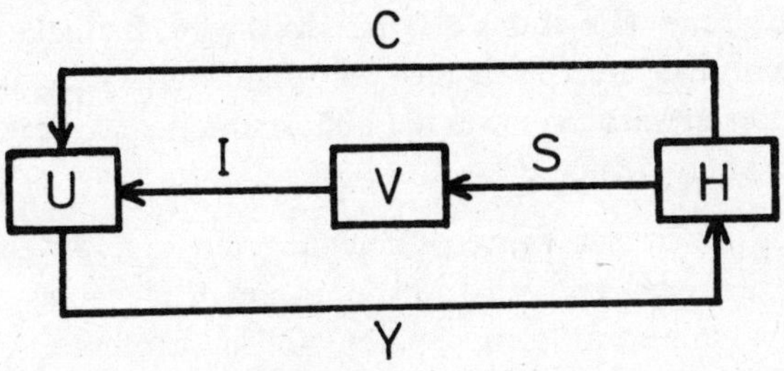


Abb.3: Der elementare 3-polige Kreislauf

Damit hat man die graphische Darstellung des 3-poligen Kreislaufs in seiner einfachsten Form vor sich. Eine Wirtschaft, in der positive Ersparnisse und Investitionen vorliegen, heißt **evolutorisch**; die Erhöhung des Sachkapitalbestandes ermöglicht eine Ausdehnung der Produktion, d.h. wirtschaftliches Wachstum.

Auch für den 3-poligen Kreislauf stehen die bereits beschriebenen alternativen Darstellungsmethoden zur Verfügung. Um die ökonomischen Implikationen dieses Kreislaufmodells, welches der ex-ante-Analyse vielfach als Ausgangstatbestand zugrunde liegt, zu verdeutlichen, erscheint es zweckmäßig, sich an dieser Stelle auch der Gleichungsform zu bedienen. Sie lautet für die entsprechenden Pole:

(1) Pol H : $Y = C + S$

(2) Pol U : $Y = C + I$

(3) Pol V : $S = I$

Aus Gleichung (1) geht hervor, wie die Haushalte ihr Einkommen in Konsum und Sparen aufteilen. Das Einkommen resultiert aus der Bereitstellung von Faktorleistungen, die in den Produktionsprozeß eingehen. In dem Maße, wie produziert wird, entsteht auch Einkommen, so daß der Wert der Güterproduktion dem Wert des Einkommens entspricht. Die Herstellung von Gütern geschieht in der Absicht, diese auch zu verkaufen, d.h. die Produktion entspricht dem Angebot. Es gilt somit der elementare Zusammenhang:

$$Y = \text{Angebot} = \text{Produktion} = \text{Einkommen} = C + S$$

Gleichung (1) läßt sich mithin als **Angebotsgleichung** einer Volkswirtschaft interpretieren.

Demgegenüber zeigt Gleichung (2) die volkswirtschaftliche **Nachfrage.** Als Käufer (=Nachfrager) treten in unserer Modellwirtschaft die Haushalte auf, die Konsumgüter erwerben, sowie die Unternehmungen, deren Nachfrage sich auf Investitionsgüter richtet.

Schließlich kommt in der dritten Gleichung die sog. **ex-post-Identität** zum Ausdruck, wonach Sparen und Investieren am Ende eines Wirtschaftsjahres immer übereinstimmen müssen. Sparen stellt - zumindest kurzfristig - einen Nachfrageausfall dar, d.h. in dem Umfang, in dem gespart wird, gelangen Teile der Produktion nicht in die Haushalte. Diese Produkte verbleiben daher zwangsläufig in den Unternehmungen. Definitionsgemäß müssen dies die Investitionsgüter sein, nämlich Güter, die nicht in den Haushaltssektor flossen. Die **Gleichheit von Sparen und Investieren** ist also ex post eine **güterwirtschaftliche Notwendigkeit.**

Damit können die drei Polgleichungen auch interpretiert werden als:

$$Y = C + S \quad ==> \text{ANGEBOT}$$

$$Y = C + I \quad ==> \text{NACHFRAGE}$$

$$S = I \quad ==> \text{EX-POST-IDENTITÄT}$$

Allerdings darf hier die Übereinstimmung von Angebot und Nachfrage bzw. Sparen und Investieren nicht als ein Gleichgewicht auf dem Gütermarkt gedeutet werden. Der Gleichgewichtszustand herrscht nur dann, wenn sich die entsprechenden Größen im geplanten Sinne entsprechen. Die **ex-post-Analyse** betrachtet jedoch **tatsächliche, realisierte Größen**, die durchaus auch ungeplante Elemente beinhalten können. Da die Unterscheidung zwischen der Übereinstimmung von S und I im ex-post- und ex-ante-Sinne für das Verständnis makroökonomischer Zusammenhänge von grundlegender Bedeutung ist, soll auf diesen Aspekt noch etwas näher eingegangen werden.

Ausgangspunkt sei eine Produktion im Wert von 1000, im Zuge derer ein gleich hohes Einkommen entsteht. Dabei realisieren die Unternehmungen ihre Produktionspläne, die für den eigenen Sektor Investitionsgüter von 300 und für die Haushalte Konsumgüter von 700 vorsehen. Demgegenüber planen die Haushalte Konsumausgaben von 800 und eine Ersparnisbildung von 200 (g = geplant):

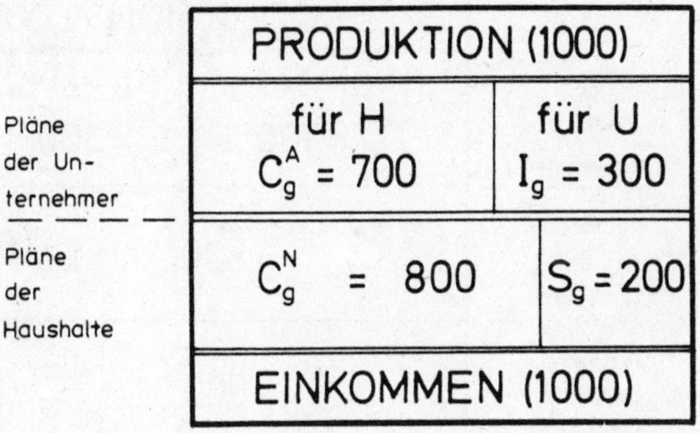


Abb.4: Ungleichgewicht

Angebot (A) und Nachfrage (N) stimmen in geplantem Sinne nicht überein, die Unternehmungen unterschätzen hier die bestehenden Kaufwünsche der Haushalte, das geplante Sparen ist kleiner als das geplante Investieren:

$$\left.\begin{aligned} A_g &= C^N{}_g + S_g \\ &= 800 + 200 = 1000 \\ N_g &= C^N{}_g + I_g \\ &= 800 + 300 = 1100 \end{aligned}\right\} \quad A_g < N_g$$

bzw.

$$\left.\begin{aligned} S_g &= 200 \\ I_g &= 300 \end{aligned}\right\} \quad S_g < I_g$$

Infolge des bestehenden **Ungleichgewichts** treten **ungeplante Größen** auf. Prinzipiell ist es denkbar, daß entweder die Pläne der Unternehmungen oder die Pläne der Haushalte nicht in Erfüllung gehen.

Um die im Vergleich zur laufenden Produktion zu hohe Konsumnachfrage zu befriedigen, bestünde für die **Unternehmungen** die Möglichkeit, vorhandene Lagerbestände abzubauen, was dem Auftreten einer **ungeplanten Größe** in Form einer negativen ungeplanten Investition ($-I_u$, u = ungeplant) in Höhe von 100 entspräche. In diesem Fall könnten die Haushalte ihre Ausgabenpläne realisieren (tats = tatsächlich, realisiert):

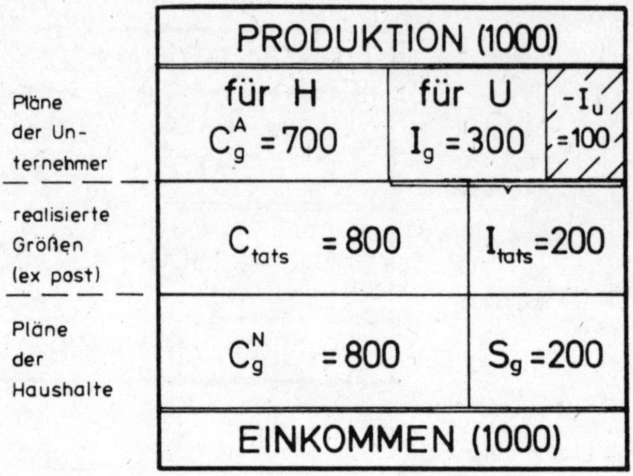


Abb.5: Ausgleich durch Lagerabbau

Es gilt hier:

$$\left.\begin{aligned} A_{tats} &= A_g = 1000 \\ N_{tats} &= C_g + I_g + I_u \\ &= 800 + 300 + (-100) = 1000 \end{aligned}\right\} A_{tats} = N_{tats}$$

bzw.

$$\left.\begin{aligned} S_{tats} &= S_g = 200 \\ I_{tats} &= I_g + I_u \\ &= 300 + (-100) = 200 \end{aligned}\right\} S_{tats} = I_{tats}$$

Ein **"Realausgleich"** in Form von **Lagerbestandsveränderungen** führt hier die ex-post-Übereinstimmung von Angebot und Nachfrage bzw. Sparen und Investieren herbei.

Sollten die Unternehmungen über keine Lagervorräte verfügen, so kämen als weitere prinzipielle Ausgleichsmöglichkeit auch **Preiserhöhungen** in Betracht. Die in der laufenden Periode hergestellten Konsumgüter würden dann für 800 Geldeinheiten - und nicht, wie zunächst kalkuliert - für 700 Geldeinheiten abgesetzt, was auf eine Preiserhöhung von 14,3% hinausliefe. Infolge der Verteuerung erhalten die Haushalte jedoch nicht die ursprünglich vorgesehene

Anzahl an Gütereinheiten, die dem Betrag von 800 Geldeinheiten entsprochen hätte; es entsteht nunmehr ein ungeplanter Konsumverzicht ($-C_u$), den man auch **"Zwangssparen"** ($S_u$) nennt:

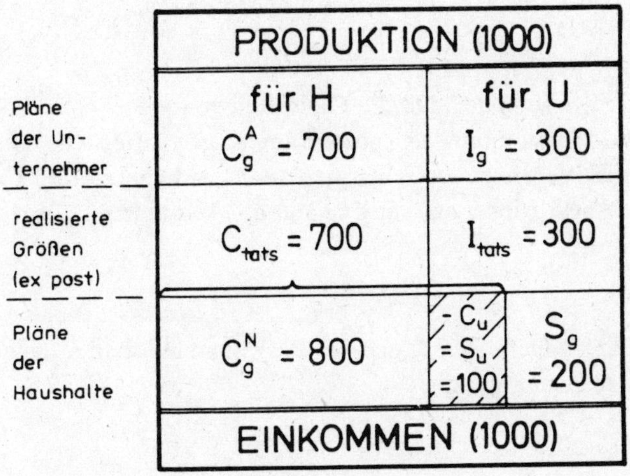


Abb.6: Ausgleich durch Preiserhöhungen

In diesem Fall können die Unternehmungen ihre Investitionen realisieren, während bei den **Haushalten ungeplante Größen** auftreten; hier sorgt der **"Preisausgleich"** für die ex-post-Übereinstimmung von Angebot und Nachfrage bzw. Sparen und Investieren:

$$\left.\begin{aligned} A_{tats} &= A_g = 1000 \\ N_{tats} &= C_g + C_u + I_g \\ &= 800 + (-100) + 300 = 1000 \end{aligned}\right\} A_{tats} = N_{tats}$$

bzw.:

$$\left.\begin{aligned} S_{tats} &= S_g + S_u \\ &= 200 + 100 = 300 \\ I_{tats} &= I_g = 300 \end{aligned}\right\} S_{tats} = I_{tats}$$

Analoge Ergebnisse erhielte man für den umgekehrten Fall, wenn die geplanten Ersparnisse das geplante Investieren überstiegen.

Allgemein gilt, daß sich eine **tatsächliche** Größe aus **geplanten** und **ungeplanten Elementen** zusammensetzen kann:

$$C_{tats} = C_g + C_u$$

$$S_{tats} = S_g + S_u$$

$$I_{tats} = I_g + I_u$$

Dies hat zur Konsequenz, daß die Gleichheit von Angebot und Nachfrage bzw. Sparen und Investieren ex post immer gewährleistet sein muß, denn vorhandene Differenzen zwischen geplanten und realisierten Größen werden über die beschriebenen ungeplanten Variablen ausgeglichen. Die ex-post-Identität

$$S_{tats} = I_{tats}$$

stellt daher eine stets erfüllte Bedingung dar, dagegen ist die ex-ante-Übereinstimmung

$$S_g = I_g$$

d.h. die Erreichung eines Gleichgewichts im güterwirtschaftlichen Bereich reiner Zufall.

Abschließend sind noch zwei ökonomische Tatbestände zu erwähnen, die in Zusammenhang mit der volkswirtschaftlichen Vermögensbildung stehen, nämlich Abschreibungen und unverteilte Gewinne. Den bisherigen Ausführungen lagen lediglich Investitionen zugrunde, die den Sachkapitalbestand erhöhen, sie heißen auch **Nettoinvestitionen**. Daneben ist auch zu bedenken, daß die eingesetzten Produktionsmittel bei der Güterherstellung einem Verschleiß unterliegen, den es auszugleichen gilt. Derartige Investitionen, die zur Aufrechterhaltung des Wertes des Produktionsapparates in der Volkswirtschaft erforderlich sind, nennt man **Ersatz-** oder **Reinvestitionen.**

Zu ihrer Finanzierung legen die Unternehmungen entsprechende Geldbeträge zurück, die aus den Erlösen der Güterverkäufe stammen. Bei diesen finanziellen Mitteln handelt es sich um Abschreibungen (D). Die Summe aus Netto- und Ersatzinvestitionen ergibt die **Bruttoinvestitionen** ($I^b$).

Der andere Aspekt berücksichtigt, daß nicht alle Faktoreinkommen an die Haushalte zu fließen brauchen. Das Vorhandensein von Unternehmungen mit eigener Rechtspersönlichkeit, wie z.B. Aktiengesellschaften, impliziert die

Einbehaltung von Einkommensteilen im Unternehmenssektor. Solche **unverteilten Gewinne** lassen sich als Sparen der Unternehmungen ($S_U$) interpretieren (in der Symbolik zeigt der tiefgestellte Index, aus welchem Pol der jeweilige Strom austritt).

Damit ergibt sich für den erweiterten 3-poligen Kreislauf folgendes Bild:

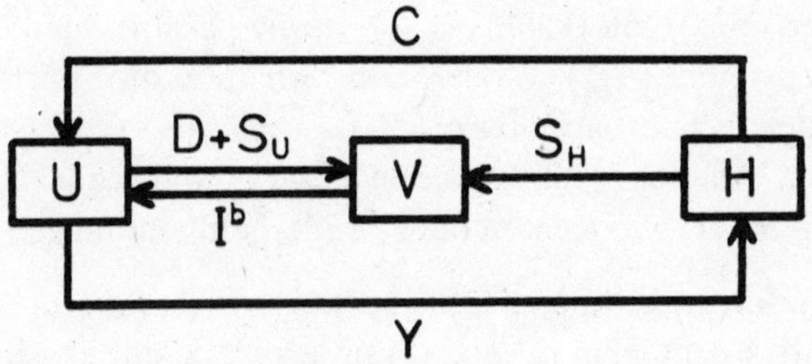


Abb.7: Der erweiterte 3-polige Kreislauf

Auf die alternativen Darstellungsformen dieses Kreislaufs sei an dieser Stelle verzichtet; sie lassen sich jedoch mithilfe der erläuterten Methoden leicht nachvollziehen.

## 3. Einbeziehung des Staates: der 4-polige Kreislauf

Bislang blieben die ökonomischen Aktivitäten des Staates aus den Betrachtungen ausgeklammert. Die Vielfalt des staatlichen wirtschaftlichen Handelns resultiert aus den Aufgabenstellungen der öffentliche Hand. Zum einen hat der Staat im Rahmen der Erfüllung der **Allokationsfunktion** für die Bereitstellung bestimmter Güter und Dienstleistungen zu sorgen, sei es, weil diese Güter nicht von Privaten angeboten werden (z.B. Rechtswesen, Sicherheit) oder sei es, weil gesellschaftliche Gesichtspunkte gegen eine private Bereitstellung gewisser Güter (Gesundheitsbereich, Bildungseinrichtungen usw.) sprechen. Üblicherweise finanzieren die öffentliche Stellen die dabei anfallenden Ausgaben mit Steuern, in neuerer Zeit jedoch teilweise verstärkt durch Kreditaufnahme. Zum anderen obliegt dem Staat die Aufgabe, eine möglichst gerechte Verteilung des Einkommens zu erzielen. Empfindet der Staat die durch den Produktionsprozeß entstandene Einkommensverteilung als ungerecht, so kann er über eine entsprechende Gestaltung seiner Einnahmen und Ausgaben eine Korrektur herbeiführen (**Distributionsfunktion**). Staatsausgaben und -einnahmen sind bei Bedarf bewußt zur Steuerung des Wirtschaftsablaufs einsetzbar, worin eine weitere typische Aufgabe der öffentlichen Hand erblickt wird (**Stabilisierungsfunktion**).

Die bei der Erfüllung staatlicher Aufgaben auftretenden Ströme sollen nun in ein um den Pol des Staates (St) erweitertes Kreislaufdiagramm eingefügt werden (Abb.8). In die Kategorie der **Ausgaben** fallen Zahlungen an Unternehmungen für Güterkäufe ($C_{St}$) sowie Löhne und Gehälter der öffentlich Bediensteten ($Y_{St}$). Außerdem erhalten die Wirtschaftssubjekte staatliche Gelder ohne spezifische ökonomische Gegenleistungen; an Unternehmungen fließen Subventionen (Zu), während Haushalte sog. Transferzahlungen (Tr) wie Renten oder Kindergeld empfangen.

Wichtigste **Einnahmenquelle** sind üblicherweise die Steuern. Sofern sie auf Einkommen und Vermögen erhoben werden, handelt es sich um direkte Steuern ($T^d$; hierin sind auch Zwangsabgaben wie die Beiträge zur Sozial- und Arbeitslosenversicherung enthalten), die von Haushalten und Unterternehmungen aufzubringen sind. Daneben erhebt der Staat auch indirekte Steuern, die im Gegensatz zu den direkten Steuern überwälzbar sind. Beispiele hierfür bilden die Mehrwert- oder Mineralölsteuer, welche zwar die Firmen an den Staat abführen müssen ($T_U{}^i$), jedoch über die Preise letzlich von den Abnehmern der Produkte zu tragen sind.

Sofern der Staat seine Ausgaben investiv tätigt ($I_{St}$), haben diese einen Vermögenseffekt, der im Strom von V nach St seine Berücksichtigung findet. Anfallende Abschreibungen erfaßt man ebenso wie eventuelle Budgetüberschüsse ($S_{St}$) in einem entgegengerichtet verlaufenden Strom. Die diskutierten Ströme sind in Abbildung 8 eingezeichnet.

## 4. Einbeziehung des Auslandes: der 5-polige Kreislauf

Bisheriger Gegenstand der Betrachtungen war eine geschlossene Volkswirtschaft, in der keine wirtschaftlichen Transaktionen mit dem Ausland stattfanden. Gibt man diese angesichts der zunehmenden Internationalisierung höchst unrealistische Prämisse auf, so gelangt man zur **offenen Volkswirtschaft**. In ihr findet der Handel mit Gütern und Dienstleistungen Eingang zwischen dem Inland und dem Ausland. Aus Vereinfachungsgründen sollen die für das Kreislaufgeschehen relevanten Aktivitäten nur zwischen den Unternehmungen und dem Ausland (A) als fünftem Pol laufen.

Führt die heimische Volkswirtschaft Güter in andere Länder aus, so fließt der reale Strom von U nach A und der zu registrierende monetäre Strom der **Exporte** (Ex) in umgekehrter Richtung (Abb.8). Analoges gilt für die Einfuhren, also die **Importe** (Im). Allerdings dürfte kaum damit zu rechnen sein, daß Importe und Exporte gleich hohe Werte annehmen. Fallen die Ausfuhren höher aus als die Einfuhren,so entsteht ein Exportüberschuß (ExÜ), der im Inland per Saldo einen Devisenüberschuß und damit eine Zunahme des Geldvermögens bedeutet; die Forderungen des Inlandes gegenüber dem Ausland steigen. Umgekehrt ließe sich ein Importüberschuß als Sparen des Auslandes interpretieren, was in einem Strom vom Ausland zum Vermögensänderungspol seinen Eingang fände.

Damit kommt man zu folgendem Bild des fünfpoligen Kreislaufs:

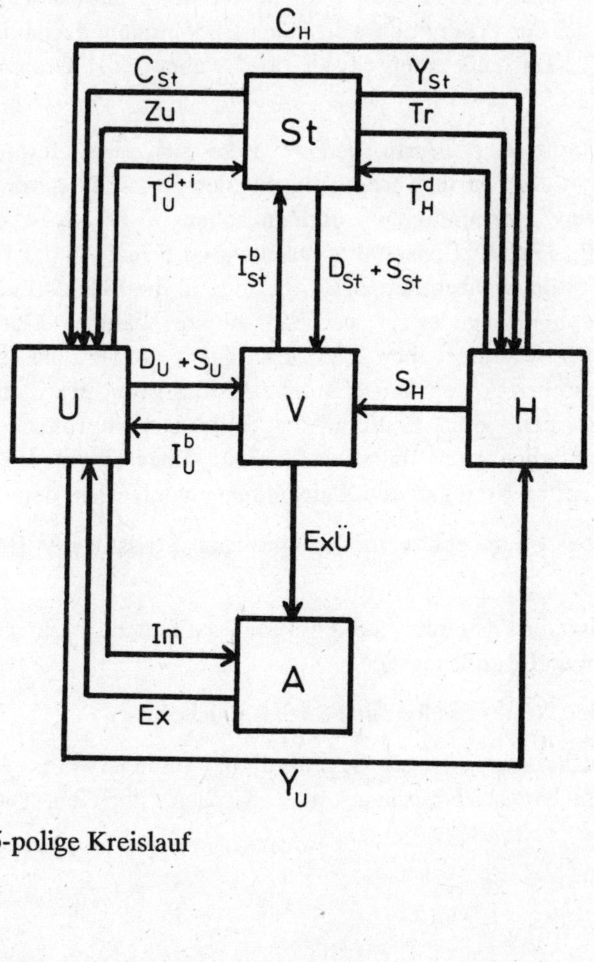


Abb.8: Der 5-polige Kreislauf

Es drängt sich nun die Frage auf, worin das Ergebnis des Wirtschaftskreislaufs zum Ausdruck kommt. Dies ist Gegenstand des nächsten Punktes.

## III. Ergebnis des Wirtschaftskreislaufs

### 1. Nationales Produktionskonto

Wie die Erfahrung zeigt, liegt die Menge der vorhandenen Güter in einer Wirtschaft unter den diesbezüglichen Bedürfnissen der Menschen. Die Überwindung dieser Güterknappheit ist letztlich Ursache für das gesamte wirtschaftliche Handeln. Auf diesem Hintergrund basiert auch das dargestellte Kreislaufgeschehen; die dabei auftauchenden Aktivitäten zielen direkt oder indirekt auf die Herstellung von Gütern ab. Das Ergebnis des Wirtschaftskreislaufs mündet damit in die **Gesamtproduktion**. Wie gezeigt, entsteht aber bei der Produktion wertgleich Einkommen, deshalb läßt sich das Resultat des Kreislaufs methodisch auch über das **Gesamteinkommen** erfassen.

Zur Ermittlung dieser Werte bedient man sich der Heranziehung von **Produktionskonten**. Darin werden die mit der Herstellung von Gütern und Dienstleistungen verbundenen ökonomischen Vorgänge erfaßt. Die Aufstellung eines Produktionskontos geschieht im Prinzip in der Form, daß auf der linken Seite die während einer Zeitperiode in die Produktion eingesetzten Faktoren (**input**) registriert werden; hierzu zählen Güter, die im Produktionsprozeß untergehen (Vorleistungen) sowie die Nutzung der Produktionsfaktoren Arbeit und Kapital (Faktorleistungen). Auf der rechten Seite finden sich die Erzeugnisse (**output**), geordnet nach deren Verwendungsmöglichkeiten, nämlich Verkauf, Lagerung und Eigennutzung. Der Saldo zwischen Erträgen und Aufwendungen entspricht dem Gewinn.

Als Produktionsstätten gelten in der amtlichen Statistik der Bundesrepublik Deutschland:

- Unternehmungen (hierzu zählen auch staatliche Unternehmen wie Bundesbahn und Bundespost)
- Staat (Gebietskörperschaften und Sozialversicherung)
- Private Haushalte und private Organisationen ohne Erwerbszweck (darunter fallen beispielsweise Hausangestellte, Kirchen, Parteien, Gewerkschaften und Vereine).

Erstellt man für die Produktionsstätten jeweils ein Produktionskonto und aggregiert diese, so erhält man das gesamtwirtschaftliche oder **nationale Produktionkonto**:

Nationales Produktionskonto

| | |
|---|---|
| Abschreibungen | Privater Verbrauch |
| Indirekte Steuern ·/.Subventionen | Staatsverbrauch |
| Wertschöpfung (=Löhne, Gehälter, Zinsen, Mieten, Gewinne) | Bruttoinvestitionen |
| | Exporte ·/. Importe |

Abb.9: Das nationale Produktionskonto

Auf der linken Seite finden sich die Aufwendungen für die Inputgrößen. Zur Vermeidung von Doppelzählungen sind allerdings die zwischen den inländischen Wirtschaftssubjekten fließenden Vorleistungen nicht enthalten. Abschreibungen messen die Wertminderung der Produktionsmittel und entsprechen insoweit deren Nutzungskosten. Um den Einfluß des Staates auf die Preisbildung in der Volkswirtschaft zu berücksichtigen, erscheinen auf der linken Seite die an den Staat abzuführenden indirekten Steuern, die mit den Subventionen saldiert werden. Hinter der Wertschöpfung verbergen sich die in den Produktionsstätten entstandenen Bruttoeinkommen. Als Verwendungsmöglichkeiten der hergestellten Güter und Dienstleistungen tauchen rechts zunächst die Verkäufe an private Haushalte auf. Der Staatsverbrauch entspricht den nach dem Kostenwertprinzip ermittelten Leistungen des Staates, die der Allgemeinheit ohne spezielles Entgelt zur Verfügung stehen. Zu den Bruttoinvestitionen rechnen Anlageinvestitionen und Vorratsänderungen. Der internationale Handel mit Gütern und Diensten findet in den Posten Exporte und Importe seinen Ausdruck, den Saldo bezeichnet man als Außenbeitrag.

## 2. Sozialproduktbegriffe

Das nationale Produktionskonto bildet den Ausgangspunkt für verschiedene wichtige Begriffe aus dem Bereich der volkswirtschaftlichen Produktionstätigkeit. Durch Addition sämtlicher Positionen auf der linken bzw. rechten

Seite gelangt man zum **Bruttoinlandsprodukt zu Marktpreisen**. Es drückt den Wert aller in einer Periode im Inland erzeugten und zu Marktpreisen bewerteten Güter und Dienstleistungen aus. Wie bereits erwähnt, sind Vorleistungen hierin nicht enthalten. Fügt man diese hinzu, so entspricht diese Summe dem **Bruttoproduktionswert** einer Volkswirtschaft.

Subtrahiert man - ausgehend von der linken Seite des nationalen Produktionskontos - vom Bruttoinlandsprodukt zu Marktpreisen die **Abschreibungen**, so erhält man das **Nettoinlandsprodukt zu Marktpreisen**. Hierin ist allerdings das Produktionsergebnis durch den Staat verzerrt, denn indirekte Steuern erhöhen künstlich den Produktionswert, während Subventionen ihn verringern. Zur Eliminierung dieser preisverzerrenden Einflüsse, die nicht in unmittelbarem Zusammenhang mit der Produktion stehen, ist eine entsprechende Korrektur erforderlich, d.h. **indirekte Steuern** müssen subtrahiert und **Subventionen** addiert werden. Der dann verbleibende Wert heißt **Nettoinlandsprodukt zu Faktorkosten**, in dem sämtliche Einkommen der am Produktionsprozeß beteiligten Produktionsfaktoren enthalten sind.

Es besteht zwischen den unterschiedlichen Definitionen des Inlandsprodukts also folgender Zusammenhang:

| | |
|---|---|
| Bruttoinlandsprodukt zu Marktpreisen | (1830,4 Mrd.DM) |
| - Abschreibungen | ( 230,3 Mrd.DM) |
| = Nettoinlandsprodukt zu Marktpreisen | (1600,1 Mrd.DM) |
| - indirekte Steuern | ( 229,8 Mrd.DM) |
| + Subventionen | ( 36,4 Mrd.DM) |
| = Nettoinlandsprodukt zu Faktorkosten | (1406,7 Mrd.DM) |
| = Wertschöpfung | |

Um einen Eindruck über die Größenordnungen zu vermitteln, sind hier und in den folgenden Ausführungen in Klammern die Werte des Jahres 1985 für die Bundesrepublik in **jeweiligen Preisen** (nominell) angegeben. Daneben ermittet die Statistik auch Werte zu **konstanten Preisen** (real), bei denen Preissteigerungen ausgeschaltet sind.

Gebräuchlicher als das Inlandsprodukt ist das **Sozialprodukt**. Während das Inlandsprodukt auf die Erfassung der wirtschaftlichen Leistung eines Wirtschaftsraumes abstellt, bezieht sich das Sozialprodukt auf die

Produktionstätigkeit und die damit verbundene Einkommenserzielung von **Wirtschaftssubjekten**. Hierunter fallen Personen mit ständigem Wohnsitz im Inland, sog. Inländer. Die Unterscheidung zwischen Inlands- und Sozialprodukt spielt etwa bei Grenzgängern eine Rolle, die im Inland wohnen, aber ihre Arbeitsleistung einer ausländischen Volkswirtschaft zur Verfügung stellen, von wo sie auch Einkommen empfangen. Auch bei Vermögenseinkünften wirkt sich diese Differenzierung aus, z.B. wenn Ausländer im Inland eine Geldanlage unterhalten, deren Zinsen ins Ausland abfließen. Allgemein gilt die Beziehung:

Inlandsprodukt

\+ Erwerbs- und Vermögenseinkünfte der Inländer aus dem Ausland

\- Erwerbs- und Vermögenseinkünfte der Ausländer aus dem Inland

= Inländerprodukt = Sozialprodukt

In der Bundesrepublik lag das Sozialprodukt 1985 um 7,5 Mrd.DM über dem Inlandsprodukt.

Analog zum Inlandsprodukt unterscheidet man auch beim Sozialprodukt nach Maßgabe des Untersuchungszwecks unterschiedliche Definitionen:

Bruttosozialprodukt zu Marktpreisen

\- Abschreibungen

= Nettosozialprodukt zu Marktpreisen

\- indirekte Steuern

\+ Subventionen

= Nettosozialprodukt zu Faktorkosten

= Volkseinkommen

Besonders die beiden letzten Begriffe verdeutlichen, daß **Produktion** und **Einkommen** quasi **zwei Seiten einer Medaille** sind; in dem Umfang, wie inländische Produktionsfaktoren bei der Herstellung von Gütern und Dienstleistungen zum Einsatz gelangen, beziehen sie auch Einkommen.

Ergänzend sei an dieser Stelle auf eine in der Wirtschaftstheorie und -politik zunehmend beachtete Größe hingewiesen, nämlich das **Produktionspotential**. Während das Sozialprodukt die tatsächliche Produktion erfaßt, gehen in das Produktionspotential die Produktionsmöglichkeiten aufgrund der vorhandenen

Produktionsfaktoren in einer Volkswirtschaft ein:

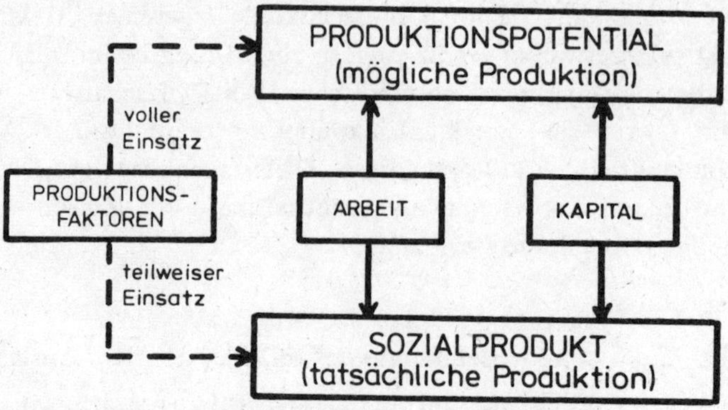


Abb.10: Beziehung zwischen Sozialprodukt und Produktionspotential

Die Konjunkturschwankungen in einer Volkswirtschaft kommen in der im Zeitablauf unterschiedlich starken Inanspruchnahme der Produktionsfaktoren und damit im sog. **Auslastungsgrad** des Produktionspotentials zum Ausdruck. Während das Sozialprodukt eine kurzfristig konzipierte Maßzahl der gesamtwirtschaftlichen Produktionstätigkeit darstellt, ist das Produktionspotential längerfristiger Natur, da sich die Ausstattung einer Volkswirtschaft mit Arbeitskräften und Sachkapital nur langsam verändert.

## 3. Berechnungsmethoden des Sozialprodukts

Zur statistischen Ermittlung des Sozialprodukts stehen drei verschiedene Wege zur Verfügung, und zwar die

- Enstehungsrechnung; Ansatzpunkt ist die Messung der Produktion;
- Verteilungsrechnung; hier erfaßt man alle bei der Produktion entstandenen Einkommen;
- Verwendungsrechnung; darin wird ermittelt, wohin die hergestellten Güter gelangten.

Diese Methoden sollen kurz erläutert sowie ihre Bedeutung aufgezeigt werden.

In Anlehnung an internationale Richtlinien geht die **Entstehungsrechnung** von einer branchenmäßigen Einteilung der Wirtschaft in Sektoren aus, wobei als Klassifikationskriterium die Produktion gleicher bzw. ähnlicher Güter dient.

Als "zusammengefaßte Wirtschaftsbereiche" gelten

(1) Land- und Forstwirtschaft, Fischerei ( 30,9 Mrd.DM)

(2) Warenproduzierendes Gewerbe (760,1 Mrd.DM)

(3) Handel und Verkehr (274,6 Mrd.DM)

(4) Dienstleistungsunternehmen[1] (473,0 Mrd.DM)

(5) Staat, Private Haushalte[2] (244,2 Mrd.DM)

Über die sektoralen Bruttoproduktionswerte gelangt man zu den Beiträgen dieser Wirtschaftszweige zum Bruttoinlandsprodukt.[3]

Mithilfe der Entstehungsrechnung läßt sich der mit dem Wachstum einer Volkswirtschaft untrennbar verbundene Strukturwandel nachzeichnen. Bekanntestes Beispiel hierfür ist die **Drei-Sektoren-Hypothese**. Danach dominiert zunächst der primäre Sektor (Wirtschaftsbereich 1), der den größten Beitrag zur gesamtwirtschaftlichen Produktion und damit zum im Inland entstandenen Einkommen erbringt. Mit dem steigenden Anteil des sekundären Sektors (Wirtschaftsbereich 2) erfolgt im Laufe der Zeit der Übergang von der Agrar- zur Industriegesellschaft. Aber auch der sekundäre Sektor wird schließlich vom immer stärker anwachsenden tertiären Sektor (Wirtschaftsbereiche 3 bis 5) zurückgedrängt, d.h. langfristig entwickelt sich eine "Dienstleistungsgesellschaft". Sowohl die Allgemeingültigkeit als auch die wirtschaftspolitische Relevanz dieses Ansatzes sind jedoch nicht unumstritten.

Gegenstand der **Verteilungsrechnung** sind die in der Wertschöpfung enthaltenen Einkommen. Korrigiert um den Saldo der Erwerbs- und Vermögenseinkünfte des Inlandes mit dem Ausland, ergibt sich das zur Verteilung anstehende Volkseinkommen. Die Statistik unterscheidet dabei zwei Einkommenskategorien:

---

1) Einschl. Wohnungsvermietung

2) Einschl. privater Organisationen ohne Erwerbszweck

3) Hierin sind unterstellte Entgelte für Bankdienstleistungen, der Vorsteuerabzug für Investitionen sowie Einfuhrabgaben nicht berücksichtigt, da diese Positionen nicht den einzelnen Sektoren zurechenbar sind. Daher weicht die Summe der angeführten Beträge vom Gesamtbetrag des Bruttoinlandsprodukts zu Marktpreisen entsprechend ab.

- Bruttoeinkommen aus unselbstständiger Arbeit (Bruttolohn- und Gehaltssummen einschl. Sozialbeiträge der Arbeitgeber; 989,3 Mrd.DM);
- Bruttoeinkommen aus Unternehmertätigkeit und Vermögen (Gewinne, Zinsen, Dividenden, Mieten, Pachten; 424,9 Mrd.DM).

Bezieht man die Bruttoeinkommen aus unselbstständiger Arbeit auf das Volkseinkommen, so erhält man die in der Gesellschaftspolitik häufig diskutierte **Lohnquote**. Entsprechend ist die **Profitquote** als Verhältnis von Bruttoeinkommen aus Unternehmertätigkeit und Vermögen zum Volkseinkommen definiert. Würden die Unselbständigeneinkommen ausschließlich dem Produktionsfaktor Arbeit und die übrigen Einkunftsarten nur dem Faktor Kapital zufließen, so wären die aufgeführten Quoten geeignete Maßzahlen für die sog. **funktionelle Einkommensverteilung**. Allerdings erscheint eine solche Interpretation nicht zulässig, da die Unternehmereinkommen auch Einkünfte aus der Arbeitsleistung von Selbständigen enthalten, die nur fiktiv berechenbar sind.

Auch darf bei der Auslegung der Lohnquote als einem Maßstab für die Einkommensposition der Lohn- und Gehaltsbezieher nicht übersehen werden, daß die Quotenerhöhung auch aus einer Veränderung der **Beschäftigtenstruktur** resultiert. Aber selbst eine entsprechende, in der Statistik anzutreffende Bereinigung berücksichtigt nicht die "**Querverteilung**", d.h. die Tatsache, daß Einkommen aus Unternehmertätigkeit und Vermögen wie Miet- oder Zinseinnahmen teilweise den Arbeitnehmern zufließen.

Die dritte Möglichkeit zur Ermittlung des Sozialprodukts setzt an der rechten Seite des nationalen Produktionskontos an und mündet in die **Verwendungsrechnung**. Als Verwendungsmöglichkeiten der Güter, die aus der in- und ausländischen Herstellung stammen, kommen in Betracht:

- Privater Verbrauch ($C_{pr}$; 1027,3 Mrd.DM); er enthält die Ausgaben der privaten inländischen Haushalte (einschließlich des Eigenverbrauchs privater Organisationen ohne Erwerbscharakter) für konsumtive Zwecke. Der Kauf von Wohnungseigentum zählt zu den Investitionen;
- Staatsverbrauch (G; 365,7 Mrd.DM); hierin sind die Aufwendungen des Staates für zivile und militärische Verwaltungszwecke erfaßt, die in Form von Einkommenszahlungen an öffentlich Bedienstete sowie Güterkäufen anfallen;

- Bruttoinvestitionen (373,5 Mrd.DM); sie umfassen die in Ausrüstungs- und Bauinvestitionen unterteilten Anlageinvestitionen sowie Vorratsänderungen;
- Außenbeitrag (71,4 Mrd.DM); die Differenz zwischen Aus- und Einfuhren von Waren und Dienstleistungen entspricht der Nettoauslandsnachfrage, die noch um den Saldo der Einkommen zwischen In- und Ausländern korrigiert wird.

Durch Addition dieser Positionen ergibt sich das Bruttosozialprodukt zu Marktpreisen ($Y^b{}_{MP}$). Die zugrundeliegende **Verwendungsgleichung**

$$Y^b{}_{MP} = C_{pr} + I^b + G + Ex - Im$$

macht deutlich, zu welchen Käufergruppen (Haushalte, Unternehmungen, Staat, Ausland) die Güter gelangten. Daher entspricht diese Gleichung der **gesamtwirtschaftlichen Endnachfrage.** Bezieht man die einzelnen Verwendungskomponenten auf das Bruttosozialprodukt, so erhält man die entsprechenden **Quoten**, z.B. die Konsum- oder Investitionsquote. Derartige Werte erlauben wichtige Rückschlüsse auf den Stand und die Entwicklung der Nachfragestruktur in einer Volkswirtschaft. Außerdem liefert die Gleichung Anhaltspunkte zur wirtschaftspolitischen Steuerung der gesamtwirtschaftlichen Nachfrage. Da diese kurzfristig starke Schwankungen, die das Bild der Konjunktur prägen, aufweisen kann, stellt die Verwendungsgleichung eine wesentliche Grundlage für die Konjunkturpolitik dar.

## 4. Aussagefähigkeit des Sozialprodukts

Im Sozialprodukt findet die wirtschaftliche Leistungskraft der Mitglieder einer Volkswirtschaft ihren Ausdruck. Der prozentuale Zuwachs des realen, um Preissteigerungen bereinigten Sozialprodukts dient gleichermaßen wie die Zunahme des realen Produktionspotentials als Maß für wirtschaftliches Wachstum. Da das Sozialprodukt die Güterversorgung der inländischen Bevölkerung beinhaltet, liegt es nahe, an dieser Größe bzw. deren Entwicklung die **Wohlfahrt** einer Gesellschaft abzulesen. Allerdings erweist sich dieser zunächst durchaus einleuchtende Rückschluß als höchst problematisch.

So sollte man sich bei der Verwendung von **Wachstumsraten** der Tatsache bewußt sein, daß es sich hierbei um relative Zahlen handelt; ein hoher prozentualer Zuwachs auf einem niedrigen Ausgangsniveau ist anders zu beurteilen als ein geringer prozentualer Zuwachs auf einem hohen Ausgangsniveau. Dieser Sachverhalt spielt etwa beim Vergleich der Wachstumsraten von Entwicklungs- und Industrieländern eine Rolle.

Auch ist für den Wohlfahrtseffekt des Sozialprodukts die Höhe und Entwicklung der **Bevölkerung** maßgebend. Um dies zu berücksichtigen, bildet man das Pro-Kopf-Einkommen als Verhältnis von Sozialprodukt und Bevölkerung. Ein bestimmtes Pro-Kopf-Einkommen sagt jedoch als statistischer Durchschnitt nichts über die **Verteilung** der Güter bzw. des Einkommens und damit über den individuellen materiellen Wohlstand aus.

Des weiteren liefert das Sozialprodukt als Aggregat keine Informationen über die **Zusammensetzung**. Je nach dessen Struktur (z.B. Konsum- und Rüstungsgüter) resultieren daraus entsprechende Wohlfahrtseffekte. Ferner geschieht die **Bewertung** des Sozialprodukts zu Marktpreisen, die jedoch keineswegs mit der subjektiven, wohlfahrtsfördernden Wertschätzung übereinzustimmen braucht. In diesem Zusammenhang ist auch auf die Bewertung staatlicher Leistungen nach dem Kostenwertprinzip hinzuweisen.

Bestimmte Leistungen sind im Sozialprodukt überhaupt nicht erfaßt, da sie nicht auf Märkten gehandelt werden. Dies ist der Bereich der sog. **Schattenwirtschaft**. Hierzu zählen einerseits die "legale" Produktion vor allem der privaten Haushalte (Hausfrauenarbeit, Do-it-yourself-Tätigkeiten), aber auch der illegale Bereich (z.B. Schwarzarbeit). Den Anteil dieser statistisch nicht erfaßten wirtschaftlichen Aktivitäten veranschlagt man auf ca. 50 - 75% des "offiziellen" Sozialprodukts.

Schließlich besagt das Sozialprodukt nichts über **qualitative Einflüsse** wie Umweltverschmutzung, Lärmbelästigung und Landschaftszerstörung. Ebenso fehlen Informationen hinsichtlich der Arbeitszeit und Arbeitsbedingungen, Faktoren also, die für die nicht nur materiell verstandene Wohlfahrt von vorrangiger Bedeutung sind. Deartige Faktoren rückten inzwischen zunehmend in das Bewußtsein der Öffentlichkeit, mit der Konsequenz, daß die Wirtschaftspolitik aufgefordert wird, anstelle eines maximalen verstärkt ein **qualitatives Wachstum** anzustreben. Zur Beseitigung der angesprochenen Mängel wurden verschiedene Neuansätze vorgestellt, die darauf abzielen, das Sozialprodukt zu revidieren bzw. durch neue Konzepte mit einer höheren Aussagefähigkeit zu ersetzen. Allerdings traten bislang vor allem bei der statistischen Erfassung sowie beim Versuch, quantitative und qualitative Elemente vergleibar zu machen, Schwierigkeiten auf, so daß trotz der genannten Vorbehalte das Sozialprodukt weiterhin als gebräuchlichstes Maß für die volkswirtschaftliche Produktionstätigkeit und die damit verbundenen Wohlstandseffekte verwendet wird.

## IV. Globalgrößen des Arbeitsmarktes

Bereits aus der Etikettierung "Einkommens- und Beschäftigungstheorie" als alternative Bezeichnung der makroökonomischen Theorie geht hervor, daß neben dem Volkseinkommen auch Beschäftigungsfragen im Zentrum der Überlegungen stehen. Es erscheint daher notwendig, die wichtigsten Kennziffern der Beschäftigung in einer Volkswirtschaft zu erörtern. Die Ermittlung der arbeitsmarktstatistischen Daten geschieht in der Bundesrepublik durch das Statistische Bundesamt in Wiesbaden und die Bundesanstalt für Arbeit in Nürnberg.

Den Rahmen für die Höhe und Struktur der Beschäftigung bildet die Bevölkerung. Eine erste Grobeinteilung (siehe Abb.11) orientiert sich an der Beteiligung der in einem Land wohnhaften Menschen am Erwerbsleben und unterscheidet zwischen **Erwerbspersonen** und **Nichterwerbspersonen**. Zur letzteren Gruppe zählen Personen, die keine auf die Erzielung von Einkommen gerichtete Tätigkeit ausüben oder suchen, weil sie dazu nicht willens oder fähig sind. Als Beispiele lassen sich Kinder und Rentner, Hausfrauen mit Kleinkindern, Schüler und Studenten oder Invaliden anführen. Entsprechend gelten als Erwerbspersonen solche Menschen, die eine unmittelbar oder mittelbar auf Erwerb gerichtete Tätigkeit ausüben oder suchen.

Innerhalb der Erwerbspersonen unterteilt die amtliche Statistik in Erwerbstätige und Erwerbslose. Zu den **Erwerbstätigen** zählen die im Produktionsprozeß stehenden Selbständigen (z.B. Freiberufler), Mithelfende Familienangehörige (die ohne Entlohnung im Familienbetrieb mitarbeiten) und Abhängige (Beamte einschl. Soldaten, Angestellte, Arbeiter, Auszubildende).

Als **Erwerbslose** gelten zunächst die bei den Arbeitsämtern als Arbeitslose gemeldeten Personen. Über diese sog. **"registrierten"**, d.h. offiziell bekannten Arbeitssuchenden berichtet die Bundesanstalt für Arbeit regelmäßig. Daneben existieren aber auch Personen, die sich um eine Arbeitsstelle bemühen, ohne jedoch die Arbeitsverwaltung einzuschalten, beispielsweise weil keine Ansprüche auf Leistungen aus der Arbeistslosenversicherung bestehen. Diese als **"Stille Reserve"** bezeichnete "versteckte" Arbeitslosigkeit läßt sich naturgemäß nur schwer ermitteln, dürfte aber gegenwärtig beachtliche Ausmaße angenommen haben (für 1982 geht die Bundesanstalt für Arbeit von ungefähr 800.000 Personen aus). Angesichts der statistischen Probleme ist die Stille Reserve deshalb nicht in den veröffentlichten

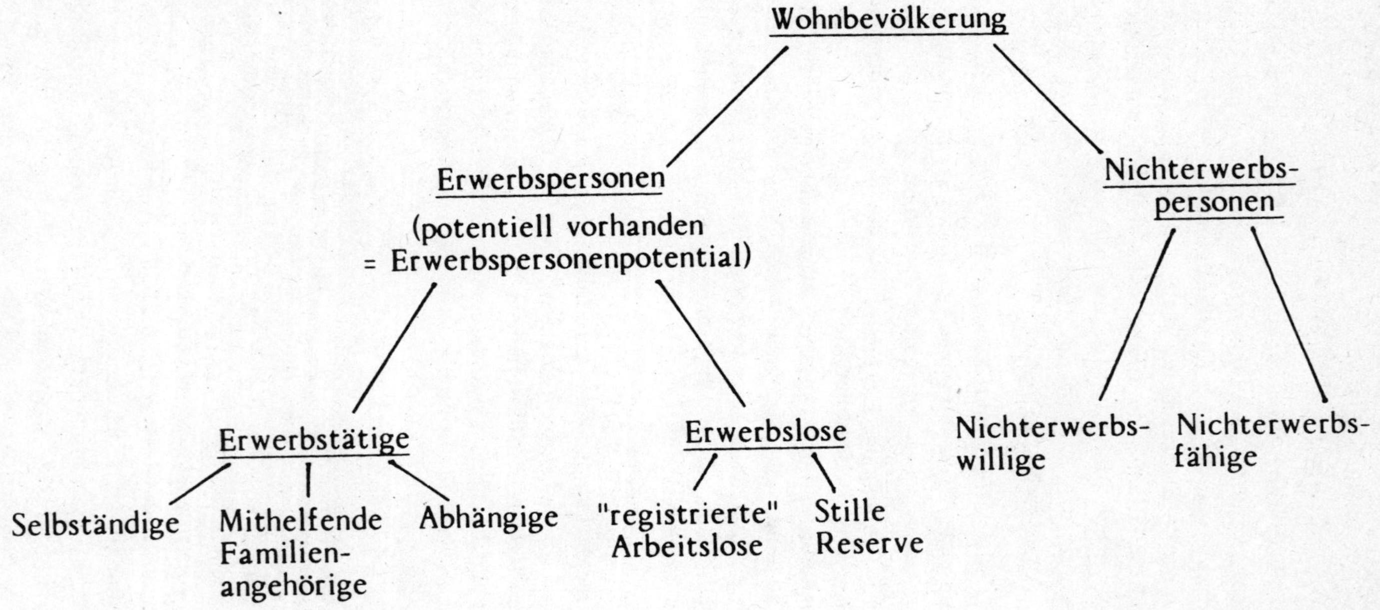


Abb.11: Erwerbsbeteiligung der Bevölkerung

Erwerbspersonenzahlen enthalten, sondern taucht nur in Schätzungen des sog. **Erwerbspersonenpotentials** auf.

Als Maßstab für die Beteiligung der Bevölkerung am Erwerbsleben zieht man häufig die **Erwerbsquote** heran. Sie errechnet sich als Quotient aus den statistisch erfaßten Erwerbspersonen und der Bevölkerung. In der Bundesrepublik erreichte diese Quote mit 48,6% im Jahr 1957 den höchsten Stand der Nachkriegszeit; 1985 lag sie bei 45,6%. Die Gründe für die rückläufige Entwicklung liegen vor allem in verlängerten Ausbildungszeiten, der Herabsetzung der Altersgrenze sowie einer gestiegenen Lebenserwartung.

Die Beurteilung der Lage auf dem Arbeitsmarkt geschieht überwiegend anhand der **Arbeitslosenquote** (ALQ). Sie ist definiert als

$$ALQ = \frac{\text{registrierte Arbeitslose}}{\text{abhängige Erwerbspersonen}} \cdot 100$$

Unter die abhängigen Erwerbspersonen fallen die abhängigen Erwerbstätigen (teilweise nur zivile) sowie die registrierten Arbeitslosen. Aufgrund des vorhandenen detaillierten Zahlenmaterials besteht die Möglichkeit, spezifische Arbeitslosenquoten für unterschiedliche Regionen, Berufs- und Altersgruppen, Branchen und Geschlecht zu berechnen, wodurch ein differenziertes Bild über die Beschäftigungssituation in einer Volkswirtschaft entsteht.

Allerdings weist dieser weit verbreitete Beschäftigungsindikator eine ganze Reihe von **Problemen** auf, die seine Aussagekraft einschränken. So führt die Ausklammerung der Stillen Reserve aus der Arbeitslosenquote zu einer Unterzeichnung der Arbeitslosigkeit. Dies dürfte insbesondere in der Rezession gelten, da die Stille Reserve offenbar prozyklisch mit der konjunkturellen Entwicklung schwankt. Auch geht die für die Beurteilung des Arbeitsmarktes wichtige Anzahl der offenen Stellen nicht in die Arbeitslosenquote ein. Dasselbe trifft auf Kurzarbeit und geleistete Überstunden zu, wobei dies in einem Konzept, das auf die Erfassung der geleisteten Arbeitsstunden abzielt, Berücksichtigung finden kann. Aus diesen Argumenten geht bereits hervor, daß die in der Öffentlichkeit stark beachtete Arbeitslosenquote zu Fehlinterpretationen hinsichtlich der Beschäftigungslage in einer Volkswirtschaft führen kann und deshalb nur unter Vorbehalten heranzuziehen ist.

# Zweiter Teil: Ex-ante-Analyse des Volkseinkommens und der Beschäftigung

## I. Vorbemerkungen

### 1. Modelle

Bislang beschränkten sich die Ausführungen auf die Systematisierung und Erfassung gesamtwirtschaftlicher Grössen. Die **Ursachen** für das Zustandekommen dieser Aggregate blieben unbeachtet. An diesem Punkt setzt nun die makroökonomische Theorie an. Ihre Aufgabe besteht, wie schon erwähnt, in der Erklärung dieser Variablen, d.h. in der Aufdeckung von Ursache-Wirkungszusammenhängen. Dies geschieht mithilfe von **Modellen**, die ein Abbild der Realität darstellen. Angesichts der komplexen Realität erscheint es allerdings unumgänglich, von Teilen der Wirklichkeit zu abstrahieren und nur solche Punkte herauszugreifen, die bezüglich des Untersuchungszwecks und Ergebnisses als wichtig erachtet werden.

Wie schon beim Wirtschaftskreislauf, so stehen auch in der ex-ante-Analyse verschiedene **Sprachsysteme** für die Modellbildung zur Verfügung. Am verständlichsten dürfte wohl die verbale Sprache sein, die jedoch sehr umständlich wirkt, wenn es um die Darstellung vielschichtiger Zusammenhänge geht. Verbreitet ist auch die graphische Sprache, die wegen ihrer Anschaulichkeit recht instruktiv wirkt, jedoch bei der Abbildung mehrdimensionaler Beziehungen versagt. Diesen Nachteil kennt die mathematische Sprache nicht; sie bringt die Verknüpfung auch vieler Variablen in kurzer und klarer Form zum Ausdruck, allerdings sind entsprechende "Sprachkenntnisse" Voraussetzung. Bleibt man in der mathematischen Sprache, so lassen sich die für ein Modell in Betracht kommenden Bausteine als Gleichungen formulieren. Hierfür kommen fünf Typen in Betracht.

Von zentraler Bedeutung sind zunächst **Verhaltensgleichungen.** Hierin erfolgt die Bildung von Hypothesen, das sind Annahmen hinsichtlich der funktionalen Abhängigkeit einer Variablen von einer anderen. Betrachtet man beispielsweise das Investitionsverhalten als vom Zins (z) bestimmt, so hat die Investitionsfunktion die Form

$$I = I(z)$$

Der Zins als unabhängige Größe ist formal die einzige Determinante der Investitionen. Andere mögliche Bestimmungsfaktoren wie Abschreibungs-

und Steuersätze finden in dieser Funktion keinen expliziten Eingang, sie werden - ohne deshalb deren prinzipielle Bedeutung in Abrede zu stellen - entsprechend der **ceteris-paribus-Klausel** als konstant angenommen. Die makroökonomische Theorie versucht solche Determinanten zu ermitteln, die dem Durchschnittsverhalten der Wirtschaftssubjekte am nächsten kommen. Zumeist arbeitet man mit **monokausalen** Beziehungen, was zwar eine starke Vereinfachung gegenüber der Realität bedeutet, jedoch den Vorzug der analytisch einfachen Handhabung in sich birgt.

Als weitere Gleichungsart gelten **technische Gleichungen**. Hierbei geht es um die Abbildung technologischer Gegebenheiten und Vorgänge in Gleichungsform. Ein bekanntes Beispiel ist die Produktionsfunktion

$$Y = Y\,(B,K),$$

die besagt, daß die Ausbringungsmenge vom Einsatz der Arbeit (B) und des Sachkapitals (K) abhängt.

Hinter **institutionellen Gleichungen** steht das Verhalten von Institutionen wie Staat und Zentralbank, die über bestimmte ökonomische Größen entscheiden. So bringt die Geldangebotsfunktion

$$M = \overline{M}$$

zum Ausdruck, daß die Zentralbank die im Umlauf befindliche Geldmenge (M) autonom festsetzt. Ebenso lassen sich Staatsausgaben und Staatseinnahmen in Gleichungsform darstellen.

Ein anderer Gleichungstyp sind die bereits aus der ex-post-Analyse bekannten **Definitionsgleichungen**. Sie haben allgemein begriffliche Festlegungen nach Maßgabe des Untersuchungszwecks zum Inhalt, indem bestimmte Größen miteinander in Beziehung gebracht werden. Deshalb können Definitionsgleichungen niemals falsch, sondern nur unzweckmäßig sein. Zum Beispiel stellt die aus dem dreipoligen Kreislauf hergeleitete Gleichung

$$Y = C + S$$

eine immer erfüllte Bedingung dar, weil das Einkommen definitionsgemäß entweder zu Konsumzwecken verwendet oder gespart werden kann. Daher spricht man häufig auch von **Identitätsgleichungen**. Derartige Gleichungen spielen eine entscheidende Rolle für die makroökonomische Theorie, denn sie liefern die Basis für die Formulierung von Verhaltensgleichungen, in denen die definierten Variablen dann "erklärt", d.h. auf ihre Bestimmungsgründe zurückgeführt werden.

Kennzeichnend für makroökonomische Modelle sind schließlich auch Gleichungen, die **Gleichgewichtsbedingungen** formulieren. Der Gleichgewichtsbegriff spielt in der ökonomischen Theorie eine zentrale Rolle. Unter Gleichgewicht versteht man einen Zustand, in dem die Wirtschaftssubjekte keine Veranlassung sehen, ihre Verhaltensweise zu ändern; Planrevisionen sind nicht erforderlich, geplante und realisierte Größen entsprechen sich, so daß keine ungeplanten Größen auftreten. Dies ist allgemein dann der Fall, wenn geplantes Angebot und geplante Nachfrage übereinstimmen. Beispielsweise herrscht auf dem Gütermarkt ein Gleichgewicht, wenn geplantes Güterangebot und geplante Güternachfrage gleich hoch sind:

$$A_g = N_g$$

Prinzipiell können sich auf sämtlichen Märkten als den ökonomischen Orten des Tausches in einer Volkswirtschaft Gleichgewichtszustände bilden. Die makroökonomische Theorie analysiert neben dem Gütermarkt insbesondere den Geldmarkt, den Arbeitsmarkt und den Wertpapiermarkt.

Oft bezeichnet man ein Modell auch als **Theorie**, deren Kennzeichen ein System von Hypothesen ist. Diese sollten einer empirischen Überprüfung zugänglich sein, d.h. die Variablen und Gleichungen sollten einer Formulierung entsprechen, die eine Festellung darüber erlaubt, ob der unterstellte Kausalzusammenhang in der Realität zutrifft. Hält eine Hypothese bzw. eine Theorie einer empirischen Überprüfung stand, so gilt sie noch nicht als generell "richtig", dagegen muß eine Hypothese als falsch abgelehnt werden, sofern sie sich in einem Fall nicht bestätigen sollte ("Asymmetrie der Falsifizierbarkeit").

Konstituierendes Merkmal eines Modells ist der **Zeitaspekt**. In dieser Hinsicht unterscheidet man zwischen zwei Typen. Beziehen sich sämtliche im Modell auftretenden Größen auf einen bestimmten Zeitpunkt, so liegt ein **statisches** Modell vor. Betrachtet man dagegen die Variablen im Zeitablauf, d.h. analysiert man Prozesse, so ist das Modell **dynamisch**. Eine Zwischenstellung nehmen sog. **komparativ-statische** Modelle ein, in denen Zustände zu verschiedenen Zeitpunkten miteinander verglichen werden. Diese für die zeitliche Betrachtungsweise geltende Klassifikation darf nicht mit dem Begriffspaar "stationär-evolutorisch" verwechselt werden, welches sich auf eine nicht wachsende bzw. wachsende Wirtschaft bezieht.

Die in Modellen auftauchenden Variablen teilt man in **exogene** und **endogene** Größen ein. Exogen bedeutet "von außen vorgegeben", d.h. diese Größen werden außerhalb des Modells festgesetzt, sie sind ein Datum und bedürfen keiner Erklärung, wie z.B. Steuersätze. Gebräuchlich ist hierfür auch die Bezeichnung "**autonom**". Demgegenüber handelt es sich bei endogenen Größen um im Modell bestimmte Variablen, die in den Modellgleichungen als Abhängige erscheinen.

Eine weitere Unterscheidung im Rahmen der Modellanalyse betrifft die Betrachtungsebene. Sofern in ein Modell sämtliche makroökonomischen Fragestellungen eingehen, spricht man von einem **Totalmodell**. Erstreckt sich die Betrachtung hingegen lediglich auf bestimmte Aggregate oder einzelne Märkte, so liegt ein **Partialmodell** vor.

## 2. Die makroökonomischen Paradigmen

Angesichts der Komplexität des Wirtschaftsprozesses kann es nicht verwundern, daß im Laufe der Zeit verschiedene Modelle entwickelt wurden. Zum einen wird darin den spezifischen, einer Zeitepoche entspringenden Problemen Rechnung getragen, wobei diese einem steten Wandel unterliegen. Man bezeichnet diesen Tatbestand als den "**Raum-Zeit-Bezug**" einer Theorie. Des weiteren finden sich keine einheitlichen Annahmen für die zugrundeliegenden Modelle, sowohl was die Auswahl der Vereinfachungen als auch die unterschiedliche Einschätzung hinsichtlich unterstellter Kausalzusammenhänge anbelangt. Gerade der letzte Aspekt tritt beim Vergleich makroökonmischer Modelle in Form unterschiedlich formulierter Verhaltenshypothesen deutlich zutage.

Im wesentlichen lassen sich zur Erklärung makroökonomischer Zusammenhänge zwei Modellansätze unterscheiden, nämlich die **klassische** und die **Keynesianische Theorie**. Dahinter verbergen sich zwei grundlegende alternative Vorstellungen über gesamtwirtschaftliche Phänomene. Derartige Denkrichtungen heißen **Paradigmen**. Um mit dem klassischen und dem Keynesianischen Ansatz, die im Mittelpunkt der folgenden Ausführungen stehen, konkrete Vorstellungen zu verbinden, erscheint es zweckmäßig, vorab die wesentlichen Aussagen dieser beiden Theorien kurz zu skizzieren. Sowohl in diesem ersten Überblick als auch in der nachfolgenden detaillierten Darstellung werden die verschiedenen Positionen dabei zum Teil bewußt pointiert und rivalisierend aufgezeigt, um die unterschiedlichsten Standpunkte hervorzuheben.

## a. Das klassische Paradigma

Dogmengeschichtlich verbindet man mit dem Begriff die Klassik die etwa von der Mitte des 18.Jahrhunderts bis zur Mitte des 19.Jahrhunderts anzutreffende Sicht wirtschaftlicher Vorgänge. Als Hauptvertreter dieser Epoche gelten vor allem Adam **Smith** (1723-1790), David **Ricardo** (1772-1832) und Jean Baptiste **Say** (1767-1832). Die klassiche Theorie ist allerdings in der Form, wie sie im folgenden dargestellt wird, nicht unmittelbar einem oder einigen wenigen Autoren zurechenbar. Sie vermittelt vielmehr einen Eindruck über die damalige mehrheitliche Auffassung zahlreicher Autoren, die teilweise nur bestimmte Problembereiche behandelten; daher tragen die folgenden Ausführungen **synoptischen Charakter**.

Die Arbeiten der Klassiker sind auf dem Hintergrund der sozialen und wirtschaftlichen Verhältnisse der **industriellen Revolution** sowie der geistig-philosophischen Ideen der **Aufklärung** zu sehen und zu verstehen. Entsprechend fielen die Fragestellungen und die Sichtweise bezüglich des Wirtschaftsprozesses aus. Das Interesse galt in erster Linie der **Angebotsseite** einer Volkswirtsschaft. Im Vordergrund standen Untersuchungen über die Mehrung des Wohlstandes durch Produktionssteigerung sowie Verteilungsfragen. Die Weiterentwicklung der klassischen Lehre verengt sich in der zweiten Hälfte des 19.Jahrhunderts zur Mikrotheorie; diese Epoche bezeichnet man als die **Neoklassik**, die in Bezug auf makroökonomische Analysen insbesondere mit dem Namen von Knut **Wicksell** (1851-1926) verknüpft ist. Sowohl "rein" klassische als auch neoklassische Gedanken werden im folgenden unter dem Etikett "Klassik" behandelt.

Kennzeichnend für die klassische Sichtweise ist der Glaube an die **Stabilität des privaten Sektors**. Danach ist ein privatwirtschaftlich-kapitalistisch organisiertes Wirtschaftssystem in der Lage, mit seinen wirtschaftlichen Problemen selbst fertig zu werden. Arbeitslosigkeit tritt allenfalls kurzfristig auf, langfristig herrscht in der Wirtschaft Vollbeschäftigung. Dies erscheint möglich, weil sich zum einen die Wirtschaftssubjekte **utilitaristisch** verhalten, indem sie ihr individuelles Wohl zu maximieren versuchen, was letztlich auch zu einem maximalen Gesamtwohl führt. Zum anderen sollte den Dingen gemäß des aus dem Liberalismus stammenden **"Laissez-faire-Prinzips"** freier Lauf gelassen werden. Es existieren Selbstheilungskräfte, eine unsichtbare Hand ("invisible hand") sorgt für befriedigende Gleichgewichtszustände. Ökonomisch bedarf es hierzu eines voll funktionsfähigen **Preismechanismus** auf allen Märkten.

Daraus folgen unmittelbar die wirtschaftspolitischen Konsequenzen. Der Staat hat mit der Schaffung entsprechender **Rahmenbedingungen** wie freier Marktzutritt oder Sicherung des Privateigentums ordungspolitische Aufgaben wahrzunehmen. Insbesondere ist der Preismechanismus durch eine funktionstüchtige **Wettbewerbspolitik** zu flankieren. Ansonsten sollte sich der Staat aus dem Wirtschaftsgeschehen fernhalten ("Nachtwächterstaat"). Die Finanzierung der Aufgaben sollte unter Beachtung des Budgetausgleichs erfolgen.

Spätestens mit Ausbruch der Weltwirtschaftskrise im Jahre 1929 wurde der Glaube an die klassische Theorie erschüttert, und es dauerte rund dreißig Jahre, bis klassische Gedanken wieder verstärkt Beachtung fanden. Vor allem die Bekämpfung der aufkommenden Inflation nach dem 2.Weltkrieg führte zu einer Renaissance der Klassik in Gestalt einer Strömung, die die Bezeichnung **"Monetarismus"** trägt und untrennbar mit dem Namen von M. Friedman verbunden ist. Er betont primär die Rolle des Geldes und die Bedeutung der Geldpolitik. Vor allem infolge der Ölpreiskrise verschoben sich in den siebziger Jahren die wirtschaftlichen Probleme grundlegend. Zu deren Lösung kristallisierte sich eine wirtschaftspolitische Konzeption heraus, die ebenfalls auf klassischen Gedanken basiert, jedoch umfassender als der Monetarismus ist und unter dem Etikett der **"Angebotsorientierten Wirtschaftspolitik"** zunehmende Beachtung fand.

## b. Das Keynesianische Paradigma

Die von 1929 bis 1933 andauernde **Weltwirtschaftskrise** erforderte ein Überdenken der klassisch-neoklassischen Theorie, die nicht in der Lage war, die damalige Massenarbeitslosigkeit in Verbindung mit drastischen Produktionsrückgängen und Preissenkungen zu erklären. Während dieser Zeit entwickelten verschiedene Ökonomen neue und ähnliche Ansätze, von denen die "Allgemeine Theorie" des Engländers **John Maynard Keynes** (1883- 1946) die mit Abstand größte Bekanntheit erlangte. Keynes, der sämtliche vor seiner Zeit abgefaßten Arbeiten der Klassik zurechnete, übernahm bzw. erweiterte verschiedentlich die bis dahin anzutreffenden Lehrmeinungen, in zahlreichen Punkten entwickelte er jedoch entgegengesetzte Positionen, die hier teilweise bewußt pointiert vorgestellt werden.

Nach seiner Grundauffassung neigen hochentwickelte Volkswirtschaften prinzipiell zur **Instabilität**, da der Marktmechanismus versagt. Dadurch kann es zu langanhaltenden Störungen im Wirtschaftsprozeß kommen. Aus heutiger Sicht liefe dies auf die Nichterreichnung des im Stabilitäts- und Wachstumsgesetztes von 1967 paraphierten "gesamtwirtschaftlichen Gleichgewichts" hinaus, d.h. es käme zu Verletzungen der "magischen Ziele" Stabilität des Preisniveaus, hoher Beschäftigungsgrad, stetiges und angemessenes Wirtschaftswachstum sowie außenwirtschaftliches Gleichgewicht. Die Ursachen für wirtschaftliche Krisen liegen nach Keynesianischer Meinung in einer **zu geringen gesamtwirtschaftlichen Nachfrage**, welche die vorhandenen Produktionsmöglichkeiten nicht voll ausschöpft. Daraus wird bereits deutlich, daß im Keynesianischen Paradigma den volkswirtschaftlichen **Kreislaufzusammenhängen** eine dominierende Rolle zukommt.

Neigt eine privatwirtschaftlich organisierte Volkswirtschaft zu Instabilitäten, so bedarf es einer Institution, die stabilisiert. Als geeignete Instanz sieht Keynes den Staat mit dessen Eingriffsmöglichkeiten an. Damit nimmt die **Fiskalpolitik** mit ihren konjunkturell gezielt einsetzbaren Veränderungen der Staatsausgaben und Staatseinnahmen eine Schlüsselrolle ein. Zur Finanzierung der notwendigen ausgleichenden Ausgaben kann sich der Staat vorübergehend durchaus verschulden, d.h. Haushaltsdefizite bilden. Hierin sehen viele Anhänger der Keynesianischen Theorie die prinzipielle Legitimation für die Staatsverschuldung, was jedoch, wie noch zu zeigen sein wird, nicht den Intentionen von Keynes entspricht.

Da die Arbeiten von Keynes nicht immer leicht verständlich geschrieben sind, wurden sie von J.R.Hicks und A.H.Hansen in eine einfachere Form gebracht. Diese Interpretation liegt den meisten Lehrbuchdarstellungen zugrunde und soll auch hier Verwendung finden. Ebenso wie die Klassik erlebte die Keynesianische Theorie in den sechziger Jahren eine Renaissance in Gestalt der sogenannten **Postkeynesianischen bzw. Neokeynesianischen Theorie**. Hierin erfolgt eine Weiterentwicklung bzw. Neuinterpretation der Theorie von J.M.Keynes. Auf diese Aspekte wird jedoch im Rahmen dieses Buches nicht näher eingegangen.

Ein abschließender Überblik verdeutlicht nochmals die wichtigsten Positionen der beiden Theorien:

**Paradigmen**

| **Klassik** | **Keynes** |
| --- | --- |
| (18./19.Jhdt) Smith, Ricardo, Say | (1936,"General Theory") |
| Stabilität | Instabilität |
| - Vollbeschäftigung | - Unterbeschäftigung |
| - "laissez - faire", Selbstheilungskräfte | - Interventionismus |
| - Preismechanismus | - Kreislaufzusammenhänge |
| - Absage an Staat als Stabilisator der Wirtschaft | - Bedeutung des Staates als Stabilisator der Wirtschaft |
| - Haushaltsausgleich | - Haushaltsdefizite |
| - Wettbewerbspolitik | - Fiskalpolitik |
| seit sechziger Jahren: Monetarismus (Geldpolitik) | seit sechziger Jahren: Post-/Neokeynesianismus |
| ⇒ **Angebotsorientierter Ansatz** | ⇒ **Nachfrageorientierter Ansatz** |

## 3. Weitere Vorgehensweise

Unabhängig von den unterschiedlichen Standpunkten beschäftigen sich beide Paradigmen mit demselben Erkenntnisobjekt, nämlich der Volkswirtschaft, mit dem Ziel der Erklärung des Wirtschaftsprozesses. Er umfaßt die Gesamtheit der Tauschhandlungen, die auf den Märkten stattfinden. Üblicherweise reduzieren die makroökonomischen Modelle auf drei globale Märkte, den Gütermarkt, den Geldmarkt und den Arbeitsmarkt.

Auf dem **Gütermarkt** stehen sich Käufer und Verkäufer von Waren und Dienstleistungen gegenüber. Entsprechend gilt das Interesse der Höhe und Struktur des gesamtwirtschaftlichen Angebots, also der Produktion, sowie der gesamtwirtschaftlichen Nachfrage. Die Analyse des Gütermarktes umfaßt auch das Sparen und Investieren; gelegentlich finden diese Aktivitäten Eingang in einem gesonderten Markt, dem sog. Kapitalmarkt. Der Begriff **"Geldmarkt"** darf hier nicht banktechnisch als Geldhandel innerhalb des Kreditgewerbes verstanden werden. Volkswirtschaftlich geht es um die Geldnachfrage, d.h. den Geldbedarf aller Wirtschaftssubjekte und um die Bereitstellung des Geldes. Auf dem **Arbeitsmarkt** treffen sich das Arbeitsangebot der Haushalte und die Arbeitsnachfrage der Unternehmungen.

Diese Märkte bilden den Gegenstand der weiteren Überlegungen. Sie werden sowohl aus klassischer als auch aus Keynesianischer Sicht dargestellt. Aufgrund der Komplexität der Märkte erweist es sich als zweckmäßig, diese zunächst isoliert zu betrachten, d.h. eine Partialanalyse durchzuführen, um sie dann in einem weiteren Schritt zusammenzufügen.

Daraus ergibt sich das weitere Vorgehen (siehe die schematische Darstellung in Abb.12). Zunächst erfolgt die Erörterung des Gütermarktes, die in das güterwirtschaftliche Gleichgewicht mündet. Entsprechendes gilt für den sich anschließenden Geldmarkt. Die Verknüpfung dieser beiden Märkte führt zu einem simultanen güter- und geldwirtschaftlichen Gleichgewicht, das im nachfolgenden Gliederungspunkt behandelt wird. Vielfach trägt bereits dieses simultane Gleichgewicht die Bezeichnung "gesamtwirtschaftliches Gleichgewicht", was sich allerdings als problematisch erweist, da es den Arbeitsmarkt noch nicht enthält. Dessen Behandlung geschieht im Anschluß an den Geld- und Gütermarkt. Die Anbindung des Arbeitsmarktes an den realen und monetären Sektor mündet dann in das für die makroökonomische Theorie relevante **gesamtwirtschaftliche Gleichgewicht im weiteren Sinne**. Den Abschluß des Buches bilden schließlich einige wirtschaftspolitische Konsequenzen, die aus der klassischen und der Keynesianischen Theorie resultieren.

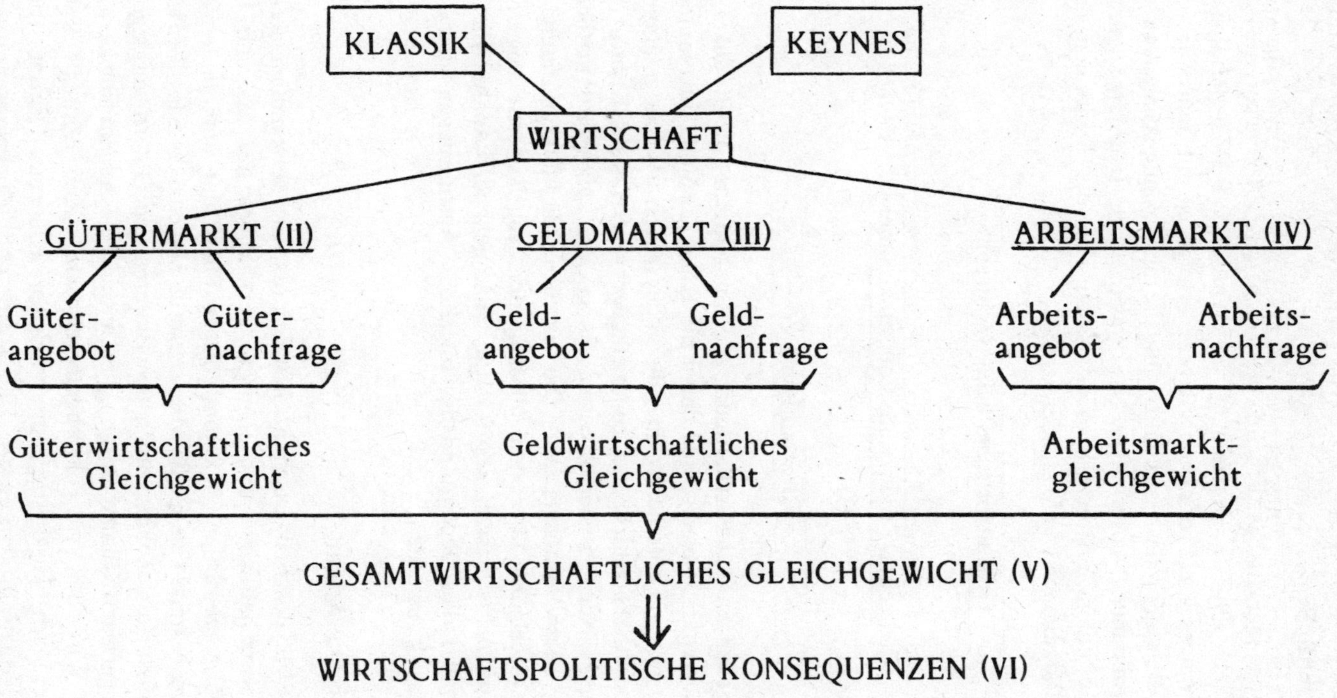


Abb.12: Schematische Darstellung des weiteren Vorgehens

## II. Der Gütermarkt

Im Mittelpunkt des realwirtschaftlichen Sektors stehen die Güternachfrage und das Güterangebot. Da die Herstellung von Waren und Dienstleistungen mithilfe des Einsatzes von Produktionsfaktoren erfolgt, ist mit dem Angebot untrennbar die Beschäftigung verknüpft. Aufgabe der ex-ante-Analyse ist es nun, die Determinanten dieser Aggregate sowie deren Interdependenzen aufzudecken. In einem ersten Überblick lassen sich die Positionen der rivalisierenden Paradigmen wie folgt skizzieren:

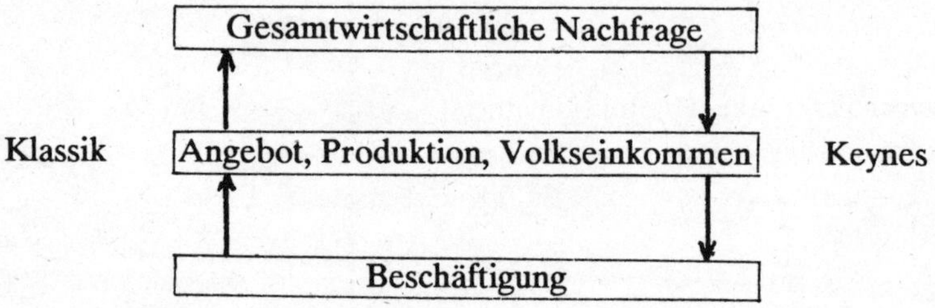


Die **Klassiker** gehen von der Beschäftigung aus. Sie bestimmt die Produktion, die auf den Märkten das **Angebot** und damit die Höhe des Volkseinkommens bildet. Dieses wiederum entscheidet über die in der Volkswirtschaft getätigten Käufe, d.h. über die Nachfrage. Genau entgegengesetzt sieht **Keynes** die Zusammenhänge. Nach seiner Ansicht hängt das güterwirtschaftliche Geschehen von der **Nachfrage** ab. Die an den Märkten auftretenden Kaufwünsche entscheiden über den Umfang der Angebotserstellung, die ihrerseits das Beschäftigungsvolumen festlegt. Eine genauere Analyse dieser Auffassungen bildet den Gegenstand der folgenden Ausführungen, die sich zunächst der Klassik zuwenden.

### 1. Der klassische Ansatz

Die klassische Sicht des realwirtschaftlichen Sektors wird verständlich, wenn man sich die wirtschaftlichen und sozialen Verhältnisse des 18. und 19. Jahrhunderts vergegenwärtigt. Während dieser Phase der aufkommenden Industrialisierung bestand eine große Massenarmut, obgleich die Klassiker von unbegrenzten Bedürfnissen hinsichtlich des Erwerbs von Gütern ausgingen. Angesichts der geringen Güterversorgung lag mithin eine Angebotslücke vor, die klassische Wirtschaft war **angebotsbeschränkt**. Zur Lösung dieses Problems bietet sich kurzfristig ein möglichst effizienter Einsatz der vorhandenen Produktionsfaktoren an. Eine solche optimale Faktorallokation ist dann gewährleistet, wenn die volle Funktionsfähigkeit der Märkte, insbesondere die freie Preisbildung, sichergestellt ist. Auf längere Sicht hingegen bedarf es zur Ausweitung des Güterangebots einer Erhöhung bzw. Verbesserung der Einsatzfaktoren. Daher richten die Klassiker ihr Augenmerk in erster Linie auf die Produktionssphäre.

## a. Produktionsfunktion

Den formalen Rahmen bildet die Produktionsfunktion. Sie beschreibt den quantitativen Zusammenhang zwischen dem Einsatz von Produktionsfaktoren als unabhängige Variablen und der Ausbringungsmenge als abhängiger Größe. Bekanntlich richtet sich die Gestalt der Produktionsfunktion nach dem Einsatzverhältnis der Produktionsmittel. Nach klassischer Ansicht sind die Produktionsmittel komplementär mit variablem Einsatzverhältnis, d.h. begrenzt substituierbar. Aus dieser Eigenschaft folgt das **Ertragsgesetz**. Bezogen auf die makroökonomisch relevanten Produktionsfaktoren heißt dies, daß mit zunehmendem (abnehmendem) Einsatz von Arbeit oder Kapital auch eine Zunahme (Abnahme) der Ausbringungsmenge verbunden ist, die Produktionszuwächse jedoch immer geringer werden, also die Grenzerträge abnehmen. Bei gegebener Technik und Qualität der Arbeit lautet die Produktionsfunktion:[1]

$$Y = f(B,K) \quad \text{, mit}$$

$$\frac{dY}{dB} > 0\,,\ \frac{dY}{dK} > 0 \quad \text{, und}$$

$$\frac{d^2Y}{dB^2} < 0\,,\ \frac{d^2Y}{dK^2} < 0$$

Graphisch dargestellt folgt hieraus das Ertragsgebirge (Abb.13).

1) Sofern nichts anderes gesagt, stellen die im folgenden betrachteten Variablen durchweg reale Größen dar. Die mathematische Unterscheidung zwischen $\delta$ und d wird vernachlässigt.

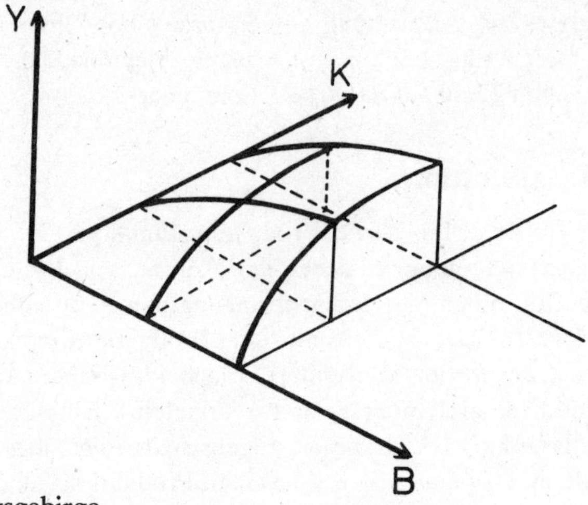


Abb.13: Ertragsgebirge

Zumeist betrachtet man produktionstheoretische Zusammenhänge anhand partieller Faktorvariationen, indem man nur einen Produktionsfaktor variiert und alle übrigen konstant hält. Daraus folgen dann die partiellen Produktionsfunktionen für den Faktor Arbeit (bei gegebenem Kapitalbestand $\bar{K}$) bzw. Kapital (bei gegebener Arbeitsmenge $\bar{B}$) sowie deren erste Ableitungen (Abb.14).

Zur Verschiebung einer Produktionsfunktion kommt es immer dann, wenn sich eine bisher konstant gehaltene Größe verändert. Beispielsweise verschiebt sich die partielle Produktionsfunktion des Faktors Arbeit nach oben, falls die Maschinen zahlenmäßig erhöht oder technisch verbessert werden.

Die in den Produktionsfunktionen enthaltenen Variablen Y , B und K bilden die Basis für verschiedene wichtige Definitionen:

$\frac{Y}{B}$ = durchschnittliche Arbeitsproduktivität

$\frac{Y}{K}$ = durchschnittliche Kapitalproduktivität

$\frac{dY}{dB}$ = Grenzproduktivität der Arbeit (= physisches Grenzprodukt der Arbeit)

$\frac{dY}{dK}$ = Grenzproduktivität des Kapitals (= physisches Grenzprodukt des Kapitals)

$\frac{B}{Y}$ = Arbeitskoeffizient

$\frac{K}{Y}$ = Kapitalkoeffizient

$\frac{K}{B}$ = Kapitalintensität

$\frac{B}{K}$ = Arbeitsintensität

Diese Quotienten tauchen im Rahmen ganz unterschiedlicher Bereiche der Volkswirtschaftslehre immer wieder auf.

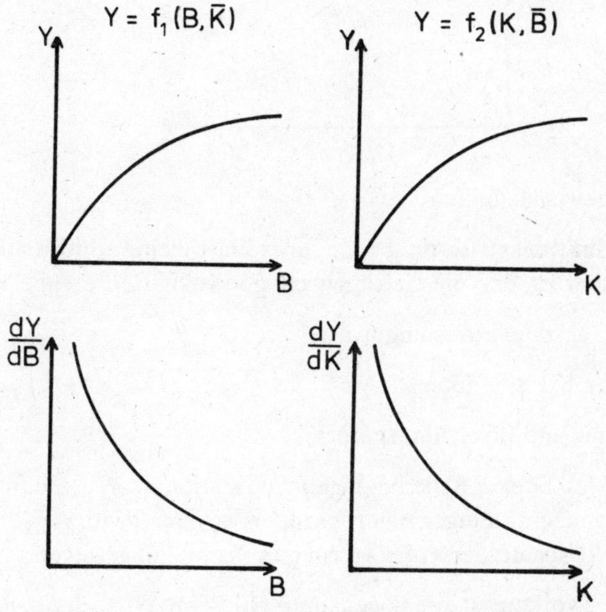


Abb.14: Partielle Produktionsfunktionen und erste Ableitungen

## b. Gleichgewicht in der stationären Wirtschaft

Die Bestimmung des Gleichgewichtseinkommens ist mithilfe der Produktionsfunktion alleine nicht möglich. Hierzu sind genauere Kenntnisse über den Faktoreinsatz erforderlich. Wie noch an späterer Stelle nachgewiesen wird, neigt die Volkswirtschaft nach klassischer Auffassung zur Vollbeschäftigung, so daß die Beschäftigungsmenge der Produktionsfaktoren

Arbeit und Kapital bekannt ist. Damit liegt auch die gleichgewichtige Produktionsmenge ($Y^*$; ein Stern bedeutet, daß diese Größe dem Gleichgewichtswert entspricht) fest. Für die partielle Produktionsfunktion des Faktors Arbeit ergibt sich folgendes Bild:

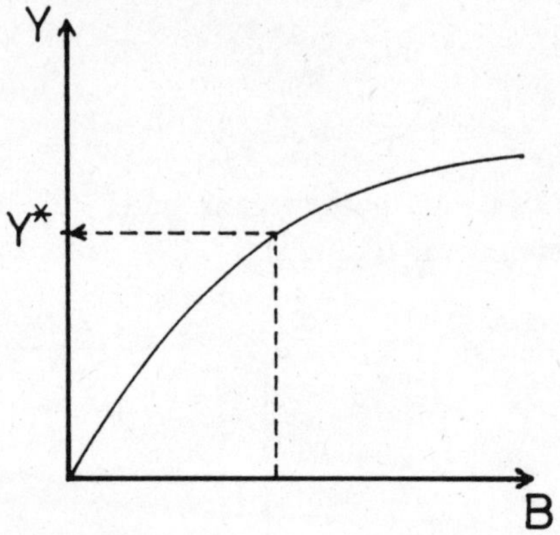


Abb.15: Gleichgewichtseinkommen

Über die **Produktionsstruktur** liegen allerdings keine Informationen vor. Prinzipiell denkbar ist, daß die gleichgewichtige Produktionsmenge $Y^*$

(1) nur ein einziges Konsumgut

(2) mehrere Konsumgüter

(3) Konsum- und Investitionsgüter

enthält. Die ersten beiden Fälle bedingen eine stationäre Wirtschaft, auf deren Implikationen zunächst eingegangen wird. Aus dem dritten Fall folgt eine evolutorische Wirtschaft, deren Erörterung im Anschluß geschieht.

Als einfachster Typ kommt die sogenannte **"Ein-Gut-Wirtschaft"** in Betracht, die auf der heroischen Prämisse beruht, die Produktion bestehe aus nur einem Konsumgut ($C_x$):

$$Y = C_x$$

Da keine Veränderung des vorhandenen Sachkapitalbestandes stattfindet, verharrt die Produktion im Zeitablauf auf dem Niveau derselben Menge des Gutes $C_x$. Aufgrund der Produktion kann sich die Nachfrage nur auf eine Güterart beschränken. Da die Herstellung des Gutes in gleicher Höhe Einkommen erzeugt und dieses vollständig verausgabt wird, findet das gesamte Angebot auch seinen Absatz.

Komplizierter liegen die Dinge in einer stationären **Mehr-Güter-Wirtschaft**, was aus Vereinfachungsgründen anhand eines Zwei-Güter-Modells dargestellt werden soll. Im Ausgangszeitpunkt herrsche auf dem Gütermarkt Gleichgewicht, das Angebot (A) an Konsumgütern($C_x$ und $C_y$) stimmt bei den Preisen $p^*_x$ und $p^*_y$ mit der Nachfrage (N) überein. Bei gegebener Kapitalausstattung steht mit der Produktionsstruktur auch die Aufteilung des Arbeitseinsatzes fest (Abb.16; aus darstellerischen Gründen werden die Achsen der Produktionsfunktionen vertauscht).

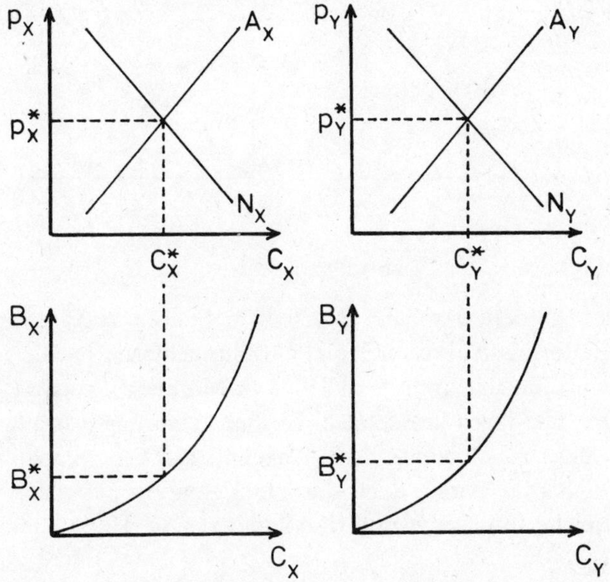


Abb.16: Gleichgewicht in der Zwei-Güter-Wirtschaft

Die entscheidene Frage lautet nun: bleibt das güterwirtschaftliche Gleichgewicht bei einer Veränderung der Nachfragestruktur erhalten? Um dies zu prüfen, soll von einer Verringerung der Nachfrage nach $C_x$ ausgegangen werden. Dadurch verschiebt sich die Nachfragefunktion $N_x$ nach links (Abb.17), was bei Flexibilität der Preise zu einem Rückgang von $p_{x,1}$ auf $p_{x,2}$ führt. Die damit einhergehende Umsatzreduzierung schmälert den Gewinn in der $C_x$-Branche, was eine Produktionseinschränkung auf $C_{x,2}$ zur Folge hat. Die geringere $C_x$-Produktion zieht Entlassungen in diesem Bereich nach sich.

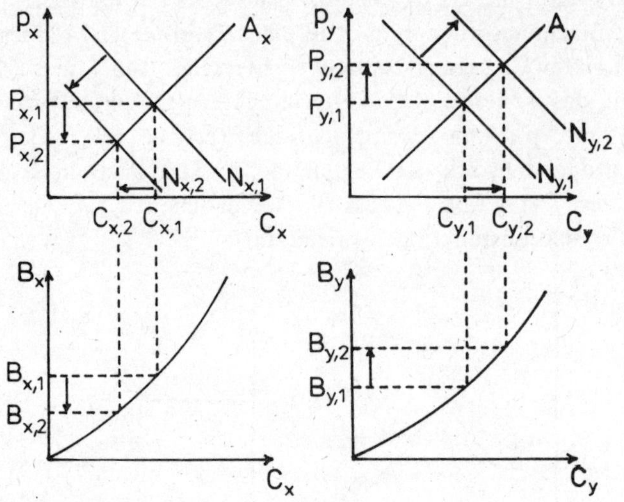


Abb.17: Veränderung der Nachfragestruktur

Da in dieser Modellwirtschaft jedoch kein Sparen zugelassen ist, muß die geänderte Bedürfnisstrukrur mit einer Mehrnachfrage nach dem Konsumgut $C_y$ verbunden sein, wodurch es auf diesem Markt zu Preissteigerungen ($p_{y,2}$) kommt. Die hierdurch ausgelöste Gewinnsteigerung veranlaßt die Unternehmer zu einer Ausdehnung ihres Angebots auf $C_{y,2}$. Produktionstechnisch steht dem nichts im Wege, denn die benötigten Arbeitskräfte wurden in der anderen Branche freigesetzt und sind somit für die Herstellung der $C_y$-Güter verfügbar.

Sähen sich die $C_y$-Produzenten infolge der Gewinnsteigerung zu einer Kapazitätsausweitung veranlaßt, so würde sich die Angebotsfunktion $A_y$ nach rechts verschieben. Nach Maßgabe der Funktionsverläufe käme es dabei zu einer Abschwächung des Preisanstiegs. Entsprechendes gilt für den Markt des Gutes $C_x$.

Damit liegt die Antwort auf die eingangs gestellte Frage vor. Trotz einer geänderten Bedarfsstruktur bleibt das güterwirtschaftliche Gleichgewicht aufrechterhalten. Der Angebotsüberschuß (Nachfrageüberschuß) auf dem Markt des Gutes $C_x$ ($C_y$) verschwindet bei unendlicher Reaktionsgeschwindigkeit der Märkte sofort wieder, so daß weiterhin Gesamtangebot und Gesamtnachfrage übereinstimmen. Ein Gleichgewicht, welches nach einer Störung wiederhergestellt wird, heißt **stabiles Gleichgewicht**.

Allerdings hat sich die Produktionsstruktur verändert. Ursache hierfür war die geänderte Nachfragestruktur, die gegenläufige Preisbewegungen nach sich zog. Während auf dem Markt des Gutes $C_x$ die Preise und als Folge hiervon die Mengen rückläufig waren, stiegen auf dem Markt des Gutes $C_y$ die Preise und Mengen. Aus diesem Ergebnis werden zwei wichtige Aspekte der Klassik ersichtlich:

- bezüglich der zeitlichen Abfolge reagieren **zuerst die Preise** und erst **dann die Mengen**, Preiseffekte lösen Mengeneffekte aus;

- eine Änderung der Produktionsstruktur tritt nur dann ein, wenn sich das Verhältnis der Preise untereinander verschiebt, sich also die sog. **relativen Preise** ändern.

Die Annahme einer unendlich hohen Reaktionsgeschwindigkeit erweist sich jedoch als unrealistisch. So ist es durchaus vorstellbar, daß die Unternehmer bei der Produktionsplanung zunächst abwarten, ob die neue Bedarfsstruktur nur vorübergehender Natur ist oder für längere Zeit Gültigkeit haben dürfte. Auch bestehen unter Umständen technologische und institutionelle Hindernisse bei der Produktionsveränderung und dem damit einhergehenden geänderten Faktoreinsatz. Die Klassiker konzedierten derartige Probleme und hielten **vorübergehend** auftretende **Ungleichgewichte** für durchaus möglich. Auf Dauer bleibt nach ihrer Auffassung die Übereinstimmung von Gesamtangebot und Gesamtnachfrage aber erhalten.

Die bisher geschilderten Zusammenhänge bilden den Inhalt des bekannten **Sayschen Theorems**, welches meist auf den einfachen Nenner "Jedes Angebot schafft sich seine eigene Nachfrage" gebracht wird. Dahinter steht zunächst die Vorstellung, daß die Menschen unendlich große Bedürfnisse haben, die nur durch Nutzung von Gütern zu befriedigen sind. Hierzu ist der Erwerb dieser Güter erforderlich, was jedoch den Erhalt von Einkommen voraussetzt. Dieses kann indes nur durch Beteiligung am Produktionsprozeß verdient werden. Das hierbei erstellte Angebot führt zu einem wertgleichen Einkommen, welches angesichts der unendlichen Bedürfnisse voll verausgabt, also zu gleich hoher Nachfrage verwendet wird (Abb.18).

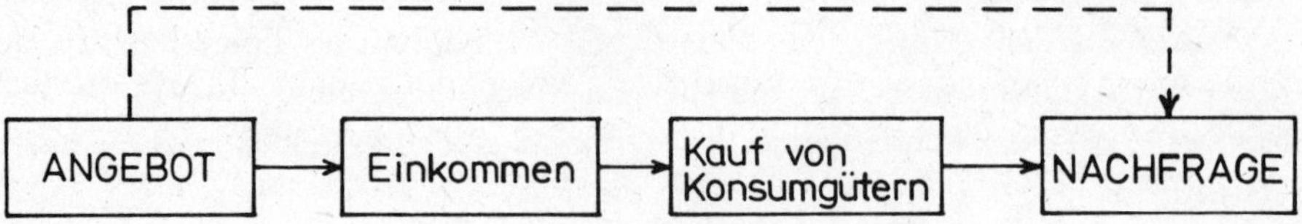


Abb.18: Saysches Theorem in der stationären Wirtschaft

Sofern auf Teilmärkten eine Überschußnachfrage existiert, steht dieser auf anderen Teilmärkten ein gleich hohes Überschußangebot gegenüber. Eine "Verstopfung der Absatzwege" ist jedoch nur vorübergehender Natur. Der Preismechanismus sorgt auf Dauer wieder dafür, daß es **keine allgemeine Überproduktion** gibt. Damit wird auch die durch den Strukturwandel verursachte Arbeitslosigkeit lediglich zu einem temporären Problem.

## c. Die Sparfunktion

Die bisherigen Überlegungen galten für eine stationäre Wirtschaft. Nunmehr soll geprüft werden, ob die Einführung des Sparens und Investierens an den grundsätzlichen Ergebnissen der Klassik etwas ändert. Hierzu ist es zunächst notwendig, die den Übergang zur **evolutorischen Wirtschaft** kennzeichnenden Größen S und I zu "erklären", d.h. auf ihre Ursachen zurückzuführen.

Bereits an früherer Stelle wurde das Sparen als Nichtverbrauch von Einkommensteilen definiert. Diese Aussage ist jedoch zu relativieren, wenn der Zeitaspekt berücksichtigt wird. In der Tat bedeutet das während einer Zeitperiode vorgenommene Sparen einen Nachfrageausfall. Die Ersparnisse können jedoch bereits in der darauffolgenden Periode aufgelöst und damit wieder nachfragewirksam werden. **Sparen** bedeutet mithin einen Verzicht auf Gegenwartskonsum zugunsten des **Zukunftskonsums.**

An diesem Punkt setzt die Erklärung der Klassiker an. Nach Auffassung von E.v.Böhm-Bawerk, dem in diesem Zusammenhang das Hauptverdienst gebührt, besteht eine **Höherschätzung von Gegenwartsgütern** im Vergleich zu Zukunftsgütern. Da sich die Wirtschaftssubjekte annahmegemäß nutzenmaximierend verhalten, erweist sich das Sparen, d.h. der Verzicht auf den höher bewerteten Gegenwartsnutzen, offenbar als nicht rational. Der Sparentschluß ist nur dann sinnvoll, wenn derjenige, der auf den unmittelbaren Genuß von Gegenwartsgütern verzichtet, als Belohnung ein Mehr an

Zukunftsgütern erhält. Dieses Aufgeld, auch "**Agio**" genannt, ist nichts anderes wie der Zins. Er entspricht der Wertdifferenz zwischen Gegenwarts- und Zukunftsgütern; dadurch erklärt sich auch die gelegentlich anzutreffende Bezeichnung "**Zeitpräferenzäquivalent**". Je höher der Zins ist, umso größer die Bereitschaft, den Konsum in die Zukunft zu verlagern, also zu sparen, und umgekehrt. Der Zins (z) ist nach klassischer Ansicht die entscheidende Determinante des Sparens. Die nutzentheoretisch fundierte **Sparfunktion** lautet somit:

$$S = S(z)$$

Graphisch dargestellt ergibt sich folgendes Bild:

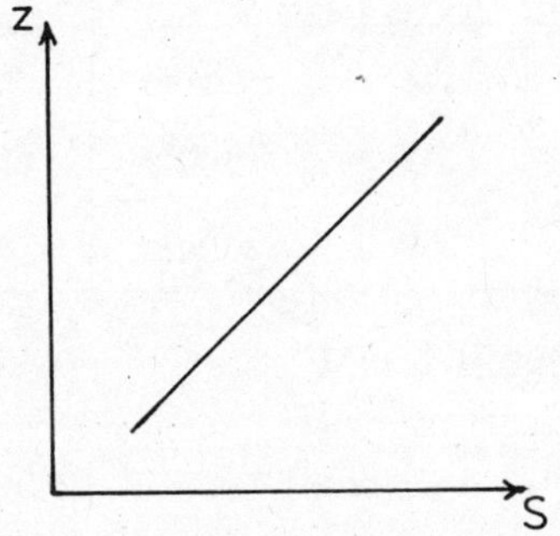


Abb.19: Die klassische Sparfunktion

Im Hinblick auf die Sparformen stand dem "klassischen Sparer" bei weitem nicht die heute anzutreffende breite Palette zur Verfügung. Seine Anlagemöglichkeit beschränkte sich ausschließlich auf den Erwerb **festverzinslicher Wertpapiere**. Insbesondere schied die Bildung eines Barvermögens aus, da sowohl Bargeld als auch Giroguthaben praktisch keine Verzinsung erbringen, die einen Ausgleich für den entgangenen Gegenwartsnutzen darstellt. Die Haltung von Geld zur Bildung von Vermögen, das heißt zur Wertaufbewahrung, ist nach klassischer Auffassung irrational und kommt deshalb nicht in Frage.

Da festverzinsliche Wertpapiere in der makroökonomischen Theorie eine große Rolle spielen, soll diese Anlageform etwas genauer erläutert werden. Es handelt sich bei diesen sogenannten "**Obligationen**" oder "**Bonds**" um Wertpapiere, die von Unternehmen und öffentlichen Stellen zwecks Beschaffung finanzieller Mittel emittiert werden. Sie lauten auf einen bestimmten Betrag, den Nominalwert, der nach Ablauf einer vereinbarten Laufzeit an den Besitzer des Wertpapiers zurückbezahlt wird. Der Preis der Obligation ist der Kurs, der während der Laufzeit durchaus vom Nominalwert abweichen kann. Zu bestimmten Terminen, üblicherweise jährlich, zahlt der Emittent einen vorab fest vereinbarten Zins, den sog. **Nominalzins** oder **Kontraktzins** (j), der sich auf den Nominalwert des Papiers bezieht, und der während der gesamten Laufzeit unverändert bleibt. Je nach Höhe von Kurs und Nominalzins ergibt sich eine bestimmte Rendite, der sog. **Effektivzins** (z); Ein Zahlenbeispiel verdeutlicht diese Zusammenhänge:

| Anlage-summe | Kontrakt-zins (j) | feste Zins-zahlung[1)] | Kurs | Anzahl der Wertpapiere | Zins-ertrag | Effektiv-zins (z) |
|---|---|---|---|---|---|---|
| 1000.- | 6 % | 6.- | 200 | 5 Stk | 30.- | 3 % |
| 1000.- | 6 % | 6.- | 100 | 10 Stk | 60.- | 6 % |
| 1000.- | 6 % | 6.- | 50 | 20 Stk | 120.- | 12 % |

[1)] bezogen auf einen Nominalwert von 100.-DM

Tab.1: Verzinsung von Obligationen

Bei einem festverzinslichen Wertpapier errechnet sich die Effektivverzinsung (unter Vernachlässigung der Spesen und bei unendlicher Laufzeit) nach der Formel

$$z = \frac{j \cdot 100}{Kurs}$$

Zwischen Kurs und Effektivzins besteht also ein inverses Verhältnis.

Die Klassik geht davon aus, daß die Haushalte die Obligationen direkt bei den Unternehmungen erwerben. Das Angebot an Sparmitteln ist daher identisch mit der Nachfrage nach Obligationen (O). Je höher der Kurs, desto niedriger die Effektivverzinsung und desto geringer die Nachfrage nach festverzinslichen Wertpapieren (Abb.20).

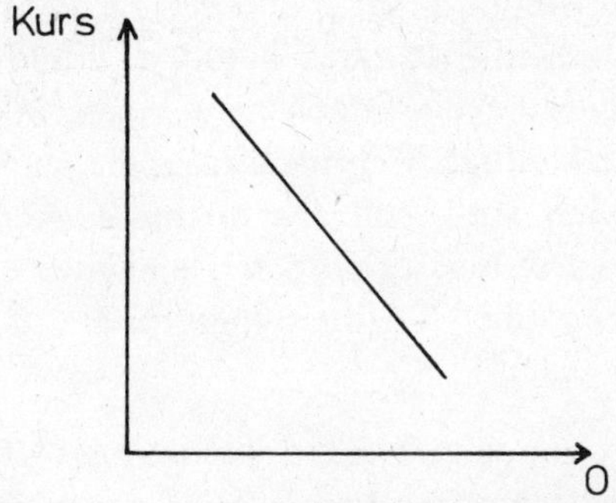


Abb.20: Nachfrage nach festverzinslichen Wertpapieren

Den Rahmen für die Ausgabenentscheidungen der Haushalte bildet das Einkommen. Da der Nichtkonsum (S) zinsabhänig ist, folgt hieraus in Verbindung mit der Budgetrestriktion

$$Y = C + S$$

auch die Zinsabhängigkeit des Konsums als komplementärer Größe. Die Konsumfunktion hat somit die Form

$$C = C(z)$$

wobei zwischen Konsum und Zins eine negative Beziehung besteht.

## d. Die Investitionsfunktion

Neben den Ersparnissen sind die Investitionen konstituierendes Element der evolutorischen Wirtschaft. Während Ersparnisse als Zukunftskonsum interpretiert werden können, handelt es sich bei den **Investitionen** um **Zukunftsproduktion.** Investitionen vergrößern den Sachkapitalbestand im Zeitablauf:

$$\frac{dK}{dt} = I$$

Bei gegebener Arbeitsmenge und Faktorqualität ist eine Erhöhung der künftigen Produktion nur durch eine Ausweitung des Kapitalstocks möglich. Die Herstellung von Investitionsgütern bindet allerdings Produktionsfaktoren, die nicht für die Produktion von Konsumgütern zur Verfügung stehen. Erst längerfristig sorgt dann die Erweiterung der Produktionskapazitäten für ein erhöhtes Konsumgüterangebot, ein Tatbestand, den die Klassik mit der

**"Mehrergiebigkeit von Produktionsumwegen"** umschreibt.

Aus güterwirtschaftlicher Sicht ist die künftige Mehrproduktion von Konsumgütern eine Notwendigkeit, denn die spätere Auflösung von Ersparnissen impliziert eine künftige Mehrnachfrage, die auf ein entsprechend höheres Güterangebot stoßen muß, soll das Sparen lohnend bleiben. Um festzustellen, ob die Spar- und Investitionspläne einander entsprechen, sind genauere Kenntnisse über die Bestimmungsgründe der Investitionen erforderlich.

Ihrer angebotsorientierten Grundidee folgend, fundiert die Klassik die Bildung neuen Sachkapitals **produktionstheoretisch**. Hierbei bedient sie sich des mikroökonomischen Ansatzes der Gewinnmaximierung. Der Gewinn ist definiert als Differenz zwischen Erlös ( $p \cdot Y$ ) und Kosten, wobei hier lediglich die Kosten des variablen Produktionsfaktors Kapital berücksichtigt sind ($i$ = Kapitalkostensatz):

$$G = P \cdot Y - i \cdot K$$

$$\frac{dG}{dK} = P \cdot \frac{dY}{dK} - i = 0$$

$$P \cdot \frac{dY}{dK} = i$$

$$\frac{dY}{dK} = \frac{i}{P} = i_r$$

Für den Investor ist die gewinnmaximale Position dann erreicht, wenn der mithilfe einer zusätzlichen Maschine erzielte Umsatz (Grenzwertprodukt des Kapitals) gleich dem Kapitalkostensatz ist bzw. das physische Grenzprodukt des Kapitals ($\frac{dY}{dK}$) dem realen Kapitalkostensatz ($i_r = \frac{i}{P}$) entspricht. Der Unternehmer wird solange zusätzliche Maschinen beschaffen, also investieren, bis er diese gewinnmaximale Situation erreicht.

Graphisch dargestellt entspricht die Investitionsnachfrage der ersten Ableitung der partiellen Produktionsfunktion des Kapitals (Abb.21).

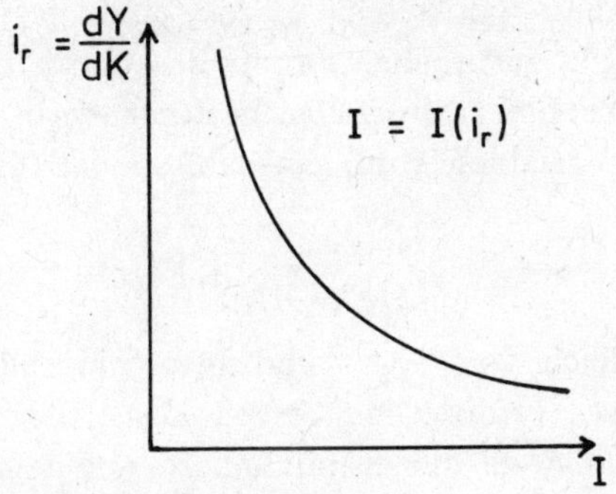


Abb.21: Klassische Investitionsfunktion

Je höher der reale Kapitalkostensatz, desto geringer die Investitionstätigkeit und umgekehrt.

Zur Finanzierung der Investitionen emittiert der Unternehmer die bereits beschriebenen Obligationen, d.h. die Nachfrage nach Investitionsgütern ist identisch mit dem Angebot an festverzinslichen Wertpapieren. Bei hohem Kurs und damit hohem Mittelaufkommen ist die Bereitschaft für Wertpapieremissionen groß, dagegen fällt das Bondsangebot bei niedrigen Kursen gering aus:

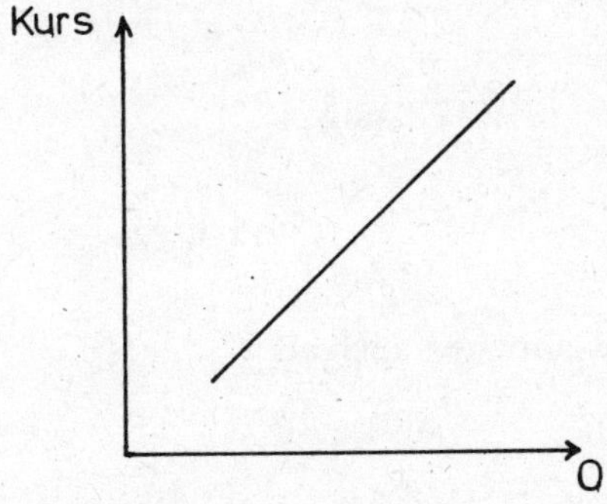


Abb.22: Angebot an festverzinslichen Wertpapieren

## e. Gleichgewicht in der evolutorischen Wirtschaft

Die Kenntnis der das Sparen und Investieren betreffenden Funktionalzusammenhänge erlaubt nunmehr die Herleitung des Gleichgewichts in einer wachsenden Wirtschaft. Bekanntlich liegt dieser

Zustand dann vor, wenn geplantes Sparen und geplantes Investieren übereinstimmen. Bildhaft gesprochen, wenn das "Loch" in der Nachfrage (Sparen) von den Unternehmern freiwillig "gestopft" wird (Investieren). Wie gezeigt, hängen beide Variablen vom Zins ab, so daß die Gleichgewichtsbedingung

$$S(z) = I(i_r)$$

lautet. Für den Ausgleich von Spar- und Investitionsplänen ist die freie Beweglichkeit des Zinses erforderlich. Nach klassischer Ansicht ist diese Voraussetzung stets erfüllt, da der Kapitalmarkt, auf dem sich Sparen und Investieren gegenüberstehen, ein Konkurrenzmarkt ist. Zeichnerisch hat das Gleichgewicht damit folgendes Aussehen:

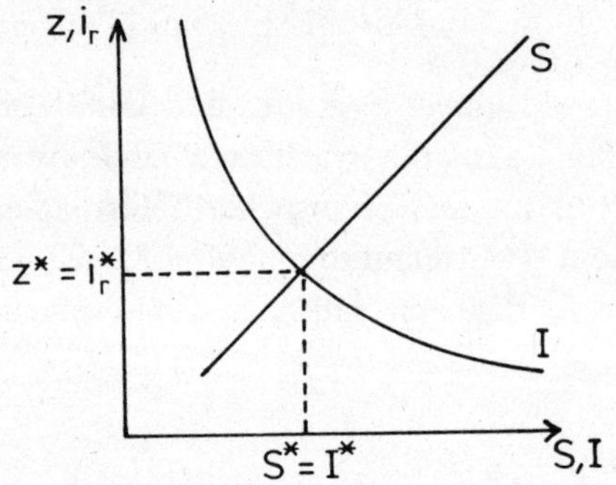


Abb.23: S-I-Gleichgewicht in der Klassik

Da im Gleichgewicht gilt:

$$z = i_r$$

kann die **Gleichgewichtsbedingung** auch als

$$S(z) = I(z)$$

geschrieben werden.

Da das Sparen der Obligationsnachfrage und das Investieren dem Obligationsangebot entsprechen, läßt sich das Gleichgewicht auch mithilfe des Bondsmarkts ermitteln (Abb.24).

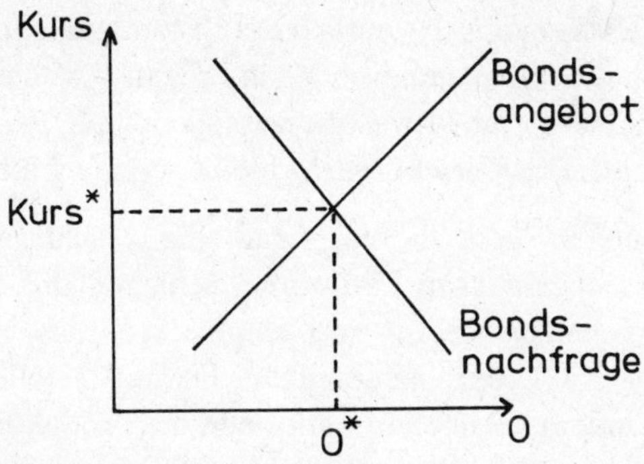


Abb.24: Gleichgewicht auf dem Bondsmarkt

Die Beweglichkeit des Kurses als dem Preis der festverzinslichen Wertpapiere garantiert auf diesem Markt die Herbeiführung eines Gleichgewichts.

Analog zur stationären Zwei-Güter-Welt läßt sich auch hier prüfen, welche Auswirkungen bei einer **Änderung der Nachfragestruktur** eintreten. Ausgangspunkt sei eine Verringerung der Konsumgüternachfrage. Als Folge hiervon sinken Preis und Menge auf dem Konsumgütermarkt:

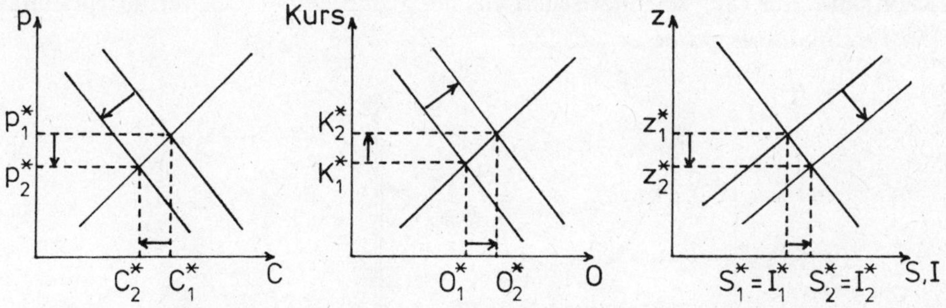


Abb.25: Veränderung der Nachfragestruktur

Der Nachfragerückgang nach Gegenwartsgütern führt simultan zu einem Anstieg der Nachfrage nach Zukunftsgütern, d.h. zu höherem Sparen. Es kommt auf dem Obligationenmarkt zu einer Rechtsverschiebung der Nachfragekurve, wodurch Kurs und Menge steigen. Ebenso wie in der stationären Zwei-Güter-Welt kommt es zu gegenläufigen Preis-Mengen-Bewegungen. Allerdings findet hier keine Umschichtung innerhalb der Produktion von Gegenwartsgütern, sondern zwischen Gegenwarts- und

Zukunftsgütern statt. Dies zeigt sich deutlich bei Betrachtung des S-I-Marktes. Hier verschiebt sich die Sparfunktion nach rechts, wodurch der Zins zurückgeht, was seinerseits die Investitionstätigkeit auf das Niveau des erhöhten Sparens anhebt. Das **Gleichgewicht** bleibt somit **erhalten.**

Aus diesen Überlegungen geht hervor, daß die Nachfragestruktur der Haushalte die **Produktionsstruktur** bestimmt. Schätzen die Haushalte den Gegenwartskonsum geringer ein, so impliziert dies eine höhere Konsumgüternachfrage in der Zukunft. Darauf stellen sich die Unternehmungen ein, indem sie über Investitionen die Produktionskapazitäten erweitern. Die hierdurch ermöglichte Mehrproduktion ist erforderlich, um den Sparern ein Güteräquivalent für ihre Zinseinkommen zu liefern. Der damit verbundene höhere Nutzen stellt die Belohnung für den durch das Sparen zunächst entgangenen Gegenwartsnutzen dar.

Umgekehrt ist eine Zunahme der Konsumgüternachfrage mit einem Rückgang des Sparens verbunden, was eine gleich hohe Verringerung der Investitionen nach sich zieht. Auf diesen Fall, der sich ebenfalls anhand von Abbildung 25 nachvollziehen läßt, braucht jedoch nicht näher eingegangen zu werden.

Graphisch läßt sich die Produktionsstruktur durch die Verknüpfung des Kapitalmarktes (aus zeichnerischen Gründen sind die Achsen vertauscht) und der Produktionsfunktion ermitteln:

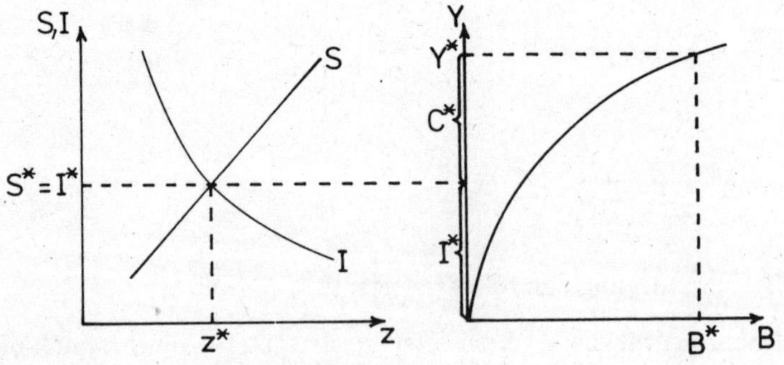


Abb.26: Produktionsstruktur

Das **Saysche Theorem** wird damit aber **nicht außer Kraft** gesetzt. Nach wie vor gilt, daß sich jedes Angebot seine Nachfrage schafft. Die Modifikation besteht in einer evolutorischen Wirtschaft darin, daß die im Zuge der Angebotserstellung entstandenen Einkommen nicht sofort vollständig für die Konsumgüternachfrage verwendet werden. An die Stelle des durch das Sparen der Haushalte hervorgerufenen Nachfrageausfalls an Konsumgütern tritt eine gleich hohe Nachfrage nach Wertpapieren. Den Verkaufserlös verwenden die Unternehmungen zum Kauf von Investitionsgütern, womit die durch das Sparen entstandene Nachfragelücke wieder geschlossen wird. Das Saysche Theorem gilt auch partiell auf dem Kapitalmarkt, wo sich wegen der Wirksamkeit des Preis- bzw. Zinsmechanismus jedes Kapitalangebot (Sparen) seine Kapitalnachfrage (Investieren) schafft.

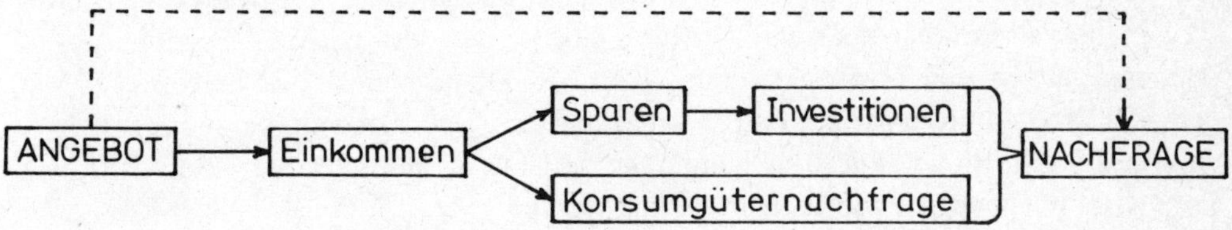


Abb.27: Saysches Theorem in der evolutorischen Wirtschaft

Auch in der evolutorischen Wirtschaft kann es infolge der bereits erwähnten Gründe im Zuge der Umstellung der Produktionsstruktur vorübergehend zu Friktionen kommen. Auf Dauer stellt sich jedoch in der Volkswirtschaft die Übereinstimmung von Güterangebot und Güternachfrage ein.

**Zusammenfassend** läßt sich die klassische Sichtweise des realwirtschaftlichen Sektors folgendermaßen charakterisieren:

- Aufgrund der Gültigkeit des Sayschen Theorems existiert langfristig immer ein güterwirtschaftliches Gleichgewicht. Da sich jedes Angebot seine eigene Nachfrage schafft, kann es auf Dauer keine allgemeine Überproduktion geben.

- Voraussetzung hierfür ist die Funktionsfähigkeit des Preismechanismus. Auf sämtlichen Güter- und Faktormärkten müssen die Preise vollkommen flexibel sein.

- Die Sparer legen mit ihren Plänen die Produktionsstruktur fest. Zeitlich gesehen geht das Sparen stets dem Investieren voraus.

## 2. Der Keynesianische Ansatz

Die klassische Theorie gelangte zu dem Ergebnis, daß in einer Volkswirtschaft ein dauerhaftes Ungleichgewicht nicht möglich ist; vollkommene Märkte garantieren langfristig ein Gleichgewicht auf dem Gütermarkt bei Vollbeschäftigung. Die historische Entwicklung widerlegte jedoch spätestens gegen Ende der zwanziger Jahre die Gültigkeit der klassischen Theorie.

Die von 1929 bis 1933 andauernde bisher schwerste Erschütterung der industrialisierten Volkswirtschaften führte zu drastischen Produktionsrückgängen und Massenarbeitslosigkeit. In Deutschland etwa halbierte sich die Produktion in diesen Jahren, während die Arbeitslosenquote auf ca. 30% emporschnellte. Diese Phänomene konnten mithilfe der bis dahin vorherrschenden Theorie nicht erklärt werden.

Nach Auffassung von Keynes, dessen Hauptwerk "The General Theory of Employment,Interest, and Money" im Jahre 1936 erschien, lag die wesentliche Ursache wirtschaftlicher Krisen auf der Nachfrageseite. Nicht ein zu geringes Angebot, sondern eine zu geringe Nachfrage bildet das Hauptproblem hochentwickelter Industriestaaten, die Volkswirtschaften sind **nachfragebeschränkt.** In der Tat entspricht dies den damaligen historischen Verhältnissen der "goldenen zwanziger Jahre", in denen ein enormer Ausbau der Produktionskapazitäten erfolgte, dem kein entsprechender Anstieg der Nachfrage gegenüberstand.

Nach Keynes entscheidet die Höhe der effektiven Nachfrage über das Produktionsvolumen, das Saysche Theorem wird also umgedreht. Da die Produktion nach Maßgabe der technischen Gegebenheiten die Beschäftigung fixiert, legt die Nachfrage letzlich auch den Beschäftigungsgrad in einer Volkswirtschaft fest.

Im Zentrum der Keynesianischen Theorie steht damit die gesamtwirtschaftliche Nachfrage. Sie bildet den Inhalt der bekannten Verwendungsgleichung des Sozialprodukts:

$$Y = C_{pr} + I_{pr} + G + Ex - Im$$

Diese Gleichung stellt den Ausgangspunkt der Keynesianischen Analyse des güterwirtschaftlichen Sektors dar. Da die Komponenten der volkswirtschaftlichen Endnachfrage kurzfristig starken Schwankungen unterliegen können, impliziert die Betonung der Nachfrage deutlich den kurzfristigen Charakter der Keynesianischen Theorie. Es ging Keynes letzlich darum, der

Wirtschaftspolitik theoretisch fundierte Handlungsanweisungen zu liefern, welche die Wirtschaft schnellstmöglich aus der Krise herausführen sollten. Im folgenden sind daher die Bestimmungsgründe der Nachfragekomponenten sowie deren volkswirtschaftliche Bedeutung herauszuarbeiten.

## a. Konsum- und Sparfunktion

Der private Konsum ist ein äußerst komplexes Aggregat, in das eine Vielzahl von Waren und Dienstleistungen eingeht, welche die Haushalte nachfragen. Entsprechend vielfältig sind auch die in Betracht kommenden Determinanten:

- Bevölkerungsgröße
- Altersaufbau
- Einkommensverteilung
- Veränderungen des Preisniveaus
- Werbung
- Prestigedenken

Die Liste ließe sich leicht verlängern. All diese Faktoren sind zweifellos bedeutsam für Konsumentscheidungen. Die wichtigste Größe ist jedoch nach Keynesianischer Ansicht das Einkommen, welches die Haushalte beziehen. Unter Anwendung der ceteris-paribus-Klausel, d.h. bei Konstanz der oben erwähnten sowie sonstigen denkbaren Einflußgrößen lautet die **Konsumfunktion** allgemein

$$C = C(Y)$$

Unterstellt man ein im Zeitablauf konstantes Preisniveau von Eins, so ist die Unterscheidung zwischen nominellem Konsum (C) und realem Konsum ($C_r = \frac{C}{p}$) nicht erforderlich. Aus Vereinfachungsgründen wird zunächst auch vom Staat und vom Ausland abstrahiert, es liegt mit anderen Worten ein dreipoliges Kreislaufmodell zugrunde. Dadurch steht den Haushalten das verdiente Einkommen zur vollen Verausgabung zur Verfügung.

Aufgrund der Budgetrestriktion steht über den Konsum automatisch auch das Sparen fest, das bei Keynes ebenfalls vom Einkommen abhängt. Die **Sparfunktion** lautet daher

$$S = S(Y)$$

Im Gegensatz zur Klassik spielt in der Keynesianischen Theorie die Verzinsung der Ersparnisse auf gesamtwirtschaftlicher Ebene nur eine untergeordnete Rolle.

An dieser Stelle sollte nochmals betont werden, daß die monokausale Erklärung einer Variablen keineswegs bedeutet, daß die Höhe und Entwicklung der abhängigen Größe ausschließlich von einem einzigen Einflußfaktor abhängt. Die Reduzierung auf nur eine Determinante geschieht einerseits aus Gründen der analytischen Vereinfachung. Zum anderen wird davon ausgegangen, daß diese unabhängige Größe im Vergleich zu weiteren durchaus in Betracht kommenden Bestimmungsfaktoren eine dominante Rolle spielt.

Der kurzfristigen Betrachtungsweise folgend, sieht Keynes den laufenden Konsum als abhängig vom laufenden Einkommen an. Üblicherweise bezeichnet man diese Annahme über das makroökonomische Konsumverhalten als die **"absolute Einkommenshypothese"**. Plausibel erscheint eine auch empirisch anzutreffende positive Beziehung zwischen C und Y, d.h. mit steigendem Einkommen nimmt der Konsum zu und umgekehrt.

Für eine genauere Spezifikation der Konsum- und damit auch der Sparfunktion ist es notwendig, die Konsum- und Spargewohnheiten der Bevölkerung exakt zu definieren. Bezieht man die gesamten Konsumausgaben auf das Volkseinkommen, so erhält man die durchschnittliche Konsumneigung (c). Setzt man hingegen die Veränderung der Konsumausgaben ins Verhältnis zur Einkommensveränderung, so ergibt sich die marginale Konsumneigung (c'). Analoges gilt für die Spargewohnheiten. Mithin lauten die Definitionen:

$c = \frac{C}{Y}$ = durchschnittliche Konsumneigung

$c' = \frac{dC}{dY}$ = marginale Konsumneigung

$s = \frac{S}{Y}$ = durchschnittliche Sparneigung

$s' = \frac{dS}{dY}$ = marginale Sparneigung

Die Konstanz von c' impliziert einen linearen Verlauf der Konsum- und damit auch der Sparfunktion. Dagegen bedingt ein abnehmendes c' einen degressiven Verlauf der Konsumfunktion bzw. eine progressiv verlaufende Sparfunktion.

Eine weitere Eigenschaft des Konsumverhaltens betrifft den sogenannten **autonomen Konsum** ($\overline{C}$). Diese auch als Basiskonsum bezeichneten Konsumausgaben tätigen die Haushalte unabhängig von der Höhe des

Einkommens. Sofern ein autonomer Konsum vorliegt, verlaufen die Konsum - und damit die zugehörige Sparfunktion nicht durch den Ursprung, sie sind inhomogen.

Damit kommen prinzipiell vier Funktionstypen in Betracht:

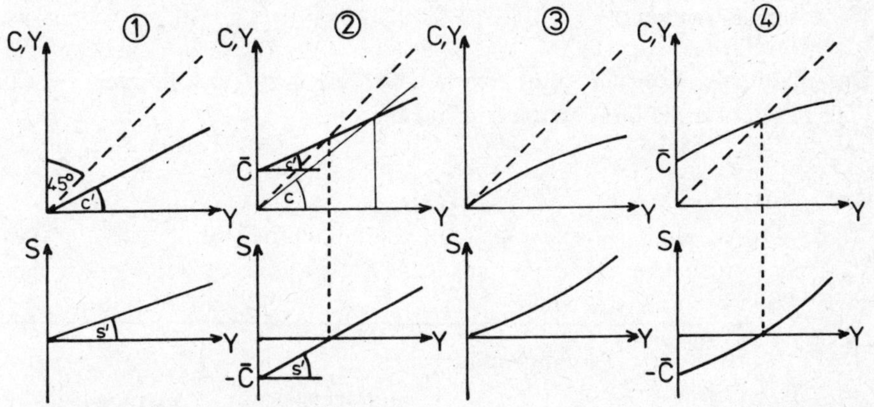


Abb.28: Konsum- und Sparfunktionen

Das Einkommen als unabhängige Variable ist auf der Abszisse und zusätzlich zusammen mit dem Konsum auf der Ordinate abgetragen. Die gestrichelt gezeichnete 45°- Linie entspricht der **"Einkommenslinie"** und bildet auf Dauer eine Obergrenze für den Konsum. Die dem jeweiligen Einkommen zugeordneten Sparwerte lassen sich als vertikaler Abstand zwischen 45°- Linie und Konsumfunktion ermitteln. Liegt der Konsum oberhalb des Einkommens (Funktionstypen 2 und 4), so ist das Sparen negativ, was ökonomisch als Auflösung vorhandener Ersparnisse interpretiert werden kann.

Am Beispiel der Funktion 2 sind die durchschnittliche und marginale Konsumneigung dargestellt. Letztere ist nichts anderes als die Steigung der Funktion. Dagegen benötigt man zur Ermittlung von c einen Fahrstrahl vom Nullpunkt zu einem Punkt auf der Konsumfunktion; der Tangens des eingeschlossenen Winkels entspricht c.

Die Eigenschaften der unterschiedlichen Konsumfunktionen sind in Tabelle 2 zusammengestellt (analoges ließe sich leicht für die Sparfunktion herleiten).

Aus der Ableitung der Gleichung

$$Y = C + S$$

nach Y folgt:

$$\frac{dY}{dY} = \frac{dC}{dY} + \frac{dS}{dY}$$

$$1 = c' + s'$$

wobei üblicherweise $0 < s' < c' < 1$

Die marginale Konsum- und Sparneigung ergänzen sich immer zu Eins. Gleiches gilt für die Durchschnittsneigungen:

$$Y = C + S \quad | \cdot \frac{1}{Y}$$

$$\frac{Y}{Y} = \frac{C}{Y} + \frac{S}{Y}$$

$$1 = c + s$$

| Linearität \ Homogenität | homogen | inhomogen |
|---|---|---|
| linear | TYP 1<br>c' = konstant<br>c = konstant<br>$0 < c' = c < 1$<br>Beispiel:<br>C = 0,8Y | TYP 2<br>c' = konstant<br>c = abnehmend<br>$0 < c' < c < 1$<br>Beispiel:<br>C = 20 + 0,8Y |
| nicht linear | TYP 3<br>c' = abnehmend<br>c = abnehmend<br>$0 < c' < c < 1$<br>Beispiel:<br>$C = Y^{0,5}$ | TYP 4<br>c' = abnehmend<br>c = abnehmend<br>$0 < c' < c < 1$<br>Beispiel:<br>$C = 20 + Y^{0,5}$ |

Tab.2: Eigenschaften unterschiedlicher Konsumfunktionen

Den Tatbestand, daß der Konsumzuwachs geringer ausfällt als der Einkommenszuwachs, die marginale Konsumneigung also größer als Null aber kleiner als Eins ist, nennt Keynes ein "**fundamentales psychologisches Gesetz**".

Die weiteren Überlegungen sollen anhand einer linear homogenen Konsum- und Sparfunktion durchgeführt werden. Dieser Funktionstyp ist analytisch der einfachste. Die Verwendung einer komplizierteren Funktion würde an den prinzipiellen Ergebnissen der Keynesianischen Theorie nichts ändern.

Die Einfachheit des gewählten Funktionstyps geht aus folgendem Zahlenbeispiel hervor:

| Y | C | c | c' | S | s | s' |
|---|---|---|---|---|---|---|
| (1) | (2) | (3) | (4) | (5) | (6) | (7) |
| 50 | 40 | 0,8 | 0,8 | 10 | 0,2 | 0,2 |
| 100 | 80 | 0,8 | 0,8 | 20 | 0,2 | 0,2 |
| 150 | 120 | 0,8 | 0,8 | 30 | 0,2 | 0,2 |
| 200 | 160 | 0,8 | 0,8 | 40 | 0,2 | 0,2 |
| 250 | 200 | 0,8 | 0,8 | 50 | 0,2 | 0,2 |
| 300 | 240 | 0,8 | 0,8 | 60 | 0,2 | 0,2 |
| : | : | : | : | : | : | : |

Tab.3: Linear homogene Konsum- und Sparfunktion

Trägt man die Werte in ein Koordinatensystem ein, so ergibt sich der bereits bekannte Verlauf der Konsum- und Sparfunktion. Für jedes Einkommen existiert ein bestimmter Wert für C und S. Durch Vertikaladdition der Konsum- und Sparfunktion erhält man die Winkelhalbierende (Abb.29). Beispielsweise belaufen sich bei einem Einkommen von 100 die Konsumausgaben auf 80 und die Ersparnisse auf 20. Hinter der solchermaßen konstruierten **Einkommenslinie** steht also die Summe von C und S:

$$Y = C(Y) + S(Y)$$

Da das Einkommen aber wertgleich dem Angebot ist, läßt sich die **45°-Linie** als Ausdruck für das **volkswirtschaftliche Güterangebot** (A) interpretieren.

Neben Keynes sehen auch zahlreiche andere Ökonomen im Einkommen die **entscheidende** Determinante des Konsums, allerdings innerhalb eines **längerfristigen** Zeithorizonts. Nach der **"permanenten Einkommenshypothese"** (Friedman) werden die Konsumentscheidungen nicht nur vom

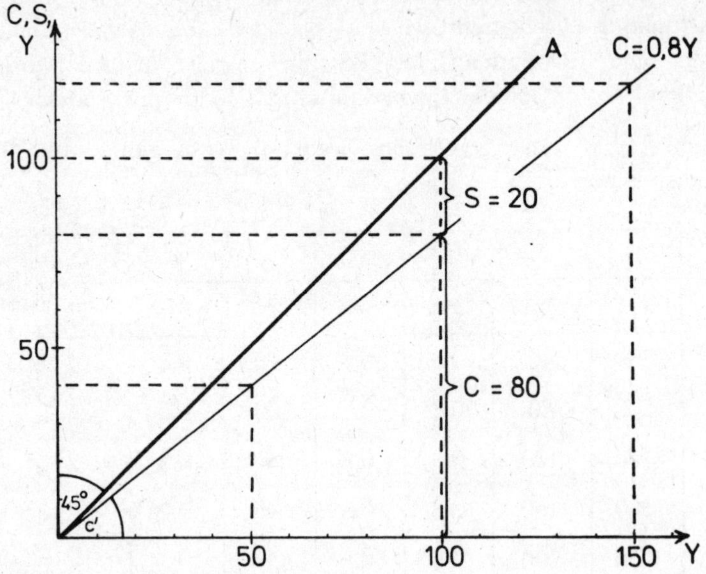


Abb.29: Herleitung der Angebotslinie

gegenwärtigen, sondern auch vom künftig erwarteten Einkommen geprägt; in diese fiktive Größe fließen neben Zukunftserwartungen auch Vergangenheitserfahrungen ein. Die **"Lebenszyklushypothese"** (Ando/Modigliani) dehnt ihre Betrachtung auf die Beziehung zwischen dem während des ganzen Lebens getätigten Konsum und dem in dieser Zeit verdienten Einkommen aus. Das nur zögernde Reagieren des Konsums auf Einkommensveränderungen bildet den Inhalt der **"Habit-Persistence-Hypothese"** (Brown). Gemäß der **"relativen Einkommenshypothese"** (Duesenberry) hängen die Konsumausgaben von der relativen Einkommensposition der privaten Haushalte und damit von deren sozialer Stellung ab.

Daneben existieren noch weitere Konsumhypothesen, auf die aber an dieser Stelle nicht weiter eingegangen werden soll. Im folgenden steht vielmehr wieder die kurzfristig konzipierte **absolute Einkommenshypothese** Keynesianischer Prägung im Vordergrund.

## b. Gleichgewicht und Ungleichgewicht bei autonomen Investitionen

Bislang beschränkten sich die Betrachtungen vor allem auf das güterwirtschaftliche Angebot. Zur Ermittlung des Gleichgewichts bedarf es noch der Einführung der Nachfrage. Aufgrund der Modellannahmen beinhaltet sie lediglich den Konsum und die Investitionen. Nachdem die Konsumnachfrage bereits erklärt wurde, ist nunmehr auf die Investitionen genauer einzugehen.

Die Bestimmungsgründe der Investitionstätigkeit sind vielfältig. Absatzerwartungen, Zinsen, steuerliche Vorschriften usw. beeinflussen die Entscheidungen der Unternehmer, ihre Produktionskapazitäten zu erweitern. Zunächst soll jedoch die explizite Berücksichtigung der Investitionsdeterminanten außer Acht bleiben. Es erweist sich für die elementaren Gleichgewichtsüberlegungen als zweckmäßig, in einem ersten Schritt von autonomen Investitionen ($\bar{I}$) auszugehen:

$$I = \bar{I}$$

Diese **Investitionsfunktion** besagt, daß die Unternehmer aus nicht näher bekannten Gründen eine bestimmte Investition planen. Sie bedeutet für uns eine vorgegebene Größe, die sich aber im Zeitablauf durchaus verändern kann, ohne daß die Ursachen hierfür bekannt sind. Da die autonomen Investitionen unter anderem auch nicht vom Einkommen abhängen, ergibt sich für die Investitionsfunktion folgender Verlauf:

Abb.30: Autonome Investitionen

Für die gesamtwirtschaftliche geplante Nachfrage folgt hieraus:

$$N = C(Y) + \bar{I} = c' \cdot Y + \bar{I}$$

Zeichnerisch kann die Nachfrage durch Vertikaladdition der Konsum- und Investitionsfunktion konstruiert werden, wodurch sich die Konsumfunktion um den Betrag der autonomen Investitionen parallel nach oben verschiebt:

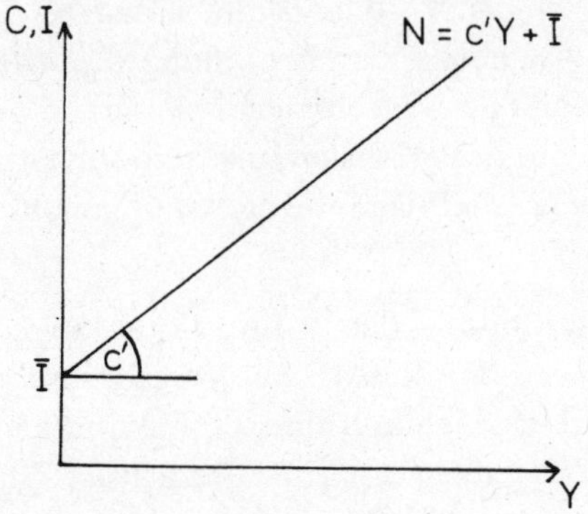


Abb.31: Gesamtwirtschaftliche Nachfrage bei autonomen Investitionen

Güterwirtschaftliches Gleichgewicht herrscht, wenn geplantes Angebot und geplante Nachfrage bzw. geplantes Sparen und geplantes Investieren übereinstimmen. Abbildung 32 verdeutlicht nochmals den Unterschied zwischen der Übereinstimmung im Ex-ante-Sinne und im Ex-post-Sinne.

Zeichnerisch kann das güterwirtschaftliche Gleichgewicht auf zwei Wegen dargestellt werden:

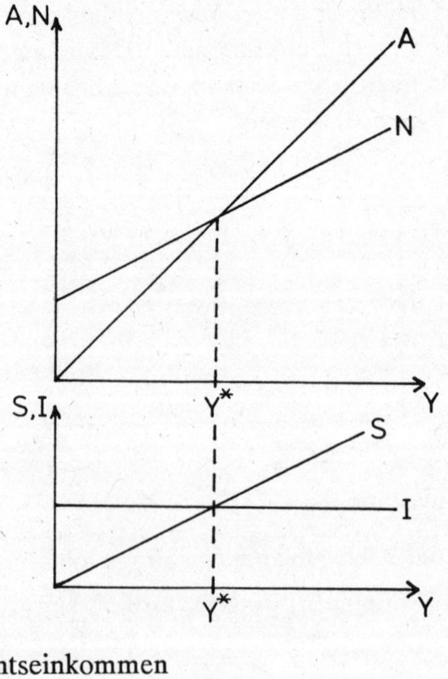


Abb.33: Gleichgewichtseinkommen

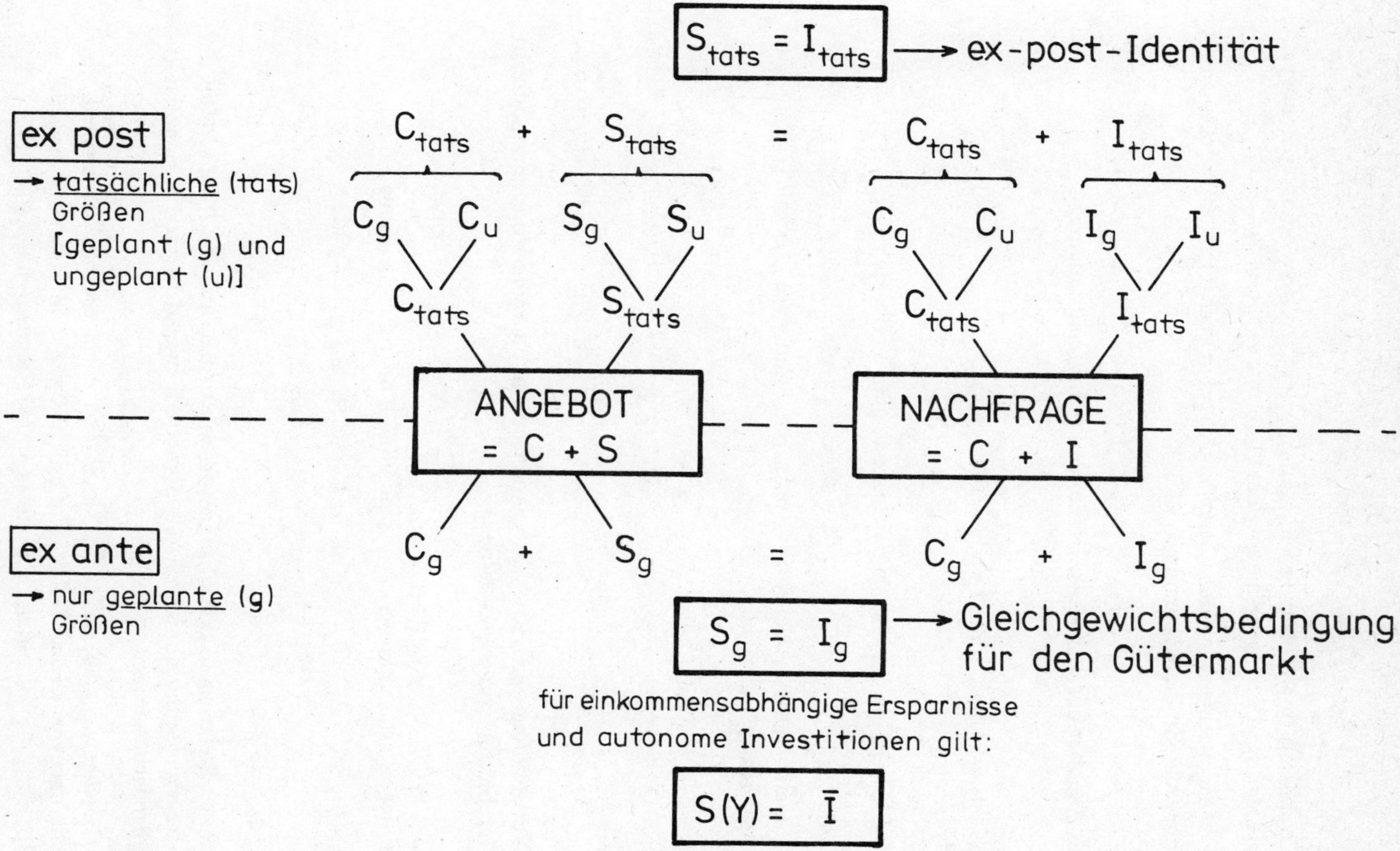


Abb.32: Übereinstimmung von Sparen und Investieren im ex-post- und ex-ante-Sinne

Die Graphiken machen deutlich, daß nur ein einziger Einkommenswert existiert, der das Gleichgewicht auf dem Gütermarkt garantiert.

Das Gleichgewichtseinkommen kann auch rechnerisch ermittelt werden. Im Gleichgewicht gilt die Bedingung:

$$A = N$$

Da das Angebot mit dem Einkommen identisch ist, gilt immer:

$$A = Y$$

Die Nachfrage lautet in ihrer einfachsten Form:

$$N = c' \cdot Y + \overline{I}$$

Durch Einsetzen in die Gleichgewichtsbedingung ergibt sich

$$Y = c' \cdot Y + \overline{I}$$

Löst man diese Gleichung nach Y auf, so erhält man das Gleichgewichtseinkommen:

$$Y - c' \cdot Y = \overline{I}$$

$$Y(1 - c') = \overline{I}$$

$$Y^* = \frac{1}{1 - c'} \cdot \overline{I}$$

Die Verwendung einer Konsumfunktion mit autonomem Konsum modifiziert das Ergebnis entsprechend. Wegen

$$N = \overline{C} + c' \cdot Y$$

errechnet sich das Gleichgewichtseinkommen über die Gleichung

$$Y = \overline{C} + c' \cdot Y + \overline{I}$$

als

$$Y^* = \frac{1}{1 - c'} \cdot (\overline{C} + \overline{I})$$

An dieser Stelle sollte darauf hingewiesen werden, daß das Symbol N in der Nachfragegleichung nur durch das Symbol Y ersetzt werden darf, wenn ein Gleichgewicht vorliegt.

Die Gleichgewichtsüberlegungen lassen sich leicht verständlich anhand einer Tabelle nachvollziehen. Dabei wird auf die bereits in Tabelle 3 verwendeten Werte für die marginale Konsum- und Sparneigung (0,8 bzw. 0,2) zurückgegriffen, die autonomen Investitionen belaufen sich auf 40 Mrd.DM.

| Fall | Volksein-kommen = geplantes Angebot<br>**A = Y** | geplanter Konsum<br>**C** | geplantes Sparen<br>**S** | geplante Investi-tion<br>$\bar{I}$ | geplante Nachfrage<br>**N** |
|---|---|---|---|---|---|
| (1) | (2) | (3) | (4) | (5) | (6) |
| 1 | 50 | 40 | 10 | 40 | 80 |
| 2 | 100 | 80 | 20 | 40 | 120 |
| 3 | 150 | 120 | 30 | 40 | 160 |
| 4 | 200 | 160 | 40 | 40 | 200 |
| 5 | 250 | 200 | 50 | 40 | 240 |
| 6 | 300 | 240 | 60 | 40 | 280 |

Tab.4: Gleichgewicht und Ungleichgewichte auf dem Gütermarkt

Während sich das geplante Angebot aus der Summe der Spalten 3 und 4 berechnet, ergibt sich die Nachfrage aus der Addition der Spalten 3 und 5.

In den Fällen 1 bis 3 haben die Produzenten die Nachfrage unterschätzt, es herrscht eine Angebotslücke. Hier liegt der beabsichtigte Nachfrageausfall der Haushalte (=Sparen) unter der Nachfrage der Unternehmer (=Investieren). Umgekehrt verhält es sich in den Fällen 5 und 6, wo eine Überproduktion bzw. Nachfragelücke vorliegt. Lediglich bei einem Einkommen von 200 (Fall 4) stimmen die Pläne der Anbieter und Nachfrager überein.

Es gilt also immer:

$$A = N \quad \longleftrightarrow \quad S = I \qquad \text{Gleichgewicht}$$

$$\left.\begin{array}{l} A < N \quad \longleftrightarrow \quad S < I \\ A > N \quad \longleftrightarrow \quad S > I \end{array}\right\} \text{Ungleichgewicht}$$

Im Gleichgewicht tauchen keinerlei ungeplante Größen auf. Anders dagegen verhält es sich bei Vorliegen eines Ungleichgewichts. Hierbei treten notwendigerweise ungeplante Größen auf, die bereits an früherer Stelle erörtert wurden. In den Fällen 1 bis 3 kommt die Ex-post-Gleichheit von A und N bzw. S und I durch folgende möglichen Vorgänge zustande:

- die Unternehmer befriedigen die überschüssige Nachfrage durch Abbau bestehender Lagervorräte ($-I_u$);
- die Preise werden hochgesetzt, wodurch bei den Unternehmern ungeplante Gewinne entstehen ($S^U{}_u$), während die Haushalte auf einen Teil des geplanten Konsums verzichten müssen ($-C_u$);
- die Unternehmer reagieren mit Lieferfristen, wodurch die Haushalte ihren Konsum zeitlich aufschieben müssen ($-C_u = +S^H{}_u$).

Entsprechend umgekehrt verhält es sich in den Fällen 5 und 6. Die exakten Werte für die jeweiligen Fälle sind in Tabelle 5 aufgeführt.

Die Betrachtungen haben gezeigt, daß die Realisierung eines **güterwirtschaftlichen Gleichgewichts reiner Zufall** ist. Da jedes Einkommens- und damit Produktionsniveau mit einem ganz bestimmten Beschäftigungsgrad verbunden ist, deutet sich schon an dieser Stelle die Zufälligkeit der Erreichung eines Vollbeschäftigungszustandes an. Realistischerweise dürfte in der Regel wohl kaum mit dem Zustandekommen eines gleichgewichtigen Einkommens zu rechnen sein, so daß sich die Frage erhebt, welche Konsequenzen aus einer Ungleichgewichtssituation resultieren. Hierauf soll im folgenden Punkt genauer eingegangen werden.

### c. Anpassungsprozesse

Definiert man Gleichgewicht als einen Zustand, bei dem für die Wirtschaftssubjekte kein Anlaß zu Planrevisionen besteht, so folgt hieraus unmittelbar, daß ein Ungleichgewichtszustand zu Änderungen der Wirtschaftspläne führt, was wiederum Anpassungsprozesse auslöst. Derartige Vorgänge lassen sich allerdings nicht mehr mit Hilfe der statischen Betrachtungsweise erfassen, hierzu ist eine dynamische Analyse erforderlich.

Zur Beschreibung der Verhaltensweisen von Wirtschaftssubjekten bedarf es der Einführung von **Reaktionshypothesen**. Es handelt sich dabei um Annahmen über die zeitliche Abhängigkeit ökonomischer Variablen. Für den Haushaltssektor wäre es beispielsweise vorstellbar, daß er seine Konsumausgaben am zukünftig erwarteten Einkommen orientiert. Auch könnte er das laufende Einkommen als Plandatum des laufenden Konsums

| geplantes = realisiertes Angebot = Volkseinkommen $A_g = Y$ (1) | geplantes = realisiertes Konsumangebot $C^A$ (2) | geplante (autonome) Investitionen $I$ (3) | geplante Konsumnachfrage (C=0,8Y) $C_g$ (4) | geplantes Sparen (S=0,2Y) $S_g$ (5) | geplante Nachfrage =(3)+(4) $N_g$ (6) | EX-ANTE-(UN)GLEICHGEWICHTSZUSTAND (7) | EX-POST-AUSGLEICH: Realausgleich (=Lagerbestandsveränderungen $I_u$) $I_u$ (8) | Realausgleich: Ex-post-Übereinstimmung von A und N bzw. S und I (9) | Preisausgleich (=ungeplante Unternehmergewinne $S_u^U$ bzw. ungeplanter Konsum $C_u$) $S_u^U$ (10) | Preisausgleich: Ex-post-Übereinstimmung von A und N bzw. S und I (11) | Preisausgleich: $C_u$ (12) | Lieferfristen: $C_u$ (13) | Lieferfristen: $S_u^H$ (14) |
|---|---|---|---|---|---|---|---|---|---|---|---|---|---|
| 50 | 10 | 40 | 40 | 10 | 80 | | -30 | | +30 | | -30 | -30 | +30 |
| 100 | 60 | 40 | 80 | 20 | 120 | $A_g < N_g$ | -20 | $S_g = I_g + I_u$ | +20 | $S_g + S_u = I_g$ | -20 | -20 | +20 |
| 150 | 110 | 40 | 120 | 30 | 160 | $S_g < I_g$ | -10 | $S_{tats} = I_{tats}$ | +10 | $S_{tats} = I_{tats}$ | -10 | -10 | +10 |
| 200 | 160 | 40 | 160 | 40 | 200 | $A_g = N_g$; $S_g = I_g$ | 0 | $I_u = 0$ | 0 | $S_u = 0$; $C_u = 0$ | 0 | 0 | 0 |
| 250 | 210 | 40 | 200 | 50 | 240 | $A_g > N_g$ | +10 | $S_g = I_g + I_u$ | -10 | $S_g + S_u = I_g$ | +10 | | |
| 300 | 260 | 40 | 240 | 60 | 280 | $S_g > I_g$ | +20 | $S_{tats} = I_{tats}$ | -20 | $S_{tats} = I_{tats}$ | +20 | | |

Tab.5: Ex-post-Ausgleich und damit einhergehende Ungleichgewichtszustände

ansehen. Denkbar erscheint ebenso die Orientierung der Ausgaben einer Periode am Einkommen der Vorperiode; diese zeitliche Verzögerung des Konsums nennt man den "Robertson - lag". Für die Produktionstätigkeit der Unternehmungen wird eine Abhängigkeit von den Verkaufserfolgen, d. h. der Nachfrage, unterstellt. Auch hier sind die sinngemäßen Reaktionen vorstellbar. Arithmetisch haben die Reaktionshypothesen folgendes Aussehen (t = Zeitindex):

**Reaktionshypothesen**

| **Haushalte** | **Unternehmer** |
|---|---|
| $C_t = f(Y_t)$ | $A_t = f(N_t)$ |
| $C_t = f(Y_{t+1})$ | $A_t = f(N_{t+1})$ |
| $C_t = f(Y_{t-1})$ | $A_t = f(N_{t-1})$ |
| (= Robertson-lag) | (= Lundberg-lag) |

Für die weiteren Überlegungen wird von einem unverzögerten Konsumentenverhalten

$$C_t = c' Y_t$$

sowie einem verzögerten Produzentenverhalten, d.h. dem Lundberg-lag

$$A_t = N_{t-1}$$

ausgegangen.

Am einfachsten kann man sich die Folgen eines Ungleichgewichtszustandes anhand eines Zahlenbeispiels vor Augen führen. Den Ausgangspunkt hierfür bilden die bereits in Tabelle 4 verwendeten Daten für das Verhalten der Haushalte und der Unternehmungen. Anhand des dort aufgeführten Falles 5 soll der Anpassungsprozeß zahlenmäßig durchgespielt werden. In dieser Situation beträgt die gesamtwirtschaftliche geplante Nachfrage 240 und reicht damit nicht aus, um das Angebot von 250 vollständig aus dem Markt zu nehmen. Diese Konstellation liegt in der Periode 1 vor (Tab.6).

Kurzfristig können die Unternehmer ihre Lagerbestände aufstocken (wie in Tab. 6 unterstellt) bzw. Preisabschläge beschliessen. In der nächsten Periode werden sie jedoch die Produktion zurücknehmen. Dadurch sinkt aber in der Periode 2 auch das Einkommen, was die Haushalte zu einer Reduzierung ihres Konsums veranlaßt. Bei gleichbleibenden Investitionen verursacht dies einen Rückgang der gesamtwirtschaftlichen Nachfrage, auf den die Unternehmer mit

| Periode | A = Y | C | S | $\bar{I}$ | N | Iu |
|---|---|---|---|---|---|---|
| (1) | (2) | (3) | (4) | (5) | (6) | (7) |
| 1 | 250 | 200 | 50 | 40 | 240 | 10 |
| 2 | 240 | 192 | 48 | 40 | 232 | 8 |
| 3 | 232 | 185,6 | 46,6 | 40 | 225,6 | 6,4 |
| 4 | 225,6 | . | . | . | . | . |
| . | . | . | . | . | . | . |
| . | . | . | . | . | . | . |
| . | . | . | . | . | . | . |
| n | 200 | 160 | 40 | 40 | 200 | 0 |

Tab.6: Kontraktionsprozeß

einer weiteren Produktionsdrosselung in der Periode 3 reagieren. Der Prozeß setzt sich solange fort, bis schrittweise ein Gleichgewicht beim Einkommen von 200 erreicht wird, was mathematisch unendlich viele Zeitperioden dauert.

Dieser Anpassungsprozeß läßt sich auch graphisch darstellen:

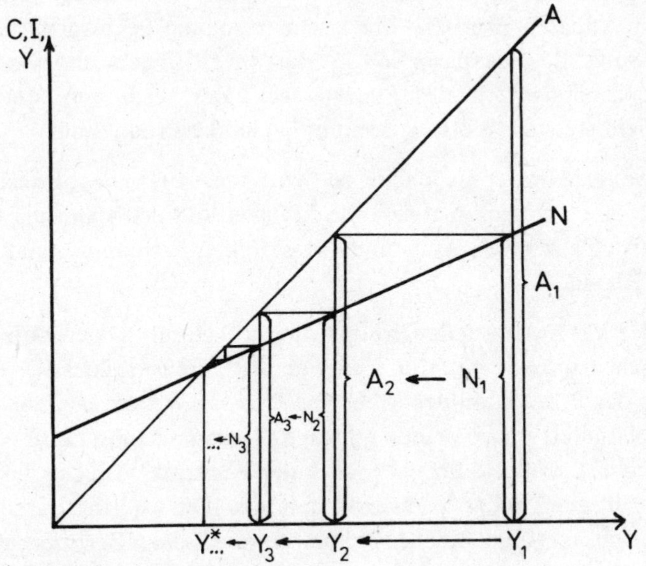


Abb.34: Graphische Darstellung des Kontraktionsprozesses

Das Gleichgewichtseinkommen $Y^*$ wird treppenförmig erreicht, wobei die Treppenstufen immer niedriger werden.

Auch bei Keynes tendiert die Volkswirtschaft also zu einem Gleichgewicht auf dem Gütermarkt, zu dessen Herbeiführung allerdings Einkommensänderungen erforderlich sind. Verantwortlich für die Rückbildung des Einkommens ist eine **Nachfragelücke** oder **Kontraktionslücke**. Da es im Zuge des Kontraktionsprozesses zu Preissenkungen kommen kann, bezeichnet man die Situation A > N häufig als **"deflatorische Lücke"**. Preissenkungen müssen aber nicht zwangsläufig als Begleiterscheinungen kontraktiver Prozesse auftreten, weshalb diese Bezeichnung nur mit Vorbehalt verwendet werden sollte.

Bisher erstreckten sich die Betrachtungen auf die Situation A > N. Liegt das Einkommen hingegen unterhalb des Gleichgewichtseinkommens, so spricht man von einer **Angebotslücke**, die auch als **"inflatorische Lücke"** bezeichnet wird. Auf eine ausführliche Darstellung dieses Falles, der zu den entsprechend umgekehrten Ergebnissen führt, soll jedoch verzichtet werden.

Generell kann gesagt werden, daß bei Vorliegen eines Ungleichgewichts auf dem Gütermarkt systemimmanente Kräfte wirksam werden, die schließlich ein Gleichgewicht herbeiführen. Das güterwirtschaftliche Gleichgewicht ist mithin **stabil**. Der Anpassungsprozeß hin zu einem neuen Gleichgewicht läuft über die Anpassung der Ersparnisse an die Investitionen ab. Aufgrund der Einkommensabhängigkeit des Sparens verändert sich auf dem Weg zum Gleichgewicht stets das Volkseinkommen, d.h. die Produktion.

Möglicherweise kommt es dabei zu Veränderungen des Preisniveaus. In jedem Falle aber reagieren **zuerst** die **Mengen** und erst **dann** die **Preise**. Die zeitliche Abfolge von Mengen- und Preiseffekten ist damit genau umgekehrt wie in der Klassik.

Im Zuge der Veränderung der Produktion ist auch mit Rückwirkungen auf den **Arbeitsmarkt** zu rechnen. Im Falle einer Expansionslücke bedarf es zur Steigerung der Produktion des Mehreinsatzes von Arbeitskräften. Eine Lücke I > S bedeutet somit eine günstige Voraussetzung zum Abbau von Arbeitslosigkeit. Umgekehrt geht von einer Kontraktionslücke die Gefahr von Unterbeschäftigung in der Volkswirtschaft aus. Die explizite Einbeziehung des Arbeitsmarktes erfolgt jedoch ebenso wie die Berücksichtigung von Preisniveauveränderungen erst an späterer Stelle. Einen zusammenfassenden Überblick der Ungleichgewichtssituationen und ihrer Konsequenzen vermittelt Abbildung 35.

| Typ des Ungleichgewichts | Bezeichnung | Auswirkungen |
|---|---|---|
| A > N, bzw.<br><br>S > I | Nachfragelücke, Kontraktionslücke, deflatorische Lücke | Kontraktionsprozeß, Produktionsrückgang, Lageraufbau, Tendenz zu Preissenkungen, Anstieg der Arbeitslosigkeit |
| A < N, bzw.<br><br>S < I | Angebotslücke, Expansionslücke, inflatorische Lücke | Expansionsprozeß, Produktionszunahme, Lagerabbau, Tendenz zu Preissteigerungen, Rückgang der Arbeitslosigkeit |

Abb.35: Ungleichgewichte auf dem Gütermarkt

Die Realisierungschancen des Gleichgewichts auf dem Gütermarkt schätzte Keynes gering ein. Pessimismus ist schon deshalb am Platze, weil Sparer und Investoren **verschiedene Personengruppen** sind, die ihre Wirtschaftspläne unabhängig voneinander aufstellen. Es ist vielmehr davon auszugehen, daß "reife" Volkswirtschaften zu kontraktiven Lücken (S > I) neigen. Zum einen liegt dies an einer **Zunahme der Sparneigung**, die u. a. in einem steigenden Einkommensniveau sowie in zunehmender Ungewißheit über die Zukunft ("Krisensparen") ihre Erklärung findet. Zum anderen ist ein tendenzieller **Rückgang der Investitionen** zu befürchten; das Investitionsrisiko steigt infolge der immer ungewisseren Zukunft, vor allem wegen einer ständigen Verbreiterung der Produktpalette, d. h. der Gefahr, am Markt "vorbeizuproduzieren".

Daraus wird deutlich, daß Keynes die volkswirtschaftliche Bedeutung des Sparens gänzlich anders sieht als die Klassik. Ein höheres Sparen zieht nach klassischer Auffassung höhere Investitionen nach sich. Bei Keynes hingegen ist eine Zunahme der Sparneigung zwar einzelwirtschaftlich eine Tugend, gesamtwirtschaftlich aber schädlich, denn es stellt einen Nachfrageausfall dar, dem die Unternehmer mit Produktionseinschränkungen begegnen (**"Sparparadoxon"**). Abbildung 36 verdeutlicht die Positionen schematisch.

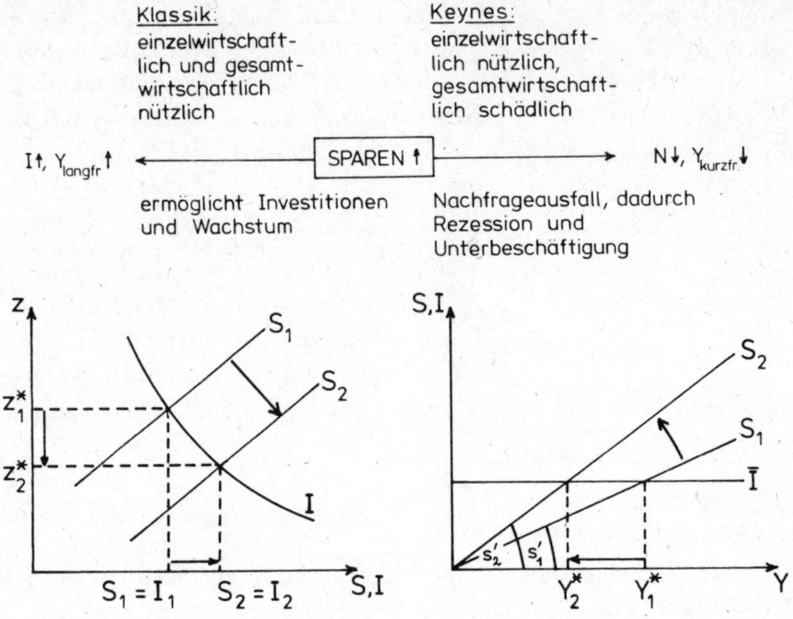


Abb.36: Sparen in der Klassik und bei Keynes

Dabei tritt ein weiterer wichtiger Unterschied zwischen den beiden Paradigmen zutage: Das Scharnier zur Erreichung eines neuen Gleichgewichts ist in der Klassik der Zins, bei Keynes hingegen das Einkommen.

Kommt es in einer hochentwickelten Volkswirtschaft zu dem von Keynes erwarteten Schrumpfungsprozeß des Volkseinkommens und der damit einhergehenden Arbeitslosigkeit, so muß es Aufgabe der Wirtschaftspolitik sein, durch Schaffung von Nachfrage die Kontraktionslücke zu schließen bzw. in eine Expansionslücke umzukehren. Aus wirtschaftspolitischer Sicht bieten sich vor allem die Investitionen als eine zur Steuerung geeignete Nachfragekomponente an. Die Auswirkungen von Änderungen der Investitionen lassen sich dabei genau beziffern. Diese Berechnung ist Gegenstand des nächsten Punktes.

## d. Investitionsmultiplikator

Die Kreislaufeffekte von Änderungen einer Nachfragekomponente sollen im folgenden am Beispiel einer Erhöhung der Investitionen durchgespielt werden.

Da es sich hierbei annahmegemäß um eine autonome Größe handelt, bedarf deren Anstieg keiner Erklärung. Der Einkommenseffekt ($\Delta Y$) kann graphisch exakt ermittelt werden (Abb.37). Ausgehend vom Dreieck ABC berechnet man den Einkommenseffekt mit Hilfe einer komparativ-statischen Betrachtungsweise über das Verhältnis von Gegenkathede ($\overline{BC} = \Delta I$) zu Ankathede ($\overline{AB} = \Delta Y$):

$$tg\,\alpha = s' = \frac{\Delta I}{\Delta Y} \quad \text{; hieraus folgt}$$

$$\Delta Y = \frac{\Delta I}{s'} \quad \text{; wegen } s' + c' = 1 \text{ gilt}$$

$$\Delta Y = \frac{1}{s'} \cdot \Delta I = \frac{1}{1-c'} \cdot \Delta I$$

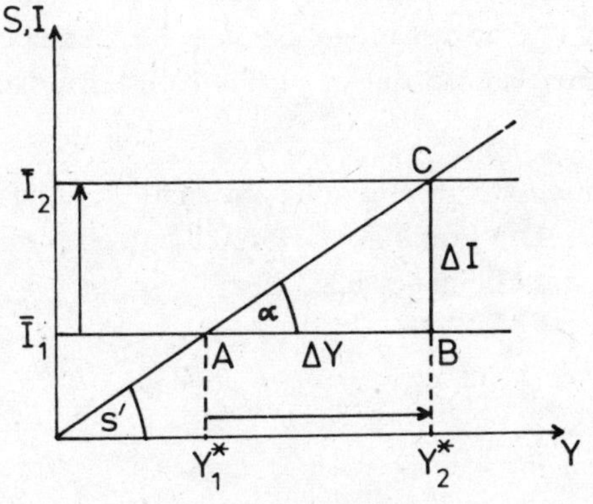


Abb.37: Herleitung des Investitionsmultiplikators

Diesen Ausdruck bezeichnet man als das Prinzip des **Investitionsmultiplikators**, wobei die Quoten $\frac{1}{s'}$ bzw. $\frac{1}{1-c'}$ den Multiplikator im engeren Sinne darstellen. Liegt die marginale Sparneigung zwischen Null und Eins, so führt die Veränderung der Investitionen zu einer gleichgerichteten Änderung des Volkseinkommens um ein Mehrfaches. Die "Durchschlagskraft" hängt von der Höhe der marginalen Sparneigung ab: je niedriger (höher) s', desto größer (kleiner) die Wirkung. Damit kommt den Konsum- und Spargewohnheiten der Bevölkerung eine entscheidende Bedeutung für die Kreislaufeffekte von Investitionen zu.

Der Investitionsmultiplikator kann auch auf rechnerischem Wege hergeleitet werden. Hierzu wird die Gleichung

$$Y = C(Y) + \bar{I}$$

nach I differenziert, wodurch man Aufschluß über die Auswirkungen einer Investitionsänderung auf das Einkommen erhält:

$$\frac{dY}{dI} = \frac{dC}{dY} \cdot \frac{dY}{dI} + 1$$

$$\frac{dY}{dI} \left(1 - \frac{dC}{dY}\right) = 1$$

$$\frac{dY}{dI} = \frac{1}{1 - \frac{dC}{dY}} = \frac{1}{1 - c'}$$

Danach induziert eine Veränderung der Investitionen um $\Delta$ I eine Einkommensänderung $\Delta$Y nach Maßgabe von $\frac{1}{1 - c'}$. Analoges ergäbe sich für den autonomen Konsum, sofern dieser in der Konsumfunktion berücksichtigt wäre.

Die gesamte Einkommenssteigerung vollzieht sich allerdings nicht schlagartig, sondern im Zeitablauf. Die graphische Darstellung zeigt eine treppenförmige Annäherung an ein neues Gleichgewicht:

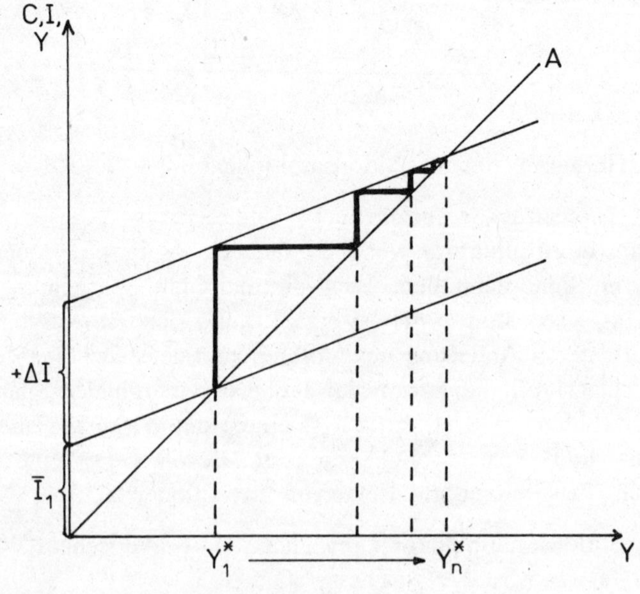


Abb.38: Anpassungsprozeß bei einer Investitionszunahme

Die Investitionszunahme reißt eine expansive Lücke I > S auf, in deren Gefolge ein Expansionsprozeß abläuft, der so lange andauert, bis der gestiegenen Nachfrage ein gleich hohes Angebot gegenübersteht ($Y^*_n$).

Ein Zahlenbeispiel macht die schrittweise Anpassung an das neue Gleichgewicht deutlich:

| **Periode** | **A = Y** | **C** | **S** | $\bar{I}$ | **N** | $I_u$ |
|---|---|---|---|---|---|---|
| (1) | (2) | (3) | (4) | (5) | (6) | (7) |
| 1 | 200 | 160 | 40 | 40 | 200 | 0 |
| 2 | 200 | 160 | 40 | 50 | 210 | -10 |
| 3 | 210 | 168 | 42 | 50 | 218 | -8 |
| 4 | 218 | 174,4 | 43,6 | 50 | 224,4 | -6,4 |
| 5 | 224,4 | 179,5 | 44,9 | 50 | 229,5 | -5,1 |
| . | . | . | . | . | . | . |
| . | . | . | . | . | . | . |
| n | 250 | 200 | 50 | 50 | 250 | 0 |

Tab.7: Investitionsmultiplikator bei dauerhafter Erhöhung von $\bar{I}$

Ausgehend von unserem bekannten Gleichgewichtswert von 200 erhöhen sich die Investitionen dauerhaft um 10 (Periode 2). Kurzfristig kann die gestiegene Nachfrage durch Auflösung von Lagerbeständen befriedigt werden, jedoch reagieren die Unternehmer in der 3.Periode mit einer Produktionsausweitung. Das dabei entstehende höhere Einkommen ermöglicht den Haushalten höhere Konsumausgaben. Zusammen mit den erhöhten Investitionen übersteigt die Nachfrage jedoch weiterhin das Angebot. Der Prozeß setzt sich so lange fort, bis die expansive Lücke nach unendlich vielen Perioden verschwindet.

Eine Modifikation ist zu verzeichnen, sofern die Zunahme der Investitionen nicht dauerhaft, sondern **einmalig** geschieht. Tabellarisch stellt sich dabei der Anpassungsprozeß ein, wie er auf Seite 84 dargestellt ist. Das Einkommen steigt hier nur vorübergehend auf den "Spitzenwert" von 210 an und bildet sich danach auf den ursprünglichen Gleichgewichtswert von 200 zurück. Die Formel

$$\Delta Y = \frac{1}{s'} \cdot \Delta I$$

| Periode | A = Y | C | S | $\bar{I}$ | N | $I_u$ |
|---|---|---|---|---|---|---|
| (1) | (2) | (3) | (4) | (5) | (6) | (7) |
| 1 | 200 | 160 | 40 | 40 | 200 | 0 |
| 2 | 200 | 160 | 40 | 50 | 210 | -10 |
| 3 | 210 | 168 | 42 | 40 | 208 | -8 |
| 4 | 208 | 166,4 | 41,6 | 40 | 206,4 | -6,4 |
| 5 | 206,4 | . | . | . | . | . |
| . | . | . | . | . | . | . |
| . | . | . | . | . | . | . |
| n | 200 | 160 | 40 | 40 | 200 | 0 |

Tab.8: Investitionsmultiplikator bei einmaliger Erhöhung von $\bar{I}$

hat weiterhin Gültigkeit, ist jedoch nunmehr in modifizierter Form zu interpretieren. Im Falle der dauerhaften Investitionszunahme besagt der Wert von $\Delta Y$, um wieviel Einheiten das neue Gleichgewichtseinkommen schließlich über dem Ausgangswert liegt. Bei einer einmaligen Investitionszunahme gibt $\Delta Y$ dagegen an, wieviel Einkommenseinheiten während des Anpassungsprozesses insgesamt entstanden; die gegenüber dem ursprünglichen Einkommen zu verzeichnenden Einkommenszuwächse werden hier kumuliert.

Schematisch ergibt sich folgender Ablauf des Multiplikatorprozesses:

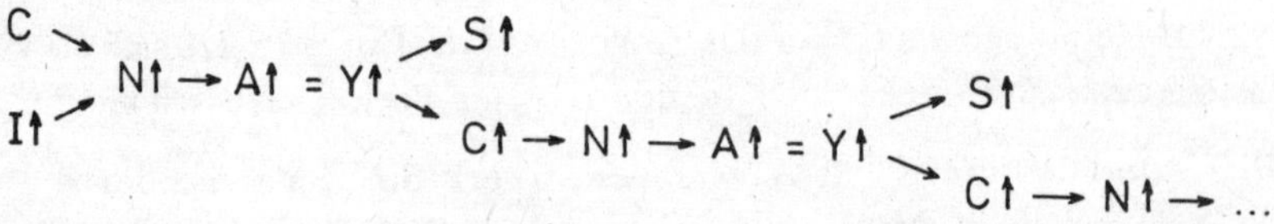


Abb.39: Schematisches Darstellung des Investitionsmultiplikators

Ein Teil des zusätzlich entstandenen Einkommens verliert in jeder "Runde" in Form von Ersparnissen an Nachfragewirksamkeit, das Sparen "versickert" und kehrt nicht wieder in den Wirtschaftskreislauf zurück. Je höher dieser Abfluß, desto geringer verständlicherweise der Einkommenseffekt der Investitionen -

ein Tatbestand, der im Nenner der Multiplikatorformel seinen Niederschlag findet.

Ein weiterer wichtiger Aspekt der Keynesianischen Theorie wird aus dieser einfachen Darstellung deutlich: Investitionen gehen zeitlich dem Sparen voraus. **Investitionen induzieren das Sparen über das Einkommen.** Auch in diesem Punkt zeigt sich die Gegensätzlichkeit zur Klassik, wo das Sparen über den Zins die Investitionen nach sich zog.

Trotz der formalen Eleganz dieses Ansatzes sind verschiedene **Vorbehalte** anzumelden, die sich überwiegend auf die **kurzfristige** Betrachtungsweise des Multiplikatormodells reduzieren lassen. So erscheint es fraglich, ob die Konsum- und Spargewohnheiten der Bevölkerung während strenggenommen unendlich vieler Zeitperioden unverändert bleiben. Auch die Vorstellung von nicht im Kreislauf regenerierenden Ersparnissen ist problematisch. Viele Wirtschaftssubjekte üben vorübergehend Konsumverzicht im Sinne eines Anschaffungssparens, z.B., um ein Auto kaufen zu können, so daß die zukünftige Nachfragewirksamkeit der Ersparnisse als gesichert gelten kann.

Ein weiterer Kritikpunkt betrifft die Behandlung der Investitionen. Prinzipiell vereinen Investitionen kurz- und langfristige Eigenschaften, weshalb man auch vom "Januskopf" der Investitionen spricht. Der kurzfristige Aspekt beinhaltet die Nachfrage der Unternehmer nach Investitionsgütern, bei deren Herstellung Einkommen entsteht. Die langfristige Seite der Investitionen ist in der Vergrößerung der Produktionskapazitäten zu sehen, die ein höheres Angebot ermöglichen, nachdem die Investitionsgüter fertiggestellt sind:

Der Multiplikatoransatz betont ausschließlich den Einkommenseffekt, hingegen wird der Kapazitätseffekt vernachlässigt. Dieser steht erst im Rahmen der Postkeynesianischen Wachstumstheorie im Vordergrund.

Des weiteren wird der Entwicklungspfad der Volkswirtschaft nur unter Nachfragegesichtspunkten gesehen. Angebotsseitige Aspekte bleiben völlig außer Acht. Hierzu gehören etwa exogene Preisschocks oder technologische Neuerungen, in deren Gefolge ein struktureller Wandel einsetzt.

Schließlich geht der Multiplikatoransatz von einem konstanten Preisniveau aus. Kurzfristig mag dies zutreffen, über viele Perioden hinweg erscheint diese Annahme jedoch unrealistisch. Im Hinblick auf den Begriff "Perioden" wäre noch anzumerken, daß keine konkreten Angaben über die Länge dieser Zeiträume gemacht werden.

Allerdings stoßen die erwähnten Kritikpunkte insofern ins Leere, als Keynes seine Theorie ganz bewußt unter kurzfristigen Gesichtspunkten konzipierte. Sein berühmt gewordenes Zitat "In the long run, we are all dead" untermauert seine Betrachtungsweise sehr deutlich.

Ungeachtet dieser Kritikpunkte impliziert die Erkenntnis, daß Änderungen in der Investitionstätigkeit zumindest kurzfristig einen starken Einfluß auf das Volkseinkommen ausüben, die Bedeutung des Multiplikatorprinzips für die Wirtschaftspolitik. Zur Überwindung einer Depression ist es demnach notwendig, die Investitionstätigkeit zu beleben.

Eine Stimulierung der privaten Investitionstätigkeit erscheint prinzipiell auf vielerlei Wegen möglich. Geänderte Abschreibungsmodalitäten, Gewährung von Investitionshilfen, Zinssatzvariationen usw. können die Unternehmer durchaus zu einer entsprechenden Veränderung ihres Kapitalbestandes veranlassen. Die Effizienz derartiger Maßnahmen hängt aber sicherlich von der jeweiligen wirtschaftlichen Ausgangslage ab. Herrscht eine schwere Depression, so erscheint es sehr fraglich, ob sich die Unternehmer angesichts brachliegender Kapazitäten zum Kauf zusätzlicher Produktionsmittel entschließen.

In einer solchen Situation liegt es nach Auffassung von Keynes am Staat, durch **"ausgleichende Ausgaben"** eine expansive Lücke zu schaffen. Die Auswirkungen zusätzlicher staatlicher Investitionen sind dabei, wie gleich näher zu zeigen sein wird, dieselben wie bei privaten Investitionen. Bereits eine einmalige öffentliche Investition kann dazu führen, daß die privaten Unternehmer infolge des vom Staat ausgelösten Aufschwungs ebenfalls mehr investieren, die öffentliche Hand also die "Initialzündung" gibt ("pump priming"). In Anbetracht der Wirtschaftskrise und der damit verbundenen Einnahmenausfälle bereitet dem Staat die Finanzierung der erforderlichen Ausgaben zweifellos Schwierigkeiten. Hier plädiert Keynes für die Bildung von **Defiziten**, was eine klare Abkehr vom klassischen Prinzip des Haushaltsausgleichs bedeutet. Nach Ansicht von Keynes ist die Finanzierungslücke aber nur ein temporäres Problem. Im Zuge des einsetzenden konjunkturellen Aufschwungs steigen die Steuereinnahmen und sinken rezessionsbedingte Ausgaben wie Arbeitslosengelder; die überschüssigen Mittel erlauben eine Rückzahlung der Schulden. An die Stelle des klassischen Budgetausgleichs innerhalb eines Haushaltsjahres tritt bei Keynes ein Budgetausgleich über den Konjunkturzyklus hinweg. Die Bedeutung der staatlichen ökonomischen Aktivität soll nunmehr genauer beleuchtet werden.

## e. Einbeziehung des Staates

Die bei der Erfüllung staatlicher Aufgaben anfallenden Kreislaufströme wurden bereits im Rahmen der ex-post-Analyse aufgezeigt. Es geht nunmehr darum, die Kreislaufwirkungen der relevanten Ströme herauszuarbeiten. In Betracht kommen insbesondere die staatlichen Ausgaben für den Kauf von Gütern und Diensten, Transferzahlungen und Staatseinnahmen.

Die Erklärung dieser Ströme bereitet in der makroökonomischen Theorie keine großen Probleme. Im Gegensatz zum Sparen und dessen komplementärer Größe, dem Konsum, bedarf es nicht der Suche nach Determinanten und der Formulierung von Verhaltensgleichungen. Die staatlichen Aktivitäten werden in **institutionellen Gleichungen** erfaßt. Dies bedeutet, daß etwa die Höhe der Staatsausgaben oder der Steuereinnahmen das Ergebnis politischer Entscheidungen sind, deren Bestimmungsgründe keiner weiteren Hinterfragung bedürfen.

Bezieht man die **staatlichen Ausgaben**, die autonom getätigt werden, mit in die Betrachtungen ein, so erweitert sich die Nachfragegleichung um $\overline{G}$:

$$N = C + \overline{I} + \overline{G}$$

Aus Vereinfachungsgründen sei zunächst unterstellt, daß der Staat zur Finanzierung seiner Ausgaben auf bestehende Haushaltsüberschüsse zurückgreift. Für das Gleichgewichtseinkommen folgt dann:

$$Y = c'Y + \overline{I} + \overline{G} \quad \text{, bzw. nach Y aufgelöst}$$

$$Y^* = \frac{1}{1-c'} (\overline{I} + \overline{G})$$

Hieraus geht hervor, daß die Kreislaufwirkungen von Veränderungen der Staatsausgaben denen der privaten Investitionen exakt entsprechen:

$$\Delta Y = \frac{1}{1-c'} \cdot \Delta G$$

$$\frac{\Delta Y}{\Delta G} = \frac{1}{1-c'}$$

Der **"Staatsausgabenmultiplikator"** errechnet sich auf dieselbe Weise wie der Investitionsmultiplikator. In der graphischen Darstellung würde sich die Nachfrage- bzw. Investitionsfunktion parallel um den Betrag $\Delta G$ entsprechend verschieben. Da die Anpassungsprozesse im Prinzip gleich ablaufen wie beim bereits ausführlich behandelten Investitionsmultiplikator, kann im folgenden auf graphische und tabellarische Darstellungen weitgehend verzichtet werden.

Die Kreislaufwirkungen von **Steuern** lassen sich ebenfalls isoliert herleiten. Nimmt man an, daß der Staat unabhängig von der Leistungsfähigkeit und anderen Kriterien von jedem Haushalt denselben Steuerbetrag erhebt ($\overline{T}$ = "Kopf-" oder "Pauschalsteuer"), so kommt bei den Haushalten eine weitere Komponente der Einkommensverwendung hinzu:

$$Y = C + S + \overline{T}$$

Der den Haushalten verbleibende Teil des Einkommens, das Nettoeinkommen oder "verfügbare" Einkommen ($Y_v$) ist folglich definiert als

$$Y_v = Y - \overline{T}$$

An ihm orientieren die Haushalte ihre Konsum- und Sparpläne.

Sofern der Staat die Steuereinnahmen stillegt, verringert sich die gesamtwirtschaftliche Nachfrage:

$$N = C + \overline{I}$$

$$N = c'Y_v + \overline{I}$$

$$N = c'(Y - \overline{T}) + \overline{I}$$

Das Gleichgewichtseinkommen errechnet sich dann als

$$Y = c'(Y - \overline{T}) + \overline{I}$$

$$Y - c'Y = \overline{I} - c'\overline{T}$$

$$Y(1 - c') = \overline{I} - c'\overline{T}$$

$$Y^* = \frac{1}{1-c'}(\overline{I} - c'\overline{T})$$

Separiert man den Einfluß von Steuern auf das Volkseinkommen durch partielle Differentiation der Gleichung nach $\overline{T}$ , so ist (bei endlichen Veränderungen):

$$\Delta Y = -\frac{c'}{1-c'} \Delta \overline{T}$$

$$\frac{\Delta Y}{\Delta T} = -\frac{c'}{1-c'}$$

Der Ausdruck $-\frac{c'}{1-c'}$ ist der **"Steuermultiplikator"**, der sich im Zähler und im Vorzeichen vom Staatsausgabenmultiplikator unterscheidet. Daraus geht hervor, daß die Änderung der Steuern nach Maßgabe des Quotienten $\frac{c'}{1-c'}$ das Einkommen in entgegengesetzter Richtung verändert. Beträgt die marginale Konsumneigung 0,8, so führt eine Steuersenkung um 10 Mrd.DM zu einem Einkommensanstieg um 40 Mrd.DM. Der "Vervielfacher" ist beim Steuermultiplikator also geringer als beim Staatsausgabenmultiplikator:

$$\frac{c'}{1-c'} < \frac{1}{1-c'}$$

Ökonomisch findet dieser Tatbestand seine Erklärung darin, daß durch zusätzliche Staatsausgaben von $\Delta G$ in genau diesem Umfang eine neue Nachfrage durch den Staat geschaffen wird. Senkt der Staat hingegen die Steuern, so fließt das solchermaßen gestiegene Nettoeinkommen wegen der Spartätigkeit der Haushalte nicht voll, sondern nur teilweise dem Konsum zu, wird also nur teilweise nachfragewirksam. Ein einfaches Zahlenbeispiel verdeutlicht diesen Sachverhalt.

Allgemein gilt:

$$C = c'Y_v = c'(Y - \overline{T})$$

In der Ausgangssituation seien

$$Y = 100$$

$$c' = 0{,}8\,,\ s' = 0{,}2$$

$$\overline{T}_1 = 20$$

daraus folgt

$$C_1 = 0{,}8\ (100 - 20) = 0{,}8 \cdot 80 = 64$$

Nun senke der Staat die Steuern um 10 Einheiten:

$$\overline{T}_2 = 10$$

dann ist

$$C_2 = 0{,}8\,(100 - 10) = 0{,}8 \cdot 90 = 72$$

Bei einer marginalen Konsumneigung von 0,8 erhöht sich die Konsumnachfrage um 8, wenn die Steuern um 10 gesenkt werden, der Rest des zusätzlichen verfügbaren Einkommens, also 2, fließt dem Sparen zu. Zeichnerisch verschiebt eine Steuersenkung um $\Delta T$ die Konsumfunktion um den Betrag $c' \cdot \Delta T$ parallel nach oben. Entsprechendes gilt für eine Steuererhöhung.

Bisher wurden die Kreislaufeffekte von Staatsausgaben und Steuern getrennt betrachtet. Geht man davon aus, daß diese staatlichen Aktivitäten gleichzeitig auftreten, so ergibt sich für die gesamtwirtschaftliche Nachfrage

$$N = c'Y_v + \overline{I} + \overline{G}$$

und für das Gleichgewichtseinkommen

$$Y = c'(Y - \overline{T}) + \overline{I} + \overline{G} \quad \text{, bzw.}$$

$$Y^* = \frac{1}{1-c'}\,(\overline{I} + \overline{G} - c'\overline{T})$$

Die **Kombination** von Staatsausgaben- und Steuermultiplikator fördert ein interessantes Ergebnis zutage. Erhöht nämlich der Staat die Kopfsteuer um einen bestimmten Betrag, den er in vollem Umfang wieder verausgabt, so steigert dieser Vorgang per Saldo das Volkseinkommen. Der dabei auftretende positive Einkommenseffekt kann genau beziffert werden. Beispielsweise beläuft sich der expansive Einkommenseffekt zusätzlicher Staatsausgaben von 10 auf

$$\Delta Y = \frac{1}{1-c'} \cdot \Delta G = \frac{1}{1-0{,}8} \cdot 10 = 50$$

Der infolge höherer Steuerzahlungen von ebenfalls 10 Einheiten einsetzende Einkommensrückgang kommt zum Stillstand, wenn sich das Volkseinkommen um

$$\Delta Y = -\frac{c'}{1-c'} \cdot \Delta T = -\frac{0{,}8}{1-0{,}8} \cdot 10 = -40$$

zurückgebildet hat. Im Ergebnis erbringt der auf höherem Niveau stattfindende **Budgetausgleich** somit einen **Einkommenszuwachs** um 10 Einheiten.

Allgemein kann der auf das Volkseinkommen ausgehende Nettoeffekt einer gleichgerichteten Variation der Staatsausgaben und Staatseinnahmen durch Addition der beiden relevanten Multiplikatoren folgendermaßen berechnet werden:

$$\frac{\Delta Y}{\Delta G} + \frac{\Delta Y}{\Delta T} = \frac{1}{1-c'} - \frac{c'}{1-c'} = \frac{1-c'}{1-c'} = 1$$

Der Wert 1 besagt, daß die Einkommensveränderung per Saldo genau den Betrag der Ausgaben- bzw. Steuervariation erreicht, was sich anhand des Zahlenbeispiels leicht nachprüfen läßt. Man bezeichnet diesen Tatbestand, wonach ein ausgeglichenes Zusatzbudget das Einkommen um den Betrag der Budgetvariation verändert, auch als das **"Haavelmo-Theorem"**. Ein ausgeglichener Staatshaushalt ist also keineswegs "einkommensneutral". Abbildung 40 illustriert diesen Sachverhalt:

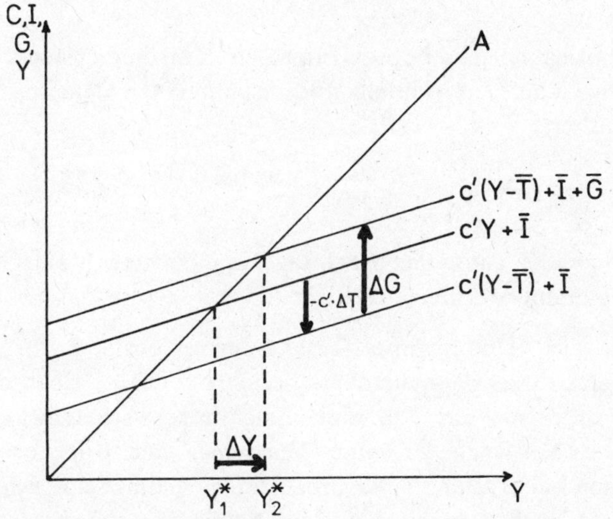


Abb.40: Haavelmo-Theorem

Realistischer als die Kopfsteuer ist eine einkommensabhängige Steuer. Geht man von einer proportionalen Einkommensteuer aus, so gehört zu jedem Einkommen der gleiche Steuersatz (t'). Daraus folgt die Steuerfunktion

$$T = t'Y \quad , \text{mit } 0 < t' < 1$$

Die Konsumfunktion lautet dann

$$C = c'Y_v = c'(Y - T) = c'(Y - t'Y)$$

$$C = c'(1 - t')\,Y$$

Ihre Steigung ist offenbar geringer als bisher, was graphisch einen flacheren Verlauf impliziert. Unterstellt man wieder, daß der Staat die Steuereinnahmen stillegt, so lautet die Nachfragefunktion

$$N = c'(1\text{-}t')\,Y + \bar{I}$$

Im Gleichgewicht gilt

$$Y = c'(1\text{-}t')\,Y + \bar{I}$$

Aufgelöst nach Y errechnet sich das Gleichgewichtseinkommen als

$$Y^* = \frac{1}{1\text{-}c'(1\text{-}t')} \cdot \bar{I}$$

Die Einbeziehung einer proportionalen Einkommensteuer hat demnach Auswirkungen auf den Multiplikator, der nun einen kleineren Wert aufweisen muß als bisher:

$$\frac{1}{1\text{-}c'(1\text{-}t')} < \frac{1}{1\text{-}c'} \quad \text{, wobei } 0 < t', c' < 1$$

Auch für andere autonome Nachfragekomponenten (z.B. $\bar{G}$, $\bar{C}$) hat dieser Multiplikator entsprechende Gültigkeit.

Erhöhen die Unternehmer ihre Investitionstätigkeit, so fällt der Einkommenszuwachs nunmehr geringer aus. Ebenso würde ein Investitionsrückgang das Volkseinkommen in schwächerem Maße schrumpfen lassen. Im Vergleich zu einer Wirtschaft mit Kopfsteuer reagiert das Einkommen bei Existenz einer proportionalen Einkommensteuer nicht mehr so stark auf Nachfrageschwankungen. Somit trägt die einkommensabhängige Besteuerung zur **automatischen Stabilisierung** der Wirtschaft bei. Der Stabilisierungseffekt fällt noch stärker aus, wenn ein progressives Steuersystem vorliegt.

Neben den Zahlungen für Güter- und Dienstleistungskäufe bilden die **Transferzahlungen** eine weitere bedeutsame Ausgabenkategorie des Staates. Da deren Umfang der politischen Willensbildung unterliegt, handelt es sich hierbei ebenfalls um eine autonome Variable. Zur Verdeutlichung der

Kreislaufeffekte der Transferausgaben wird zunächst von den übrigen staatlichen Strömen abstrahiert. Ökonomisch erhöhen Transfers wie z.B. Renten das Einkommen:

$$Y_v = Y + \overline{Tr}$$

so daß die Konsumfunktion die Form

$$C = c'Y_v = c'(Y + \overline{Tr})$$

hat. Die Nachfragefunktion lautet dann:

$$N = c'(Y + \overline{Tr}) + \overline{I}$$

Daraus läßt sich das Gleichgewichtseinkommen ermitteln als

$$Y = c'(Y + \overline{Tr}) + \overline{I} \quad \text{bzw. nach Y aufgelöst}$$

$$Y^* = \frac{1}{1-c'} (c'\overline{Tr} + \overline{I})$$

Für die Einkommenswirkung von geänderten Transferzahlungen folgt hieraus:

$$\Delta Y = \frac{c'}{1-c'} \cdot \Delta Tr$$

Der **"Transfermultiplikator"** $\frac{c'}{1-c'}$ hat denselben Wert wie der Steuermultiplikator, wobei zwischen $\Delta Tr$ und $\Delta Y$ eine positive Beziehung besteht.

Für die Ausgabentätigkeit des Staates folgt hieraus, daß Käufe am Markt wegen des höheren Multiplikators $\frac{1}{1-c'}$ das Einkommen stärker beeinflussen als die Zahlungen an Haushalte ohne spezifische ökonomische Gegenleistung. Die Begründung ist darin zu sehen, daß Gelder, welche den Haushalten zufließen, zu einem bestimmten Prozentsatz gespart und somit nicht nachfragewirksam werden. Allerdings vernachlässigt diese Überlegung, daß innerhalb des Haushaltssektors gerade bei Empfängern von Transfers die Konsumneigung überdurchschnittlich hoch sein und damit der Einkommenseffekt stärker ausfallen kann.

Faßt man sämtliche hier diskutierten Arten staatlicher Aktivität zusammen, so lautet die Nachfragefunktion:

$$N = c'(Y - \overline{T} + \overline{Tr}) + \overline{I} + \overline{G}$$

Bei Erhebung einer Kopfsteuer errechnet sich das **Gleichgewichtseinkommen** als

$$Y^* = \frac{1}{1-c'} (-c'\overline{T} + c'\overline{Tr} + \overline{I} + \overline{G})$$

Die Einbeziehung des Staates bewirkt notwendigerweise eine Modifikation der bislang bekannten Gleichgewichtsbedingung

$$S = I$$

die besagt, daß den Abflüssen aus dem Wirtschaftskreislauf (Sparen) genau gleich hohe Zuflüsse (Investitionen) gegenüberstehen müssen. Zur Herleitung der erweiterten Gleichgewichtsbedingung benötigt man die entsprechenden Gleichungen für Angebot und Nachfrage.

Den Haushalten fließen neben dem Einkommen aus der Produktionstätigkeit nun zusätzlich Transferzahlungen zu. Die gesamten Einkünfte verwenden die Haushalte für Güterkäufe, Ersparnisbildung und Steuerzahlungen:

$$Y + \overline{Tr} = C(Y) + S(Y) + \overline{T}$$

Daraus folgt die Gleichung für das Angebot:

$$A = Y = C(Y) + S(Y) + \overline{T} - \overline{Tr}$$

Die Nachfrage setzt sich zusammen aus:

$$N = C(Y) + \overline{I} + \overline{G}$$

Im Gleichgewicht gilt:

$$A = N \qquad \text{bzw.}$$

$$C(Y) + S(Y) + \overline{T} - \overline{Tr} = C(Y) + \overline{I} + \overline{G} \quad \text{oder}$$

$$S(Y) + \overline{T} = \overline{I} + \overline{G} + \overline{Tr}$$

Erwartungsgemäß tritt in der erweiterten Gleichgewichtsbedingung neben dem Sparen ein zusätzlicher Einkommensabfluß in Form von Steuerzahlungen auf, während auf der anderen Seite die "kreislaufbelebenden" Ströme der Staatsausgaben und Transferzahlungen hinzukommen. Das teilweise anzutreffende Begriffspaar **"Sickerverluste"** (linke Seite) und **"Injektionen"** (rechte Seite) veranschaulicht auf plastische Weise die Kreislaufwirkungen der in der Gleichgewichtsbedingung auftretenden Variablen.

Analog dem Vorgehen in der ex-post-Analyse soll auch in der ex-ante-Analyse zum Abschluß das Ausland in die Betrachtungen einbezogen werden.

## f. Einbeziehung des Auslandes

Zur Ermittlung der kreislauftheoretischen Implikationen einer offenen Volkswirtschaft bedarf es der Formulierung von Funktionen für die hier im Mittelpunkt stehenden Exporte und Importe. Die Auslandsnachfrage richtet sich in erster Linie nach dem Wechselkurs, dem Inflationsgefälle zwischen In- und Ausland sowie der Höhe des ausländischen Sozialprodukts. Da sich insbesondere letzteres einer unmittelbaren Beeinflussung des Inlandes entzieht, unterstellt die makroökonomische Theorie zumindest in einfachen Modellen eine **autonome Exportnachfrage**:

$$Ex = \overline{Ex}$$

Auch die Käufe ausländischer Güter, die das heimische Güterangebot vergrößern, sind teilweise autonom, wenn man bedenkt, daß bestimmte, unverzichtbare Produkte wie Rohstoffe in jedem Fall aus dem Ausland benötigt werden. Daneben enthalten die Importe aber eine endogene Komponente, da eine teilweise Einkommensabhängigkeit unterstellt wird. Mit steigendem inländischen Einkommen nimmt die Nachfrage nach ausländischen Produkten zu und umgekehrt. Die **Importfunktion** hat dann das Aussehen:

$$Im = \overline{Im} + m'Y$$

wobei m' als marginale Importneigung

$$m' = \frac{dIm}{dY} \quad \text{, mit } 0 < m' < 1$$

definiert ist. Graphisch dargestellt ergibt sich folgender Verlauf:

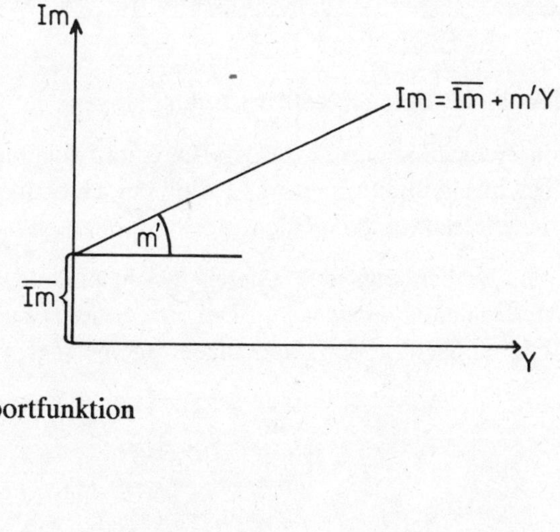


Abb.41: Importfunktion

Um die Kreislaufwirkungen der internationalen Handelsströme zu verdeutlichen, soll vom Staat abstrahiert werden. Die Nachfragefunktion lautet dann:

$$N = c'Y + \bar{I} + \overline{Ex} - (\overline{Im} + m'Y)$$

Aus der Gleichgewichtsbedingung

$$Y = c'Y + \bar{I} + \overline{Ex} - \overline{Im} - m'Y \qquad \text{folgt}$$

$$Y^* = \frac{1}{1 - c' + m'} (\bar{I} + \overline{Ex} - \overline{Im})$$

Die graphische Ermittlung des Gleichgewichtseinkommens ist aus Abbildung 42 zu ersehen.

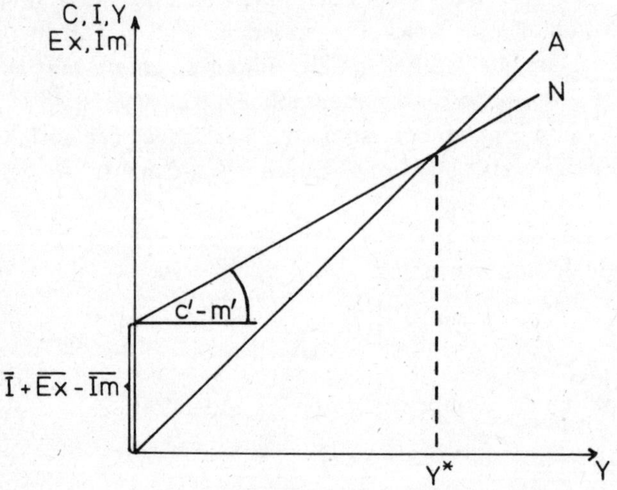


Abb.42: Gleichgewicht in der offenen Volkswirtschaft

Aufgrund der Einkommensabhängigkeit des Konsums und der Importe beträgt die Steigung der Nachfragefunktion c'– m', die Verschiebung nach oben entspricht der Summe aller autonomen Nachfragekomponenten.

Aus der Formel zur Berechnung des Gleichgewichtseinkommens ist der nunmehr gültige Multiplikator abzulesen. Der in diesem Zusammenhang interessierende Einkommenseffekt der Exportnachfrage beträgt

$$\Delta Y = \frac{1}{1 - c' + m'} \cdot \Delta Ex$$

Der Quotient $\frac{1}{1 - c' + m'}$ heißt **"Exportmultiplikator"**. Verglichen mit dem Multiplikator in der geschlossenen Volkswirtschaft ohne Staat ist der Wert nun niedriger, da im Nenner der Koeffizient m' hinzukommt. Ökonomisch findet dieser Sachverhalt seine Erklärung in der Tatsache, daß zusätzlich entstandenes Einkommen teilweise als Nachfrage ins Ausland und nicht auf die inländischen Märkte fließt. Eine schematische Darstellung macht dies deutlich (Abb.43).

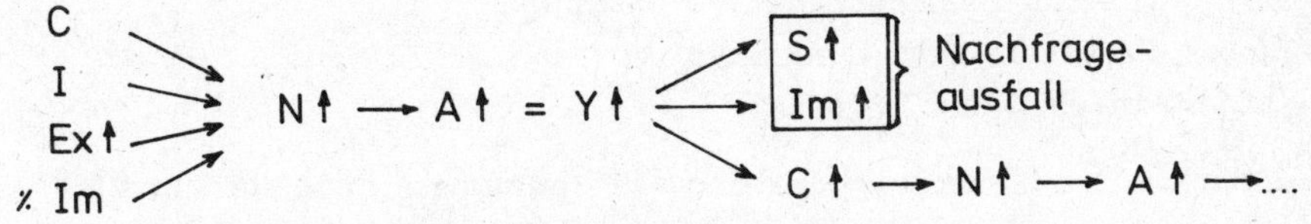


Abb.43: Schematische Darstellung des Exportmultiplikators

Bezieht man den Staat mit in die Betrachtungen ein, so erhält man unter der Annahme einer Kopfsteuer die gesamtwirtschaftliche Nachfrage als

$$N = c'(Y - \overline{T} + \overline{Tr}) + \overline{I} + \overline{G} + \overline{Ex} - \overline{Im} - m'Y$$

woraus sich nach der bekannten Vorgehensweise das Gleichgewichtseinkommen

$$Y^* = \frac{1}{1 - c' + m'} (\overline{I} + \overline{G} + c'\overline{Tr} - c'\overline{T} + \overline{Ex} - \overline{Im})$$

errechnet.

Die Einbeziehung des Auslandes kommt auch in der Gegenüberstellung der gleichgewichtstheoretisch erforderlichen Kreislaufzu- und -abflüsse zum Ausdruck. Da die Importe einen "Sickerverlust" und die Exporte eine "Injektion" darstellen, lautet in einer offenen Volkswirtschaft mit staatlicher Aktivität die Gleichgewichtsbedingung

$$S(Y) + \overline{T} + Im(Y) = \overline{I} + \overline{G} + \overline{Tr} + \overline{Ex}$$

Während S, Im und gegebenenfalls T durch das Einkommen "erklärt" werden können, gelten die übrigen in der Gleichgewichtsbedingung auftauchenden Variablen als autonom. Dies mag insbesondere für die staatliche Aktivität vertretbar sein. Hingegen erscheint die Annahme autonomer Investitionen wenig realistisch. Die Endogenisierung dieser Größe ist Gegenstand des nächsten Punktes.

## g. Investitionsfunktion

Die Unternehmer treffen ihre Investitionsentscheidungen unter Beachtung einer Vielzahl von Faktoren. In Betracht kommen beispielsweise

- steuerliche Überlegungen
- Einsparung von Arbeitskräften
- Beseitigung von Produktionsengpässen
- Verbesserung der Qualität der Erzeugnisse
- Beschaffungsmöglichkeiten von Fremdkapital
- finanzielle Situation der Unternehmung
- gesamtwirtschaftliche Lage

Gemeinsam ist all diesen denkbaren Bestimmungsgrößen ihr unmittelbarer oder mittelbarer Einfluß auf den **Gewinn**. Denn letztlich erweitern private Unternehmer nur dann den Kapitalstock, wenn dies einen Gewinn verspricht. Da Investitionen als eine in die Zukunft gerichtete Produktion interpretiert werden können, stellen die in der Gegenwart getätigten Investitionen die Weichen für den Gewinn zukünftiger Perioden. Die Zukunft ist nach Keynesianischer Auffassung aber durch **Unsicherheit** gekennzeichnet. Da sich die von den Investoren unterstellten Erwartungen keineswegs als richtig erweisen müssen, sind Investitionen stets mit Risiko behaftet. In diesem Punkt unterscheidet sich Keynes grundlegend von den Klassikern, die von vollständiger Voraussicht der wirtschaftlichen Akteure ausgingen; die Unternehmer hatten quasi die Garantie dafür, daß die mithilfe neuer Investitionen hergestellten Güter in der Zukunft ihre Abnehmer finden werden.

Die unvollständige Voraussicht schlägt sich in der Keynesianisch geprägten Investitionsentscheidung nieder. Der erwartete künftige Gewinn ist die Differenz zwischen erwartetem Erlös und erwarteten Kosten. Beide Komponenten sind den Unternehmern jedoch unbekannt. Auf der Erlösseite müssen sowohl für die Absatzpreise als auch für die Verkaufsmengen **Schätzungen** vorgenommen werden, da weder die künftige Wettbewerbssituation noch die zukünftige Konjunktur usw. bekannt sind. Ebenso fehlen gesicherte Daten über die Kosten; die künftige Lohnentwicklung ist genauso ungewiß wie die Entwicklung der Rohstoffpreise und anderer Kostenarten. Um eine Investitionsentscheidung treffen zu können, muß der Unternehmer für all diese Größen bestimmte Werte annehmen. Der solchermaßen geschätzte zukünftige Einnahmenstrom ist also ein hypostasierter Betrag, der unter dem Aspekt der Unsicherheit zustandekommt.

Unterstellt der Investor eine erwartete jährliche Nettoeinnahme (E), so kann er bei Kenntnis der Lebensdauer (n Jahre) der anzuschaffenden Maschine den **Gegenwartswert** der Investitionen berechnen. Als Gegenwarts- oder Barwert bezeichnet man die Summe der auf den Anschaffungszeitraum herabdiskontierten Nettoeinnahmen aus der Investition. Als Abzinsungsfaktor dient der Marktzins (z). Die Berechnung des Gegenwartswertes (GE) geschieht unter Anwendung der bekannten Formel:

$$GE = \frac{E1}{(1+z)} + \frac{E2}{(1+z)^2} + \frac{E3}{(1+z)^3} + \ldots\ldots + \frac{En}{(1+z)^n}$$

Da der Investor die Höhe der Anschaffungskosten (AK) der Investition kennt, kann er auch berechnen, mit welchem Zinssatz (q) sich der für den Erwerb des Investitionsobjektes bereitgestellte Geldbetrag verzinst, wenn dieselbe jährliche Nettoeinnahme wie oben unterstellt wird:

$$AK = \frac{E1}{(1+q)} + \frac{E2}{(1+q)^2} + \frac{E3}{(1+q)^3} + \ldots\ldots + \frac{En}{(1+q)^n}$$

Derjenige Zinssatz q, der die Summe der abdiskontierten Einnahmen den Anschaffungskosten gleich macht, ist der interne Zins, den Keynes als **"Grenzleistungsfähigkeit des Kapitals"** ("marginal efficiency of capital") bezeichnet.

Die Investitionsentscheidung wird anhand eines Vergleiches zwischen Marktzins und Grenzleistungsfähigkeit des Kapitals getroffen. Der Unternehmer steht vor der Alternative, sein Geld risikolos in Nominalwerten, z. B. festverzinslichen Wertpapieren anzulegen, oder in Sachwerte zu gehen, d.h. zu investieren. Im ersten Fall verzinst sich die eingesetzte Anlagesumme mit dem Marktzins, im zweiten Fall mit der Grenzleistungsfähigkeit des Kapitals. Eine Investition wird immer dann vorgenommen, wenn die Bedingung

$$q > z$$

erfüllt ist. Dies impliziert notwendigerweise , daß der Gegenwartswert der Investition über deren Anschaffungskosten liegen muß. Stimmen q und z überein, so hängt die Entscheidung möglicherweise von der Risikofreudigkeit des Unternehmers ab. Falls q kleiner als z ausfällt, unterbleibt die Investition. Schematisch kann die Investitionsentscheidung folgendermaßen dargestellt werden:

**Anlagesumme des Unternehmers**

Kauf einer Maschine (Investition)

"unsicher"

Renditesatz: Grenzleistungsfähigkeit des Kapitals (q)

Kauf von festverzinslichen Wertpapieren

"sicher"

Renditesatz: Marktzins (z)

Investitionsentscheidung fällt positiv aus, falls

$$q > z$$

Überträgt man die mikroökonomisch fundierte Investitionsentscheidung auf die gesamtwirtschaftliche Ebene, so mündet dies in die makroökonomische **Investitionsfunktion**. Bei gegebener Grenzleistungsfähigkeit des Kapitals, in der die subjektiven Erwartungen der Unternehmer ihren Ausdruck finden, wird umso mehr investiert, je niedriger der Marktzins, d.h. je größer die Spanne zwischen q und z ist. Umgekehrt sinkt die Nachfrage nach Investitionsgütern mit steigendem z. Die Investitionsfunktion lautet bei gegebener Grenzleistungsfähigkeit des Kapitals

$$I = I(z, \bar{q})$$

Sie weist folgenden Verlauf auf:

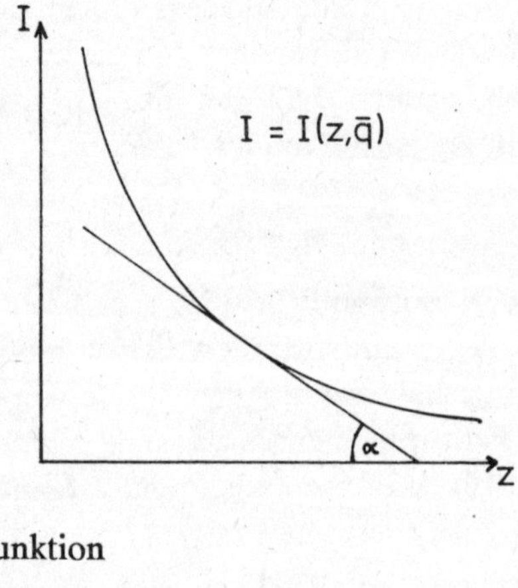


Abb.44: Investitionsfunktion

Die Steigung der Kurve zeigt die "**Investitionsneigung**" oder "**Zinsreagibilität der Investitionen**" (z') an und ist als

$$\text{tg}\,\alpha = z' = \frac{dI}{dz} < 0$$

definiert. Ein steiler **Verlauf** bedeutet eine hohe Investitionsneigung, hier lösen geringe Zinsänderungen große Mengeneffekte aus. Analoges gilt für einen flachen Verlauf.

Während die Investitionsneigung den Verlauf der Funktion bestimmt, hängt ihre **Lage** von der Grenzleistungsfähigkeit des Kapitals ab. Verschlechtern sich die Zukunftserwartungen der Unternehmer, so verschiebt sich die Investitionsfunktion nach links und umgekehrt. Nach Keynesianischer Auffassung muß permanent mit solchen Verschiebungen gerechnet werden, denn die Unternehmer revidieren immer wieder ihre Erwartungen und damit q. Die Grenzleistungsfähigkeit des Kapitals ist somit eine **instabile** Größe, die entsprechende Änderungen der Investitionsnachfrage bewirkt. Ein bestimmter Marktzins ist daher nicht immer in vorhersehbarer Weise mit einem bestimmten Investitionsvolumen verbunden.

Ein Vergleich mit der klassischen Investitionsfunktion fördert eine wesentliche Gemeinsamkeit zutage, denn in beiden Theorien hängt die Investitionsnachfrage invers vom Zins ab. Trotz dieser formalen Ähnlichkeit dürfen aber die verschiedenartigen Erklärungsansätze nicht übersehen werden. Die **Klassik** fundiert die Investitionsfunktion **produktionstheoretisch**, das durch die Produktionstechnik festgelegte physische Grenzprodukt des Kapitals wird mit den realen Kapitalkosten verglichen. Demgegenüber erklärt **Keynes** die Investitionstätigkeit **psychologisch**, da in die Schlüsselgröße der Grenzleistungsfähigkeit des Kapitals subjektive Zukunftserwartungen der Unternehmer einfließen.

Empirische Untersuchungen zeigen ein differenziertes Bild. Für Ausrüstungsinvestitionen scheint der Zinssatz nur von untergeordneter Bedeutung zu sein. Lagerinvestitionen weisen eine größere Zinsabhängigkeit auf. Den stärksten Einfluß übt der Zins offenbar auf Bauinvestitionen aus. Dieser Tatbestand dürfte seine Erklärung vermutlich in der Fristigkeit finden; da Bauinvestitionen langfristigen Charakter haben, schlagen Finanzierungskosten in stärkerem Maße auf die Investitionsentscheidung durch, als dies insbesondere bei Ausrüstungsinvestitionen der Fall sein dürfte.

Neben dem Zinssatz stößt man in der Makrotheorie auch auf das

**Volkseinkommen** als einer Bestimmungsgröße der Investitionstätigkeit. Diese Hypothese klingt durchaus plausibel, besagt sie doch, daß die Investoren ihre Entscheidungen an der konjunkturellen Entwicklung orientieren. Insofern geht diese Hypothese über die bisherigen Betrachtungen expansiver und kontraktiver Prozesse hinaus, in denen unterstellt wurde, daß die Unternehmer ihre Produktion an die Nachfrage anpassen, ohne hierbei ihre Produktionskapazitäten zu verändern. Wenngleich dieser Typ der Investitionsfunktion in den weiteren Betrachtungen nicht in Erscheinung tritt, soll er an dieser Stelle aus Gründen der Vollständigkeit kurz erläutert werden. Allgemein lautet die zugrundeliegende Investitionsfunktion:

$$I = I(Y)$$

Ebenso wie bei der Konsumfunktion kommen alternative Spezifikationen prinzipiell unter Berücksichtigung der Homogenität und Linearität in Frage. Die weiteren Überlegungen basieren auf einer linear inhomogenen Funktion

$$I = \bar{I} + i'Y$$

wobei i' als **marginale Investitionsneigung**

$$i' = \frac{dI}{dY} \qquad \text{, mit } 0 < i' < 1$$

definiert ist. Der Koeffizient i' bezieht sich auf Einkommensänderungen und darf deshalb nicht mit dem oben erwähnten Koeffizienten z' verwechselt werden, dessen Ansatzpunkt Zinsänderungen sind.

In einer geschlossenen Volkswirtschaft ohne staatliche Aktivität geschieht die Berechnung des Gleichgewichtseinkommens mithilfe der bekannten Vorgehensweise:

$$Y = C(Y) + I(Y) = c'Y + \bar{I} + i'Y \text{ bzw.}$$

$$Y^* = \frac{1}{1-c'-i'} \cdot \bar{I}$$

Bei einkommensabhängigen Investitionen hat das Gleichgewichtseinkommen einen höheren Wert als bei ausschließlich autonomen Investitionen. Arithmetisch ist hierfür der kleinere Nenner

$$1 - c' - i' < 1 - c'$$

verantwortlich, woraus folgt:

$$\frac{1}{1 - c' - i'} > \frac{1}{1 - c'}$$

Da der Quotient $\frac{1}{1-c'-i'}$ nichts anderes als der Multiplikator ist, bewirkt die Veränderung einer autonomen Nachfragekomponente nunmehr eine stärkere Einkommensänderung. Man bezeichnet ihn daher auch als **Supermultiplikator**. Die ökonomische Erklärung ist darin zu sehen, daß die während des Multiplikatorprozesses auftretenden Einkommensänderungen nicht nur die Konsum-, sondern auch die Investitionsnachfrage beeinflussen. Da aber, wie gezeigt, jede Nachfrageänderung eine Produktionsänderung auslöst, wird die Einkommensänderung verstärkt. Eine schematische Darstellung verdeutlicht diesen Sachverhalt am Beispiel einer Nachfragesteigerung:

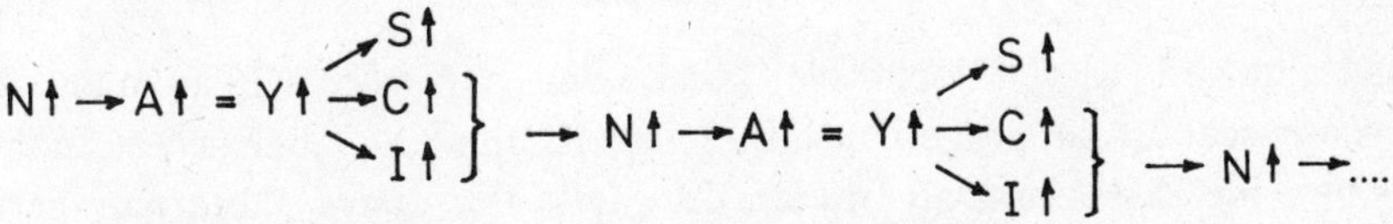


Abb.45: Multiplikatorprozeß bei einkommensabhänigen Investitionen

Den "Verstärkereffekt" einkommensabhängiger Investitionen betont auch ein anderer, in seinen Grundzügen bereits zu Beginn dieses Jahrhunderts entwickelter Ansatz, der in das sog. **"Akzelerationsprinzip"** mündet. Ausgangspunkt ist der produktionstechnische Zusammenhang zwischen Kapitaleinsatz und Ausbringungsmenge, der im durchschnittlichen Kapitalkoeffizienten $(\frac{K}{Y})$ seinen Ausdruck findet. Als marginalen Kapitalkoeffizienten oder **Akzelerator** (ß) definiert man

$$ß = \frac{\Delta K}{\Delta Y} \quad \text{, mit } ß > 1$$

wobei für ß ein konstanter Wert unterstellt wird. Da die Veränderung des Sachkapitalbestandes identisch mit den Investitionen ist, kann der Akzelerator auch als

$$ß = \frac{I}{\Delta Y}$$

geschrieben werden. In diesem Fall ist ß eine **technische** Größe, die angibt, wieviele zusätzliche Einheiten an Sachkapital benötigt werden, um eine zusätzliche Gütermenge herzustellen.

Daneben kann ß aber auch als **Verhaltensparameter** der Investoren interpretiert werden:

$$ß = \frac{I}{\Delta N}$$

Hier besagt ß, um wieviele Kapitaleinheiten die Unternehmer ihren Kapitalbestand zu verändern wünschen, wenn sich die Nachfrage um eine Einheit verändert.

Aus der Definition des Akzelerators erhält man unmittelbar die relevante Investitionsfunktion:

$$I = ß \cdot \Delta N$$

Häufig reduziert die Akzeleratoranalyse die Betrachtungen auf die Konsumnachfrage. In diesem Fall lautet die Investitionsfunktion

$$I = ß \cdot \Delta C$$

Schwankungen der Nachfrage sind ein typisches Phänomen einer Volkswirtschaft, sie prägen das Bild der Konjunktur. Betrachtet man den Konsum im Zeitablauf, so tritt an die Stelle der ersten Differenz die erste Ableitung nach der Zeit. Die Investitionsfunktion lautet dann

$$I = ß \cdot \frac{dC}{dt}$$

In Abbildung 46 sind die Schwankungen der Konsumnachfrage sowie die hieraus **"induzierten" Investitionen** stilisiert dargestellt.

Aufgrund des sinusförmigen Verlaufs der Konsumnachfrage nehmen in der Phase 1 die Wachstumsraten des Konsums zu. Hierauf reagieren die Unternehmer mit einer Ausweitung ihrer Kapazitäten, d.h. zusätzliche Investitionen werden getätigt. In der zweiten Phase steigt die Konsumnachfrage weiter, allerdings nur noch unterproportional, d.h. die Wachstumsraten von C werden geringer, sind aber noch positiv. Folglich tätigen die Unternehmer weitere Investitionen, die jedoch immer niedriger ausfallen. Nach Überschreiten des konjunkturellen Hochpunktes geht der Konsum absolut zurück, wobei der prozentuale Rückgang zunächst stärker (Phase 3) und dann schwächer (Phase 4) ausfällt, bis schließlich eine neue Aufschwungsphase einsetzt. Die Unternehmer begegnen dieser Entwicklung mit einem entsprechenden Abbau der Kapazitäten.

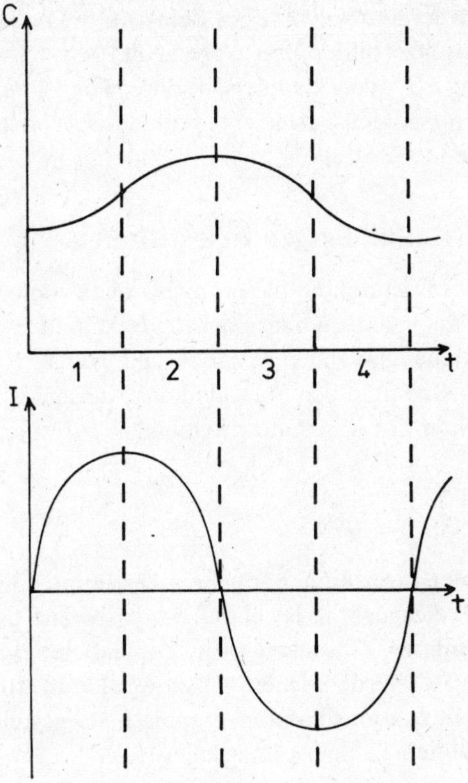


Abb.46: Das Akzeleratorprinzip

Daraus gehen die allgemeinen Schlußfolgerungen aus dem Akzelerationsprinzip hervor. Die Investitionstätigkeit wird nicht von der absoluten Höhe der Nachfrage, sondern von **Nachfrageänderungen** bestimmt. Bereits ein **relativer** Rückgang der Nachfrage, d.h. eine Verlangsamung des Wachstums, führt zu einem **absoluten** Rückgang der Investitionen. Der Koeffizient ß wirkt dabei wie ein Verstärker bzw. **Beschleuniger**, da sein Wert größer als Eins ist; schon geringe prozentuale Veränderungen der Nachfrage bewirken vergleichsweise große Veränderungen der Investitionen, so daß der Investitionszyklus stärkere Amplituden als der Konjunkturzyklus aufweist. Desweiteren macht Abbildung 46 deutlich, daß die "Investitionskonjunktur" der konjunkturellen Entwicklung der Konsumgüternachfrage zeitlich **vorausläuft**.

Es liegt nun nahe, das Akzelerationsprinzip mit dem Multiplikatorprinzip zu kombinieren. Derartige Ansätze bilden den Gegenstand von teilweise recht komplizierten Modellen (z. B. von Samuelson oder Hicks), die auf die Erklärung des Konjunkturphänomens abzielen. Auf deren Darstellung soll jedoch hier verzichtet werden.

## h. Gleichgewicht bei zinsabhängigen Investitionen

Die Endogenisierung der Investitionen bleibt nicht ohne Folgen für die Gleichgewichtsbedingung auf dem Gütermarkt. Bekanntlich liegt ein Gleichgewicht dann vor, wenn geplantes Angebot und geplante Nachfrage übereinstimmen. Vernachlässigt man den Staat und das Ausland, so lautet die Gleichgewichtsbedingung unter der Annahme zinsabhängiger Investitionen

$$Y = C(Y) + I(z) \quad \text{bzw.}$$

$$S(Y) = I(z)$$

War bei Vorliegen autonomer Investitionen "nur" ein **bestimmtes Einkommen** erforderlich, welches ein Gleichgewicht herbeiführte, so bedarf es nunmehr **zusätzlich** eines ganz **bestimmten Zinssatzes**. Ein Zahlenbeispiel soll diesen etwas komplizierten Sachverhalt verdeutlichen. Dazu werden in Abbildung 47 die Sparfunktion und die Investitionsfunktion graphisch dargestellt und die Achsen mit willkürlich gewählten Zahlenwerten skaliert.

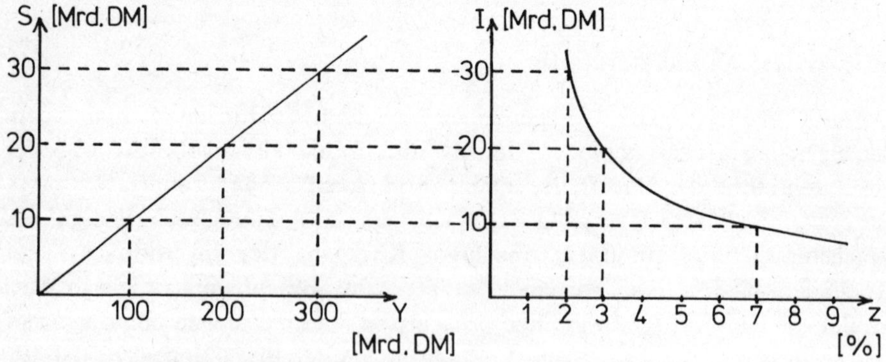


Abb.47: Güterwirtschaftliche Gleichgewichtspositionen

Aus den Funktionsverläufen und der Skalierung resultieren beispielhaft drei Fälle, die alle ein Gleichgewicht auf dem Gütermarkt bedeuten:

| Fall | Y | S | I | z |
|---|---|---|---|---|
| 1 | 100 | 10 | 10 | 7% |
| 2 | 200 | 20 | 20 | 3% |
| 3 | 300 | 30 | 30 | 2% |

Tab.9: Gleichgewichtspositionen auf dem Gütermarkt

Im ersten Fall beläuft sich das Volkseinkommen auf 100 Mrd.DM, von dem die Haushalte gemäß ihrer Spargewohnheiten 10 Mrd.DM sparen. In dieser Situation kann ein güterwirtschaftliches Gleichgewicht erreicht werden, wenn an die Stelle des Nachfrageausfalls der Haushalte eine gleich hohe Nachfrage der Unternehmer tritt. Die Unternehmer orientieren ihre Investitionspläne aber am Zins. Deshalb kommen die gleichgewichtstheoretisch erforderlichen Investitionen von 10 Mrd.DM nur zustande, wenn der Zins bei 7% liegt. Eine Gleichhgewichtsposition auf dem Gütermarkt ist somit gegeben, wenn das Einkommen 100 Mrd.DM und der Zins 7% betragen.

Umgekehrt ist es ebensogut möglich, von einem bestimmten Zins auszugehen. Beläuft er sich auf beispielsweise 3% (Fall 2), so steht damit die geplante Investition von 20 Mrd.DM fest. Soll in dieser Situation ein Gleichgewicht herrschen, dann muß das Sparen ebenfalls 20 Mrd.DM betragen. Die Haushalte, die ihr Sparen am Einkommen ausrichten, entschließen sich zu diesem Konsumverzicht jedoch nur bei einem Einkommen von 200 Mrd.DM. Somit führt auch die Kombination von Y = 200 und z = 3% zu einem Gleichgewicht. Entsprechendes gilt für den Fall 3.

Trägt man die graphisch ermittelten Einkommens-Zins-Kombinationen in ein Diagramm ein, so ergibt sich folgendes Bild:

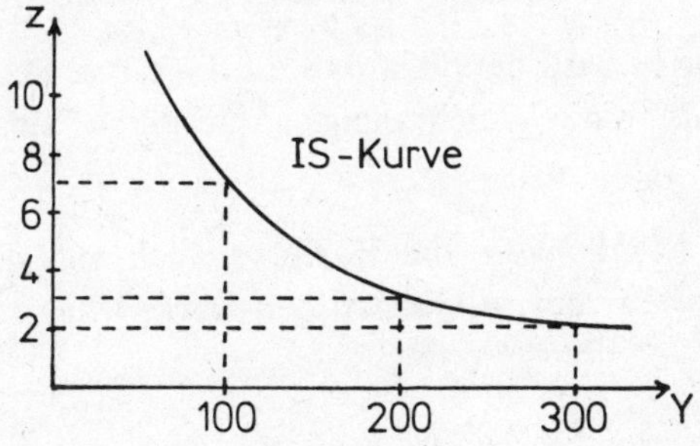


Abb.48: Güterwirtschaftliches Gleichgewicht

Das Vorgehen ließe sich für beliebig viele Zahlenbeispiele durchführen. Die Verbindungslinie sämtlicher ermittelter Einkommens-Zins-Zuordnungen heißt **IS-Kurve** (oder SI-Kurve). Sie ist der geometrische Ort aller Y-z-Kombinationen, die ein **Gleichgewicht auf dem Gütermarkt** (S = I) garantieren.

Die Notwendigkeit "passender" Einkommens- und Zinswerte geht auch aus einer schematischen Überlegung hervor:

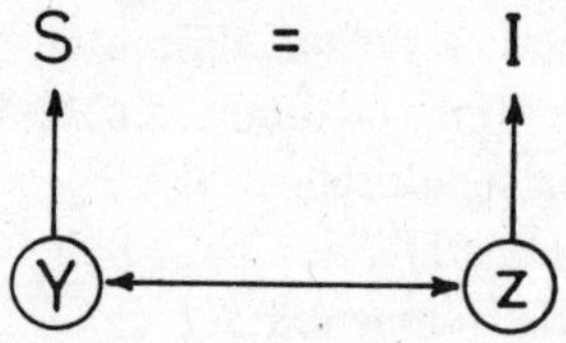


Das güterwirtschaftliche Gleichgewicht erfordert die Übereinstimmung von S und I. Da das Sparen vom Einkommen und das Investieren vom Zins abhängen, müssen für gleich hohe S- und I-Werte auch ganz bestimmte Y- und z-Werte "im Hintergrund" vorliegen.

Die Zuordnung von Einkommen und Zins ist dabei **invers**. So determiniert ein hohes Einkommen ein hohes Sparen. Im Gleichgewicht muß dann das Investieren auch hoch sein, was aber nur bei niedrigem Zins der Fall ist:

$$\text{Y hoch} \Longrightarrow \text{S hoch} \overset{!}{=} \text{I hoch} \Longrightarrow \text{z niedrig}$$

Liegt im "Startpunkt" ein hoher Zins vor, so bedingt dieser gleichgewichtstheoretisch ein niedriges Einkommen:

$$\text{z hoch} \Longrightarrow \text{I niedrig} \overset{!}{=} \text{S niedrig} \Longrightarrow \text{Y niedrig}$$

Aus diesen Überlegungen wird deutlich, daß die IS-Kurve **keine Funktion** ist. Einkommen und Zins sind gleichrangige Variablen, sie bedingen sich gegenseitig.

Natürlich besteht die Möglichkeit, die IS-Kurve auch auf allgemeine Weise herzuleiten (Abb.49). In der **4-Quadranten-Darstellung** sind im ersten

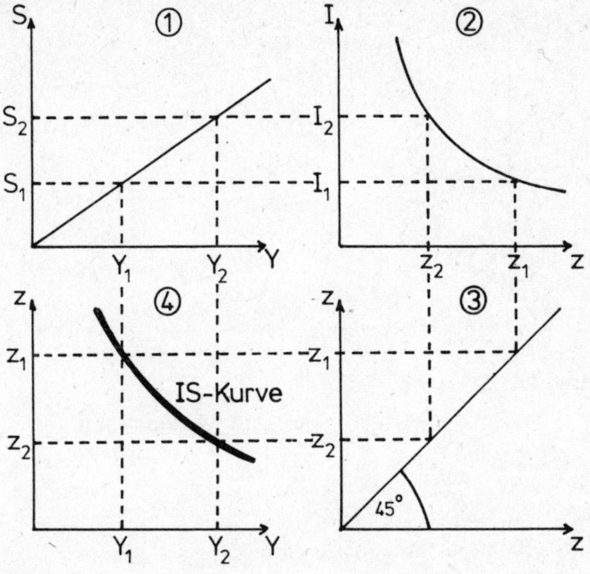


Abb.49: Herleitung der IS-Kurve

Quadranten die Sparfunktion und im 2.Quadranten die Investitionsfunktion eingezeichnet. Die horizontalen Hilfslinien sorgen für die Übereinstimmung von S und I. Der 3.Quadrant enthält eine Spiegelachse, mit deren Hilfe die auf der Abszisse von Quadrant 2 stehenden Zinssätze auf die Ordinate des 4. Quadranten übertragen werden. In diesen Quadranten werden auch die Y-Werte aus Quadrant 1 senkrecht nach unten projiziert. Die Verbindung der in diesem Quadranten konstruierten Punkte ergibt die IS-Kurve.

Da die Spar- und Investitionsfunktion die Bausteine der IS-Kurve sind, hängen die analytischen Eigenschaften vom Verhalten der dahinterstehenden Wirtschaftsakteure ab. Wie aus Abbildung 50 hervorgeht, ist die **Steigung** der IS-Kurve

$$\text{tg}\ \alpha = \frac{dz}{dY} < 0$$

Dieses Winkelmaß kann unter Berücksichtigung der Steigung der beiden relevanten Funktionen auch in anderer Form geschrieben werden. Die Investitionsfunktion weist die Steigung

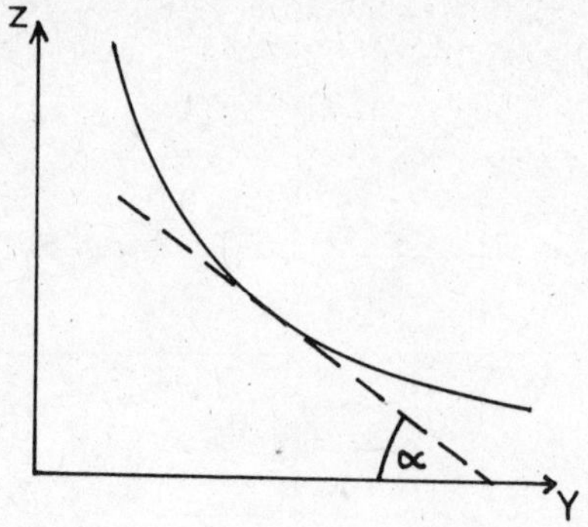


Abb.50: Steigung der IS-Kurve

$$z' = \frac{dI}{dz} < 0 \quad \text{auf, woraus folgt}$$

$$dz = \frac{dI}{z'} < 0$$

Die Steigung der Sparfunktion wurde definiert als

$$s' = \frac{dS}{dY} > 0 \quad \text{, so daß}$$

$$dY = \frac{dS}{s'}$$

Daher kann die Steigung der IS-Kurve geschrieben werden als

$$\text{tg}\,\alpha = \frac{dz}{dY} = \frac{\frac{dI}{z'}}{\frac{dS}{s'}} = \frac{dI \cdot s'}{z' \cdot dS} < 0$$

Auf der IS-Kurve muß zur Aufrechterhaltung des Gleichgewichts dI = dS sein; somit ist

$$\text{tg}\,\alpha = \frac{dz}{dY} = \frac{s'}{z'} < 0$$

Ein steiler **Verlauf** der IS-Kurve kommt zustande, wenn die marginale Sparneigung hoch bzw. die Zinsreagibilität der Investitionen niedrig ist. Um hier von einem Gleichgewichtspunkt zu einem anderen zu gelangen, bedarf es geringer Einkommensänderungen und großer Zinsänderungen. Denkbar wäre der Extremfall einer senkrecht verlaufenden IS-Kurve, sofern die Investitionsnachfrage in Bezug auf den Zins starr, d.h. in Abb.49 waagerecht verliefe. Entsprechende Überlegungen gelten für einen flachen Verlauf der

IS-Kurve. Die Einbeziehung des Staates bzw. des Auslandes zeigt insofern Auswirkungen auf die Neigung der IS-Kurve, als einkommenabhängige Steuern ebenso wie die marginale Importneigung eine entsprechend geänderte Steigung der Sparfunktion nach sich ziehen.

Zur **Verschiebung** der IS-Kurve kommt es durch Verlagerungen der Spar- bzw. Investitionsfunktion. So zieht z.B. eine Zunahme des autonomen Konsums ebenso eine Rechtsverschiebung nach sich wie eine höhere Grenzleistungsfähigkeit des Kapitals. Daneben sind auch staatliche sowie internationale Einflüsse für die Lage der IS-Kurve verantwortlich. Der Staat kann eine Verschiebung nach rechts dann auslösen, wenn er die autonomen Staatsausgaben bzw. Transferzahlungen erhöht oder die Kopfsteuer senkt. Derselbe Effekt kommt bei einer Zunahme der Auslandsnachfrage oder Abnahme autonomer Importe zustande. Schließlich entscheidet auch das - bisher als konstant angenommene - Preisniveau über die Lage der IS-Kurve. Eine Preisniveausenkung erhöht den realen Wert des Finanzvermögens; dadurch fühlen sich die Wirtschaftssubjekte reicher und verringern ihre Spartätigkeit aus dem laufenden Einkommen, d.h. die Konsumausgaben steigen. Dieser Effekt, auf den an späterer Stelle noch ausführlicher eingegangen wird, verschiebt die IS-Kurve ebenfalls nach rechts. Entsprechend hat eine Erhöhung des Preisniveaus eine Linksverschiebung der IS-Kurve zur Folge.

Existiert eine Einkommens-Zins-Kombination außerhalb der IS-Kurve, so besteht auf dem Gütermarkt ein **Ungleichgewicht**. Unter Verwendung des obigen Zahlenbeispiels wäre dies etwa bei einem Einkommen von 200 und einem Zins von 7% der Fall:

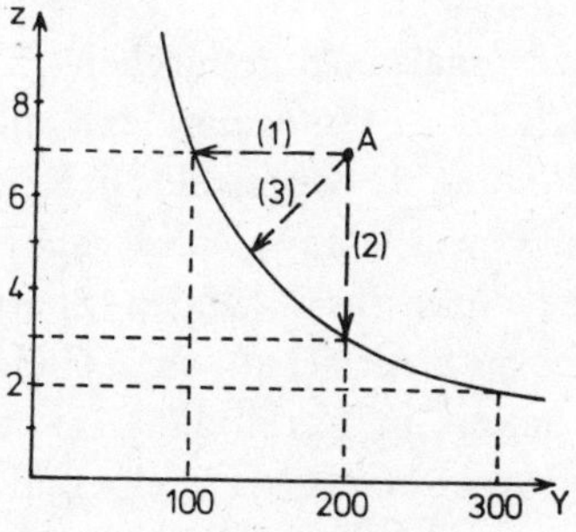


Abb.51: Ungleichgewicht auf dem Gütermarkt

Im Punkt A ist daher die Ungleichgewichtssituation gekennzeichnet durch

$$S > I$$

$$20 > 10$$

Zur Wiederherstellung des Gleichgewichts sind verschiedene Möglichkeiten denkbar:

(1) das Sparen muß von 20 auf 10 zurückgehen; hierzu ist bei unverändertem Zins eine Senkung des Einkommens von 200 auf 100 erforderlich, d.h. es findet ein Kontraktionsprozeß statt;

(2) das Investieren muß von 10 auf 20 ansteigen; dies bedarf bei gleichbleibendem Einkommen eines Rückgangs des Zinssatzes von 7% auf 3%;

(3) S muß so absinken und I so ansteigen, daß ein neues Gleichgewicht durch einen kombinierten Einkommens- und Zinsrückgang zustandekommt.

Denkbar wäre auch eine Verschiebung der IS-Kurve nach rechts, bis der Punkt A auf der neuen IS-Kurve liegt.

Prinzipiell sind Positionen rechts von der IS-Kurve durch S > I charakterisiert, dort liegt somit eine **kontraktive Lücke** vor. Umgekehrt handelt es sich bei allen Y-z-Kombinationen links von der IS-Kurve um eine **expansive Lücke**, da dort I > S ist, und es bedürfte entsprechender Einkommens- bzw. Zinserhöhungen, um ein Gleichgewicht herbeizuführen. In jedem Fall werden bei einem bestehenden güterwirtschaftlichen Ungleichgewicht Kräfte im System wirksam, die wieder zum Gleichgewicht führen. Nach Keynesianischer Auffassung ist eher mit einer **Anpassung des Einkommens** als mit Zinsreaktionen zu rechnen, was nicht ohne Folgen für die Beschäftigung bleibt.

Damit sind die in der makroökonomischen Theorie anzutreffenden Grundpositionen bezüglich des Gütermarktes aufgezeigt. Wie in der **Zusammenfassung** in Abbildung 52 dargestellt, liefert die ex-post-Analyse die Definitionsgleichungen, die von den rivalisierenden Paradigmen erklärt werden. Nach klassischer Auffassung hängen Sparen und Investieren als konstituierende Größen des güterwirtschaftlichen Gleichgewichts vom Zinssatz ab. Seine Flexibilität garantiert in Verbindung mit dem Sayschen Theorem stets die Übereinstimmung von S und I bei Vollbeschäftigung. Dagegen hängt nach Keynesianischer Meinung das Sparen vom Einkommen ab. Bereits unter der Voraussetzung autonomer Investitionen ist die Erreichung des Gleichgewichtseinkommens ein Zufall. Dies gilt erst recht bei zinsabhängigen Investitionen. Da ein Gleichgewicht grundsätzlich auf jedem Einkommensniveau zustande kommen kann, ist der Vollbeschäftigungszustand nicht von vornherein gesichert.

| | EX POST (tatsächliche Größen, Identitätsgleichungen) | EX ANTE (geplante Größen, v. a. Verhaltensgleichungen): Klassik | EX ANTE: Keynes | EX ANTE: Keynes |
|---|---|---|---|---|
| ANGEBOT: | $Y = C + S$ | $Y = C(z) + S(z)$ | $Y = C(Y) + S(Y)$ | $Y = C(Y) + S(Y)$ |
| NACHFRAGE: | $Y = C + I$ | $Y = C(z) + I(z)$ | $Y = C(Y) + \bar{I}$ | $Y = C(Y) + I(z)$ |
| GLEICHGEWICHT: | $S = I$ (ex-post-Identität | $S(z) = I(z)$ | $S(Y) = \bar{I}$ | $S(Y) = I(z)$ |

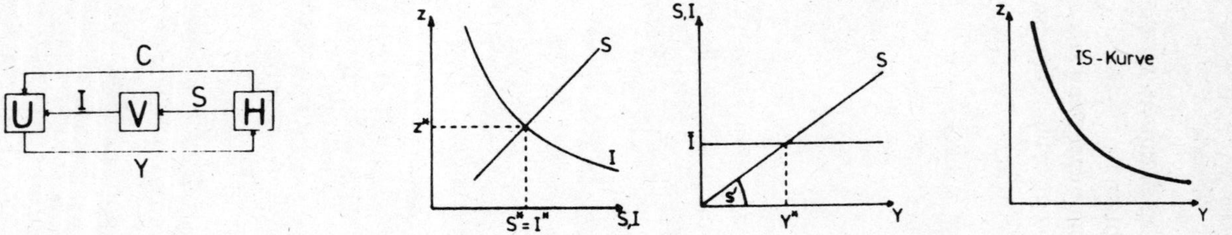


Abb.52: Zusammenfassende Übersicht des Gütermarktes

## III. Der Geldmarkt

### 1. Begriffliche Grundlagen

#### a. Geldfunktionen

Neben dem Gütermarkt ist der Geldmarkt der zweite zentrale Ansatzpunkt makroökonomischer Analysen. Eine Verbindungslinie zwischen diesen beiden Märkten wurde bereits an früherer Stelle gezogen. Angesichts der äußerst heterogenen Waren und Dienstleistungen sowie Faktorleistungen sind auf den Märkten einer hochentwickelten Voklkswirtschaft reale Tauschvorgänge

Ware gegen Ware

nicht möglich. An die Stelle dieses sog. direkten Tausches tritt der **indirekte Tausch**, wozu es allerdings eines "Zwischentauschgutes", nämlich des Geldes, bedarf:

Ware - Geld - Ware

Hierin ist die erste wichtige Aufgabe des Geldes zu erblicken; Geld ist dadurch charakterisiert, daß es die **Tausch- und Zahlungsmittelfunktion** ausübt. Dies setzt voraus, daß es auch von jedermann angenommen, also allgemein akzeptiert wird.

Ein weiteres Kennzeichen des Geldes liegt in seiner Eigenschaft begründet, als Wertspeicher zu dienen. Der Besitz von Geld ermöglicht es, den Tauschakt auf einen späteren Zeitpunkt zu verlegen. Darüber hinaus kann Geld auch dauerhaft als Bestandteil des Vermögens gehalten werden. Daraus folgt die zweite Wesensart des Geldes, es hat die **Wertaufbewahrungsfunktion** zu erfüllen. Um dieser Anforderung gerecht zu werden, bedarf es stabiler Preise, denn Inflation verringert den Wert des Geldes.

Sowohl Tauschhandlungen bzw. Zahlungen als auch die Haltung von Geld implizieren die Notwendigkeit der Bewertung. Geld hat einen Vergleichsmaßstab zu liefern. Dies mündet in die dritte Funktion des Geldes, **Wertmesser** bzw. **Recheneinheit** zu sein.

Aus diesen Überlegungen geht hervor, daß Geld zweckmäßigerweise an den Funktionen **definiert** wird. Geld ist demnach prinzipiell alles, was die drei genannten Funktionen erfüllt. In welcher Form sich Geld konkretisiert, ist für seine ökonomische Bedeutung unerheblich. Dies richtet sich in erster Linie nach den zeitlichen, regionalen und technischen Gegebenheiten.

## b. Geldarten

Die historisch älteste Erscheinungsform des Geldes ist das **Sach- oder Warengeld.** Als Objekte dienten die unterschiedlichsten Gegenstände, deren Identifikation mit Geld heutzutage nicht mehr vorstellbar ist. Federn, Schmuck, Felle, Mühlsteine, Muscheln und Vieh sind nur einige Beispiele hierfür. Entscheidend war, daß diese Güter in den damaligen Gesellschaften selten und daher allgemein begehrt waren.

Insbesondere Metalle fanden aufgrund ihrer Eigenschaften eine immer stärkere Verwendung als Geld. Daraus gingen die **Münzen** hervor, die vermutlich im 7.- 8. Jhdt. v. Chr. im griechisch-orientalischen Raum erstmals auftauchten. Insbesondere Gold und Silber setzten sich als Metalle für die Münzprägung durch. Inzwischen liegt in den meisten Ländern, so auch in der Bundesrepublik Deutschland, der Nennwert in der Regel über den Prägekosten, wodurch dem Bund als "Münzherrn" ein Münzgewinn zufließt. Ende Juni 1986 befanden sich auf D-Mark bzw. Pfennige lautende Münzen im Wert von ca. 9,5 Mrd.DM im Umlauf.

Der für die Ausbreitung der Münzen verantwortliche Stoffwert dieser Geldart tritt bei den **Banknoten** eher in der Hintergrund. Waren sie ursprünglich voll oder teilweise "gedeckt", so handelt es sich heute in der Bundesrepublik um abstrakte Forderungen gegenüber der Bundesbank, die das Notenmonopol besitzt. Allerdings stellen Banknoten uneingeschränkte gesetzliche Zahlungsmittel dar, was bei Münzen nur bis zu bestimmten Höchstbeträgen gilt. Der Umlauf an DM-Noten betrug im Juni 1986 rund 107 Mrd.DM. Fügt man zum Notengeld die Münzen hinzu, so erhält man das **Bargeld**.

Quantitativ bedeutsamer ist heute der Bestand an **Giralgeld** (Buchgeld, Sichteinlagen; Juni 1986: 224 Mrd.DM) über das jederzeit per Scheck oder Überweisung verfügt werden kann. Da diese Geldart gegenüber dem Bargeld eine ganze Reihe von Vorzügen, wie z.B. technische Vereinfachung von Fernzahlungen aufweist, setzte sich das Giralgeld im Laufe der Zeit immer mehr als (allerdings nicht gesetzliches) Zahlungsmittel durch.

Daneben besitzen die Wirtschaftssubjekte eine Vielzahl weiterer Forderungen wie Spargelder, Termineinlagen, Wechsel und Wertpapiere. Derartige Aktiva bezeichnet man als **Geldsubstitute**(Geldsurrogate, near money). Wie der Begriff bereits vermuten läßt, handelt es sich hierbei nicht uneingeschränkt um Geld. Vielmehr wird die Tausch- und Zahlungsmittelfunktion nicht in vollem Umfange erfüllt, da diese Forderungen erst noch in voll nachfragewirksame

Zahlungsmittel umgewandelt werden müssen, was unter Umständen infolge der Laufzeiten recht viel Zeit in Anspruch nehmen kann.

## c. Geldmengendefinitionen

Betrachtet man die Geldfunktionen in Zusammenhang mit den Geldarten, so gelangt man zu den Geldmengendefinitionen:

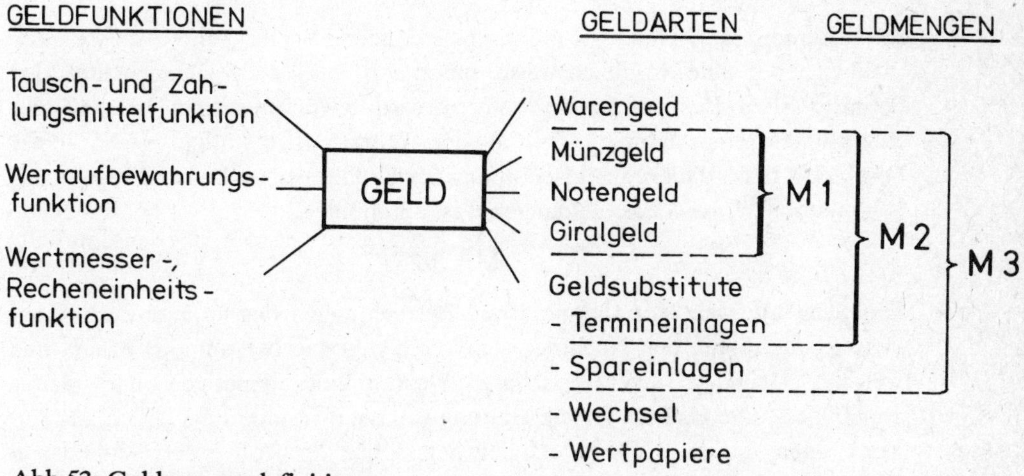


Abb.53: Geldmengendefinitionen

Sowohl Bargeld als auch Giralgeld erfüllen die drei Geldfunktionen ohne Einschränkungen, die Summe definiert man einer internationalen Konvention folgend als **M1** (Juni 1986: 329 Mrd.DM; die Kassenbestände der Kreditinstitute sind in M1 nicht enthalten). Neben diesem "unzweifelhaften" Geld existieren aber noch die Geldsubstitute, deren Einbeziehung in die Geldmenge erhebliche Schwierigkeiten bereitet. Den Termineinlagen (die Bundesbank rechnet hierzu solche mit einer Laufzeit bis zu 4 Jahren) wird noch am ehesten der Geldcharakter zuerkannt. Dieses "Quasigeld" bildet zusammen mit M1 die Geldmenge **M2** (Juni 1986: 563 Mrd.DM). Fügt man noch die Spareinlagen hinzu (hierzu zählt die Bundesbank solche mit gesetzlicher Kündigungsfrist), so gelangt man zur Geldmenge **M3** (Juni 1986: 977 Mrd.DM). Nach Maßgabe der institutionellen Verhältnisse eines Landes sind weitere Abgrenzungen durchaus denkbar.

## d. Geldmarkt

Unter "Geldmarkt" versteht man in der Kreditwirtschaft den Handel mit Zentralbankgeld (dieses kann nur die Zentralbank herstellen) innerhalb des Bankensektors. Die volkswirtschaftliche Dimension des Begriffs Geldmarkt geht darüber hinaus. Er entspricht allgemein dem ökonomischen Ort, an dem gesamtwirtschaftliches Geldangebot und gesamtwirtschaftliche Geldnachfrage aufeinandertreffen.

Im Rahmen der makroökonomischen Theorie spielt die Analyse des Geldangebots eine vergleichsweise untergeordnete Rolle. Ungeachtet der definitorischen Besonderheiten von M wird davon ausgegangen, daß die Zentralbank eines Landes das in der Wirtschaft benötigte Geld selbst bereitstellt bzw. die Giralgeldschöpfung der Kreditinstitute kontrollieren kann. Mit anderen Worten, das Geldangebot ist autonom:

$$M = \overline{M}$$

Das Schwergewicht der theoretischen Betrachtungen des monetären Sektors liegt vielmehr auf der Nachfrageseite. Es geht hierbei um die Frage, aus welchen Gründen die Wirtschaftssubjekte Geld benötigen und damit nachfragen. Die Gründe für die Haltung von Geld resultieren letztlich aus den Funktionen, die das Geld zu erfüllen hat. Über die Motive der Geldhaltung bestehen innerhalb der makroökonomischen Theorie allerdings unterschiedliche Auffassungen. Während die Klassik die Tausch- und Zahlungsmittelfunktion des Geldes betont, hebt die Keynesianische Theorie die Erfüllung der Wertaufbewahrungsfunktion des Geldes hervor. Diese unterschiedlichen Ansichten sowie die sich daraus ergebenden Konsequenzen sollen im folgenden genauer beleuchtet werden.

# 2. Der klassische Ansatz

## a. Die Transaktionskasse

Für klassische Nationalökonomen ist Geld ein Medium, das die Aufgabe hat, die Tauschvorgänge auf den Märkten technisch zu erleichtern. Die Nachfrage nach Geld (L), d.h. die Haltung von Kasse, hängt somit entscheidend vom Umfang der Transaktionen ab, die von den Wirtschaftssubjekten geplant werden. Der hierfür benötigte Geldbetrag heißt **Transaktionskasse.** Damit rücken die Tausch- und Zahlungsmittelfunktion sowie die Wertmesser- und Recheneinheitsfunktion des Geldes in den Mittelpunkt der klassischen Theorie.

Der Wertaufbewahrungsfunktion messen die Klassiker keine Bedeutung bei. Dies liegt in der Tatsache begründet, daß **Geld unverzinslich** ist. Es wäre deshalb irrational, Geld um seiner selbst Willen zu halten, wo es doch, in Wertpapieren angelegt, Zinserträge erbringt bzw. zum Kauf von Gütern und Leistungen verwendet, einen Nutzen stiftet. Da die Nutzenstiftung charakteristisch für jedes Gut ist, stellt das **Geld** nach klassischer Auffassung **kein Gut** dar, es ist ausschließlich ein technisches Hilfsmittel zur Abwicklung der Tauschvorgänge.

Um die Determinanten der Geldnachfrage zu Transaktionszwecken ($L_T$) exakt herauszuarbeiten, ist es zweckmäßig, von einem einfachen Zahlenbeispiel auszugehen. Die Haushalte beziehen ein monatliches Einkommen von 30 Geldeinheiten. Aus Vereinfachungsgründen wird ein kontinuierliches Ausgabeverhalten unterstellt, d.h. die Haushalte geben täglich eine Geldeinheit aus. In einer geschlossenen Volkswirtschaft ohne Staat fließt das von den Haushalten ausgegebene Geld in die Kasse der Unternehmungen:

| Tag | Kassenbestand $L_T$ | | |
|---|---|---|---|
| | H | | U |
| 1. | 29,- | $\xrightarrow{1,-}$ | 1,- |
| 2. | 28,- | $\xrightarrow{1,-}$ | 2,- |
| . | . | | |
| 28. | 2,- | $\xrightarrow{1,-}$ | 28,- |
| 29. | 1,- | $\xrightarrow{1,-}$ | 29,- |
| 30. | 0,- | $\xrightarrow{1,-}$ | 30,- |
| ("Zahltag") | 30,- | $\xleftarrow{30,-}$ | 0,- |

Tab.10: Entwicklung der Transaktionskasse

Dieser Vorgang schließt sich immer wieder an, so daß sich graphisch folgendes Bild ergibt:

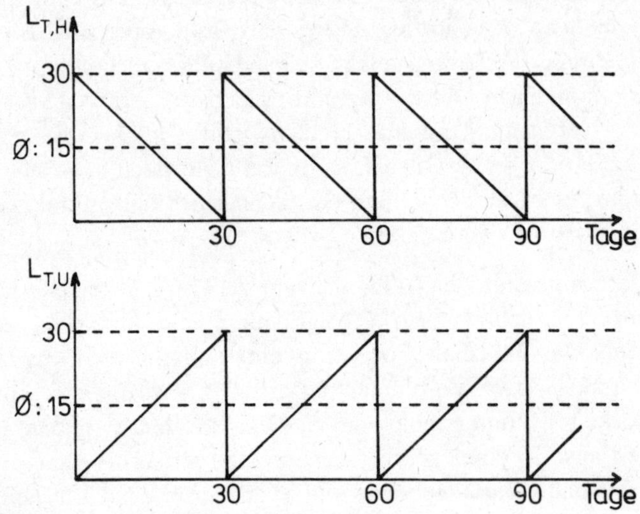


Abb.54: Profil der Transaktionskasse

Aus der Darstellung wird die Aufgabe des Geldes deutlich sichtbar. Sie besteht darin, bei den Haushalten eine zeitliche **Synchronisation** der kontinuierlich anfallenden Ausgaben und der diskontinuierlich auftretenden Einnahmen herbeizuführen. Die Haushalte erhalten einen "Geldvorrat", den sie im Verlauf des Monats vollständig aufbrauchen. Entsprechendes gilt für die Unternehmungen.

Im Durchschnitt beträgt der Kassenbestand der Haushalte ($L_{T,H}$) ebenso wie der Kassenbestand der Unternehmungen ($L_{T,U}$) jeweils 15. Allerdings ändert sich im Zeitablauf permanent die Verteilung der Kassenbestände. Zu Beginn des Monats ist die Geldnachfrage der Haushalte hoch und die der Unternehmungen niedrig, zum Ende des Monats hin verhält es sich genau umgekehrt. Der in der Volkswirtschaft vorhandene Geldbestand von 30 ist jedoch an jedem Tag, allgemein: zu jedem Zeitpunkt, in einer der beiden Kassen. Die gesamtwirtschaftliche Geldnachfrage beläuft sich auf

$$L = L_T = L_{T,H} + L_{T,U} = 30$$

und hat damit denselben Wert wie das Einkommen. Es liegt daher nahe, das Einkommen und die Geldnachfrage gleichzusetzen. Dieses Vorgehen erweist sich aber als Trugschluß, wenn man die Dimensionen der beiden Größen betrachtet:

$$L \neq Y$$

$$\left[\frac{DM}{Zeitpunkt}\right] \quad \left[\frac{DM}{Zeitraum}\right]$$

Während die Geldnachfrage eine **Bestandsgröße** ist, liegt mit dem Einkommen eine **Stromgröße** vor. Geld und Einkommen sind also ihrer Natur nach grundlegend verschiedene Größen, wenngleich dies im Alltagssprachgebrauch meist untergeht.

Einen Ausweg aus diesem Dilemma bietet die Betrachtung der Geschehnisse im elementaren zweipoligen Kreislauf. Wie bereits an früherer Stelle erwähnt, vollzieht hierin lediglich das Geld eine Zirkulation im physischen Sinne (Abb.55). Es wandert innerhalb einer Periode zunächst sukzessive von H nach U und kehrt dann am Ende der Periode in einem Zuge zu H zurück (siehe auch Tab.10).

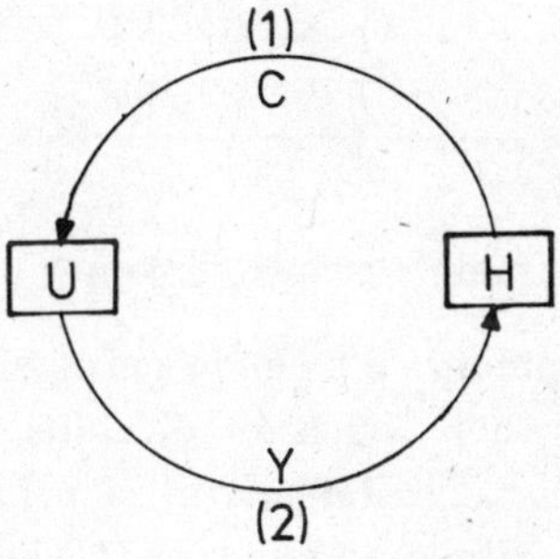


Abb.55: Geldzirkulation

Das Phänomen der Zirkulation des Geldes bezeichnet man als **"Umlaufgeschwindigkeit"** oder **"Einkommenskreislaufgeschwindigkeit"** des Geldes (v). Ihre Einbeziehung ermöglicht eine Gegenüberstellung von Geldnachfrage und Einkommen, wobei es sich bei dem hier betrachteten Einkommen um das ausgezahlte, d.h. das nominelle Einkommen ($Y_{nom}$) handelt:

$$L \cdot v = Y_{nom}$$

Auf das Zahlenbeispiel bezogen, besagt die Gleichung, daß ein Geldbestand von 30, der einmal pro Monat im Kreislauf zirkuliert, ein Einkommen von 30 finanzieren kann.

In v kommen die **Zahlungsgewohnheiten** einer Volkswirtschaft zum Ausdruck, die maßgeblich den Geldbedarf bestimmen. Erfolgen beispielsweise die Einkommenszahlungen zweimal pro Monat, so sinkt die durchschnittliche Geldnachfrage der Haushalte sowie der Unternehmungen um die Hälfte auf 15 Geldeinheiten:

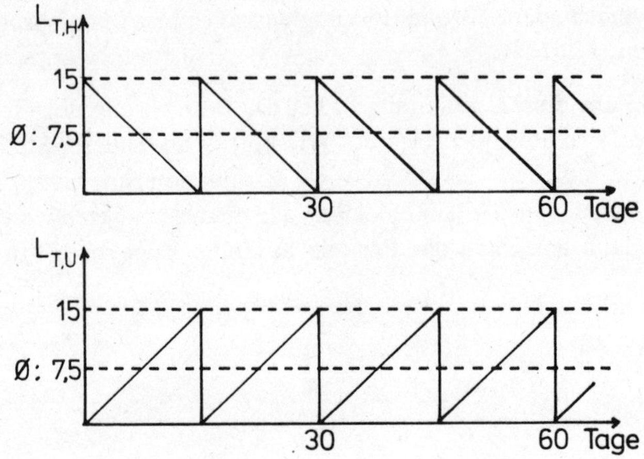


Abb.56: Verdoppelung der Umlaufgeschwindigkeit

Die Haushalte kommen nunmehr mit einem geringeren "Geldvorrat" aus, da bereits zur Monatsmitte der nächste "Zahltag" ist. Anstelle einer Einkommenszahlung pro Monat in Höhe von 30 erhalten die Haushalte nun zweimal monatlich ihr Einkommen in Höhe von je 15. Das Monatseinkommen bleibt also unverändert. Voraussetzung ist nur, daß sich der benötigte gesamtwirtschaftliche Geldbestand von 15 zweimal pro Monat im Kreislauf umschlägt.

Zerlegt man das hier betrachtete nominelle Einkommen in seine Preis- und Mengenkomponente (P und Y), so lautet die Gleichung:

$$L \cdot v = P \cdot Y$$

Diese Gleichung bildet den Ausgangspunkt für die Herleitung der sog. Cambridge- und der Quantitätsgleichung, die im folgenden erörtert werden.

## b. Cambridge - Gleichung

Löst man obige Gleichung nach L auf, so ist

$$L = \frac{1}{v} \cdot P \cdot Y$$

Für den Quotienten $\frac{1}{v}$ schreibt man üblicherweise k und bezeichnet diesen Koeffizienten als **Kassenhaltungskoeffizienten** oder **"Cambridge - k"**. In k kommt die Verweildauer des Geldes in der Transaktionskasse zum Ausdruck. Die Geldnachfragefunktion kann dann geschrieben werden als

$$L = L_T = k \cdot P \cdot Y \qquad \text{bzw.}$$

$$L = L_T = k \cdot Y_{nom} \qquad , \text{mit } k = \frac{dL_T}{dY_{nom}} > 0$$

Diese Gleichung heißt **"Cambridge-Gleichung"**. Aus ihr gehen die Determinanten der Geldnachfrage hervor. Der Geldbedarf in einer Volkswirtschaft ist umso höher, je

- geringer die Umlaufgeschwindigkeit des Geldes
- höher das Preisniveau
- höher das Realeinkommen

sind und umgekehrt. Graphisch nimmt die Cambridge - Gleichung nach Maßgabe der darstellerischen Erfordernisse folgende Gestalt an:

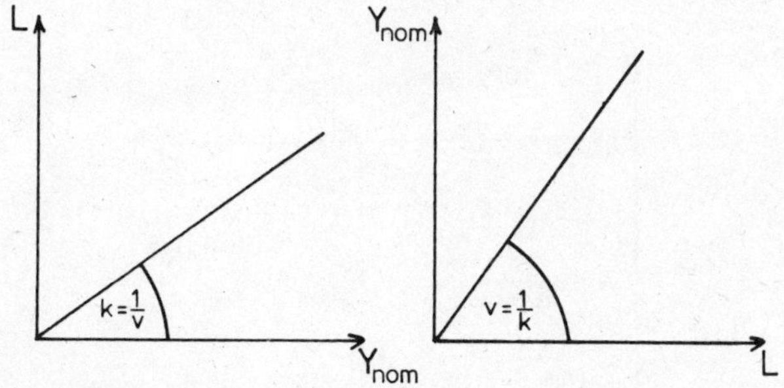


Abb.57: Cambridge - Gleichung

Die Weiterentwicklung der Geldnachfragetheorie setzt an der Möglichkeit an, vorübergehend nicht benötigtes Geld aus der Transaktionskasse zinsbringend anzulegen. Auf die Berücksichtigung des Zinssatzes als weiterer

Determinanten der Geldnachfrage aus dem Transaktionsmotiv soll an dieser Stelle jedoch verzichtet werden.

### c. Quantitätsgleichung

Ausgehend von der Gleichung

$$L \cdot v = P \cdot Y$$

können auch Überlegungen zum **Gleichgewicht** auf dem Geldmarkt angestellt werden. Diese Situation liegt allgemein dann vor, wenn Geldangebot und Geldnachfrage im geplanten Sinn übereinstimmen:

$$M = L$$

Unter Annahme eines autonomen Geldangebots lautet die Gleichgewichtsbedingung:

$$\overline{M} = k \cdot Y_{nom}$$

Bei gegebenen Zahlungsgewohnheiten ist ein ganz bestimmtes nominelles Einkommen erforderlich, damit die autonom angebotene Geldmenge auch vollständig nachgefragt wird. Abbildung 58 verdeutlicht diesen Zusammenhang:

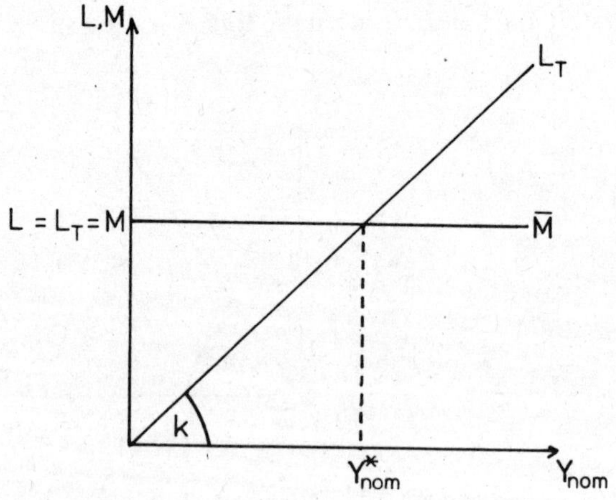


Abb.58: Klassisches geldwirtschaftliches Gleichgewicht

Zerlegt man das Nominaleinkommen $Y^*_{nom}$, welches das geldwirtschaftliche Gleichgewicht garantiert, in seine Preis- und Mengenkomponente, so erhält man eine weitere zentrale Gleichung des monetären Sektors:

$$M = k \cdot Y_{nom}$$

$$M = \frac{1}{v} \cdot P \cdot Y$$

$$M \cdot v = P \cdot Y$$

Diese Gleichung heißt **Quantitätsgleichung** des Geldes und weist eine lange Tradition auf. Da ihre Formalisierung vor allem dem Ökonomen I. Fisher zuzuschreiben ist, heißt sie auch **"Fishersche Verkehrsgleichung"**.

Löst man diese Gleichung nach P auf, so ist

$$P = \frac{M \cdot v}{Y}$$

Bei konstantem M und v mündet die graphische Darstellung in die **"Geldhyperbel"**:

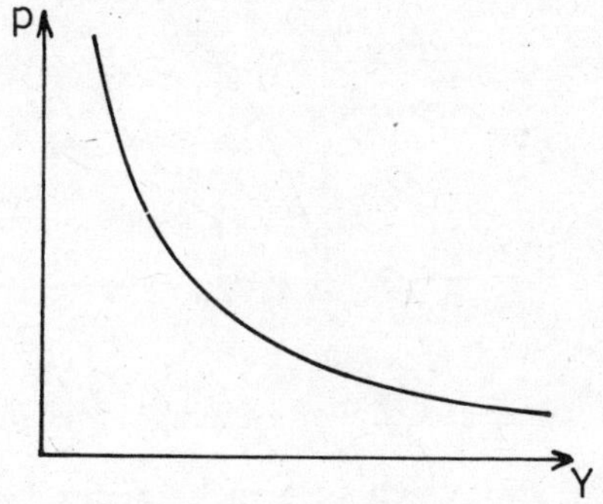


Abb.59: Geldhyperbel

Damit erhält man Antwort auf die Frage, wie hoch das Preisniveau sein muß, damit das erzeugte reale Sozialprodukt bei gegebener Geldmenge und gegebenen Zahlungssitten auch vollständig gekauft werden kann.

Die Quantitätsgleichung kann zum einen als **Identitätsgleichung**, d.h. als immer erfüllte Bedingung interpretiert werden. In diesem Sinne besagt sie, daß die Umsätze in einer Volkswirtschaft (P·Y) notwendigerweise "geldtechnisch" abgewickelt werden müssen (M·v).Zum andern stellt sie eine **Gleichgewichtsbedingung** dar. Hierbei ist eine verhaltenstheoretische

Fundierung erforderlich. Insbesondere M. Friedman wandte sich diesem Problem zu, indem er im Rahmen seiner "Neoquantitätstheorie" die Umlaufgeschwindigkeit des Geldes "erklärte". Ein solcher Schritt ist erforderlich, um Kausalaussagen machen zu können. Entscheidend ist in diesem Zusammenhang die Erkenntnis, daß die Entwicklung des Preisniveaus dominant vom Wachstum der Geldmenge abhängt.

Der monetäre Sektor steht nun nicht beziehungslos neben dem realen Sektor.Wie bereits ausgeführt, bestimmt nach klassischer Ansicht der Faktoreinsatz den Umfang der Produktion. Bei Vollbeschäftigung steht damit auch die Höhe des gleichgewichtigen Realeinkommens fest. Sind Geldmenge und Umlaufgeschwindigkeit bekannt, so folgt aus der Quantitätsgleichung das gleichgewichtige Preisniveau ($P^*$). Die "Koppelung" des geld- und güterwirtschaftlichen Sektors hat graphisch folgendes Ausssehen:

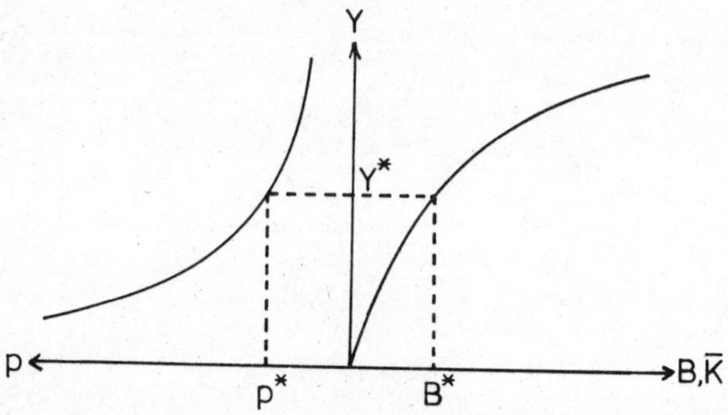


Abb.60: Geld- und güterwirtschaftliches Gleichgewicht in der Klassik

Veränderungen von M und v schlagen sich in der Lage der Geldhyperbel nieder. Erhöht beispielsweise die Zentralbank die Geldmenge, so bewirkt dies eine Verschiebung der Geldhyperbel nach außen. Dadurch steigt bei unveränderter Umlaufgeschwindigkeit und gleichbleibender Produktion das Preisniveau an (vgl. Abb.61). Seine ökonomische Erklärung findet dieser Vorgang in der Vorstellung, welche die Klassiker vom Geld hatten. Die Wirtschaftssubjekte fragen Geld ausschließlich zu Güter- und Wertpapierkäufen, d.h. zu Transaktionszwecken nach. Die bloße Geldhaltung im Sinne der Vermögensbildung, die der Wertaufbewahrungsfunktion des Geldes entspricht, schied als nicht rationale Entscheidung aus. Somit führt eine Erhöhung des volkswirtschaftlichen Geldbestandes durch die Zentralbank ausschließlich zu einem Anstieg der Transaktionskasse, deren Abbau eine

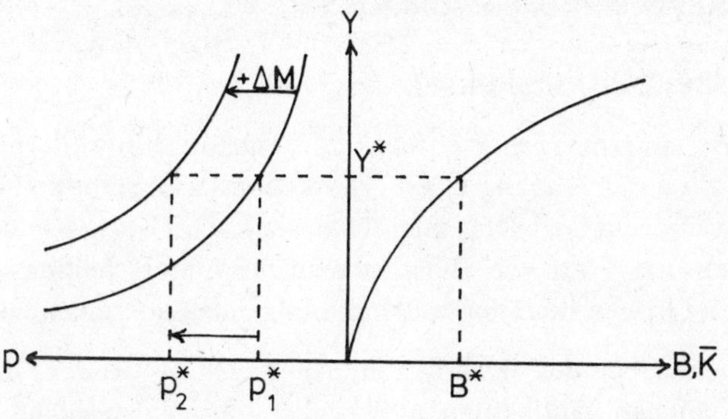


Abb.61: Neutralität des Geldes

Steigerung der Nachfrage im realen Sektor nach sich zieht. Bei unverändertem Güterangebot und gegebenen Zahlungsgewohnheiten ist dann die Erhöhung des Preisniveaus eine unausweichliche Folge.

Eine theoretisch denkbare Erhöhung der Produktion als Folge der Geldmengenausweitung kommt nach klassischer Auffassung also nicht in Betracht. Der Output richtet sich ausschließlich nach den realwirtschaftlichen Gegebenheiten. Diese grundlegende Position der Klassik bezeichnet man auch als die **"Neutralität des Geldes"**. Danach gehen vom monetären Sektor einer Volkswirtschaft keinerlei Wirkungen auf den realwirtschaftlichen Sektor aus. Geld ist ein "Schleier", der über dem güterwirtschaftlichen Bereich schwebt, ohne ihn zu berühren. Die Veränderung der Geldmenge führt lediglich zu einer proportionalen Änderung des Preisniveaus, das Verhältnis der einzelnen Güterpreise untereinander wird dagegen nicht tangiert, d.h. die **relativen Preise** bleiben **konstant**. Man bezeichnet diese Trennung von monetärem und realem Sektor der Wirtschaft auch als **"Dichotomie"**.

Aus dem beschriebenen Zusammenhang zwischen Geldmenge und Preisniveau folgt eine bedeutsame wirtschaftspolitische Konsequenz. Zur Verringerung des Preisniveaus bedarf es bei Konstanz der Umlaufgeschwindigkeit des Geldes und des Outputs einer Abnahme der Geldmenge bzw. die Verminderung von Preissteigerungen (sog. "Disinflation") ist nur durch eine Reduzierung der Geldmengenwachstumsraten möglich. Damit wird nach klassischer Auffassung die **Inflationsbekämpfung** in erster Linie Aufgabe der Zentralbank und damit der **Geldpolitik**. Diese Erkenntnis wurde in neuerer Zeit vom sog. "Monetarismus" verfeinert und empirisch untermauert.

## 3. Der Keynesianische Ansatz

### a. Die Spekulationskasse

Die Keynesianische Theorie folgt der Klassik insoweit, als auch sie die Notwendigkeit der Haltung einer Transaktionskasse sieht und die Cambridge - Gleichung übernimmt. Setzt man für das zunächst als konstant angenommene Preisniveau den Wert von Eins, so wird die Unterscheidung von realen und nominellen Größen hinfällig, wovon im folgenden ausgegangen wird.

Die Erweiterung des klassischen Ansatzes ist Reflex der grundlegend unterschiedlichen Auffassungen bezüglich der **Voraussicht**. Während, wie bereits erörtert, die Klassik von vollkommener Voraussicht ausging, haben die Wirtschaftssubjekte nach Keynesianischer Meinung keine sicheren Kenntnisse über die künftige Entwicklung ökonomischer Größen.

Aus dieser Unsicherheit heraus resultieren weitere Motive für die Geldnachfrage, d.h. den Geldbedarf in der Volkswirtschaft. Einerseits halten die Wirtschaftssubjekte in der sog. **"Vorsichtskasse"** ($L_V$) Geld für unvorhergesehene Käufe von Gütern und Dienstleistungen. Insoweit steht auch hinter dieser Form der Geldhaltung die Tausch- und Zahlungsmittelfunktion, weshalb die Vorsichtskasse unter die Transaktionskasse subsumiert werden kann.

Eine weitere Unsicherheit besteht nach Keynes bezüglich der künftigen Kursentwicklung festverzinslicher Wertpapiere. Die Ausnutzung zeitlicher Preisdifferenzen von Wertpapieren erlaubt es, Spekulationsgewinne zu erzielen (im Gegensatz zu sog. Arbitragegewinnen, die bei Ausnutzung örtlicher Preisdifferenzen anfallen). Um jedoch auf dem Wertpapiermarkt "einsteigen" zu können, ist es erforderlich, hierfür Geld bereitzustellen. Diese Kasse heißt **Spekulationskasse** ($L_S$).

Schematisch kann die aus den beschriebenen unterschiedlichen Motiven abgeleitete Keynesianische Geldnachfrage folgendermaßen dargestellt werden:

**Geldnachfrage**

| Transaktionsmotiv | Vorsichtsmotiv | Spekulationsmotiv |
|---|---|---|
| ⇓ | ⇓ | ⇓ |
| Transaktionskasse | Vorsichtskasse ($L_V$) | Spekulationskasse |
| | | ⇓ |
| $L_T = k \cdot Y$ | | $L_S$ |
| "aktive Kasse" | | "inaktive Kasse" |

Die Einführung dieser Kasse überrascht nicht angesichts der Tatsache, daß Keynes selbst ein außerordentlich erfolgreicher Spekulant war. Ökonomisch wird mit dem Spekulationsmotiv die **Wertaufbewahrungsfunktion** des Geldes hervorgehoben. Aus geldtheoretischer Sicht liegt in diesem Punkt der wesentliche Unterschied gegenüber der Klassik begründet; es kann nach Keynesianischer Auffassung durchaus sinnvoll sein, Geld als solches zu halten. Analog zur $L_T$-Kasse sind nunmehr die Bestimmungsgründe für die Spekulationskasse herauszuarbeiten.

Während die klassische Theorie nur festverzinsliche Wertpapiere als die einzige Form der Geldvermögensbildung zuließ, stehen die Wirtschaftssubjekte nach Keynesianischer Meinung vor der Wahl, ihr Finanzvermögen in Obligationen oder in Geld zu halten, worunter im engeren Sinne Bargeld und Giralgeld (M1) fallen. Um eine Entscheidung über die Geldvermögensstruktur treffen zu können, bedarf es der Kenntnis der **Vor- und Nachteile** der Alternativen. Als Entscheidungskriterien kommen hierfür in erster Linie die **Liquidität** und die **Rentabilität** der Aktiva in Betracht. Im einzelnen gilt:

**Nominalvermögen**

| Geld ($= L_S$) (Bargeld, Giralgeld) | Wertpapiere (festverzinslich) |
|---|---|
| (+) Liquidität groß | (-) Liquidität gering |
| (-) keine Verzinsung | (+) Verzinsung |
| (Opportunitätskosten) | $z = \frac{i \cdot 100}{\text{Kurs}}$ |

Der Nutzen des Geldes besteht in dessen **Liquidität**. Geld ist somit ein **Gut**, da es einen Nutzen stiftet. Allerdings bedeutet die Haltung von Geld einen Verzicht auf Zinserträge; diese entgangene Verzinsung stellt Opportunitätskosten dar. Der Zinsentgang ist der Preis für die Liquidität. Umgekehrt sieht es bei den Obligationen aus, deren Verzinsung mit einer vergleichsweise geringen Liquidität "erkauft" wird.

Während nach Keynesianischer Ansicht auf mikroökonomischer Ebene ein Wirtschaftssubjekt die Entscheidung lediglich zugunsten eines einzigen Aktivums (Geld **oder** Wertpapiere) trifft, existiert makroökonomisch ein "gemischtes Portefeuille", d.h. beide Vermögensalternativen können gleichzeitig gehalten werden. Prinzipiell fällt die Entscheidung umso eher zugunsten der Geldhaltung aus, je niedriger die Effektivverzinsung von Wertpapieren, d.h. der Zinsentgang ist, und umgekehrt. Die Geldnachfrage zu Spekulationszwecken hängt also vom Zins ab:

$$L_S = L_S(z)$$

Graphisch ergibt sich folgendes Bild:

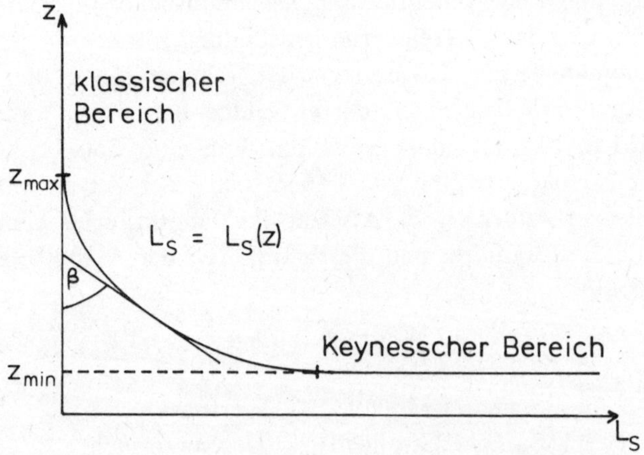


Abb.62: Spekulationsfunktion

Die dargestellte Funktion heißt **Liquiditätspräferenzfunktion** oder **Spekulationsfunktion**. Ihr Verlauf kann auf verschiedene Weise erklärt werden. Ist die Verzinsung der Wertpapiere hoch, so wird man den Zinsentgang kaum hinnehmen wollen. Die Bereitschaft, sein Geld in der $L_S$-Kasse zu halten, ist angesichts der hohen Opportunitätskosten gering, $L_S$ ist klein. Bei niedrigen Zinsen kann man sich dagegen den "Luxus" der zinslosen

Geldhaltung eher leisten, die $L_S$- Kasse ist hier vergleichsweise stark gefüllt. In der Empirie findet dieses Verhalten der Wirtschaftssubjekte immer wieder seine Bestätigung, wenn etwa in Niedrigzinsphasen ein Anstieg der Kassenhaltung beobachtbar ist.

Eine weitere Erklärung liefert die Berücksichtigung von **Kurserwartungen**. Bei hohem Zins ist der Kurs der Wertpapiere niedrig. In dieser Situation rechnen die meisten Spekulanten mit Kurssteigerungen. Deshalb wollen sie ihr Geld vorwiegend in Wertpapieren anlegen und kaum in bar bzw. auf Girokonten halten, die Spekulationskasse ist daher klein. Liegt der Zins hingegen niedrig, so impliziert dies hohe Kurse. Aufgrund der zu erwartenden Kursrückgänge wünschen die Spekulanten keine großen Wertpapierbestände, stattdessen streben sie eine höhere risikolose Geldhaltung an, $L_S$ ist groß.

Wie aus Abbildung 62 ersichtlich, weist die $L_S$- Funktion einen waagerechten und einen senkrechten Bereich auf. Der Verlauf auf der Ordinate (ab $z_{max}$) kann dadurch erklärt werden, daß ab einem bestimmten sehr hohen Zins niemand mehr bereit ist, auf die Verzinsung zu verzichten und deshalb sein gesamtes Nominalvermögen in Form von Obligationen hält. Stellt man auf Kurserwartungen ab, so glauben in dieser Situation sämtliche Spekulanten an baldige Kurssteigerungen und verwenden die gesamte bis dahin bestehende $L_S$- Kasse zum Kauf von Wertpapieren. Tendiert die $L_S$- Kasse gegen Null, so bewegt man sich auf klassischem Boden, daher heißt dieser sehr steile, im Extremfall senkrechte Teil der Spekulationsfunktion auch **klassischer Bereich**.

Der horizontale Bereich bringt zum Ausdruck, daß bei einem extrem niedrigen Zins die Opportunitätskosten keine Rolle mehr spielen und die Wirtschaftssubjekte jeden beliebigen Betrag in der $L_S$- Kasse zu halten bereit sind. Hier besteht angesichts hoher Kurse ein großes Risiko von Kursverlusten, daher wollen sich die Spekulanten nicht in Wertpapieren engagieren. Bei einem sehr flachen, im Extremfall sogar waagerechten Verlauf (bei $z_{min}$) der $L_S$- Funktion liegt der sog. **"Keynessche Bereich"** vor, der auch die Etikettierung "Liquiditätsfalle" trägt. Die empirische Relevanz dieses Bereichs ist allerdings umstritten.

Die Steigung der $L_S$- Funktion kommt im Winkel ß zum Ausdruck und beträgt

$$\text{tg}\, ß = l' = \frac{dL_S}{dz} < 0$$

Der Koeffizient l' heißt **Liquiditätsneigung** und kann Werte von Null (klassischer Bereich) bis unendlich (Liquiditätsfalle) annehmen.

## b. Die gesamtwirtschaftliche Geldnachfrage

Addiert man die Geldnachfrage zu Transaktions- und Spekulationszwecken, so gelangt man zur gesamten Geldnachfrage in der Volkswirtschaft:

$$L = L_T + L_S = L_T(Y) + L_S(z)$$

$$L = k \cdot Y + l' \cdot z$$

Die **gesamtwirtschaftliche Geldnachfrage** kann auch graphisch hergeleitet werden:

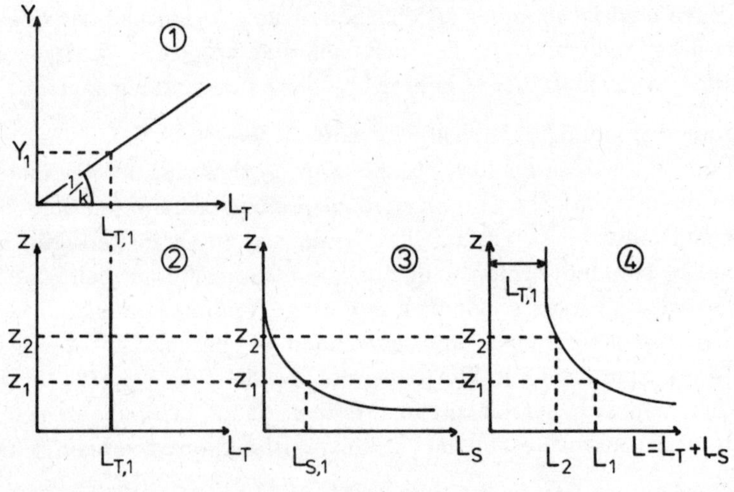


Abb.63: Herleitung der gesamtwirtschaftlichen Geldnachfrage

Der 1.Quadrant enthält die $L_T$- Kasse, d.h. die Cambridge- Gleichung. Bei gegebenen Zahlungsgewohnheiten hängt $L_T$ von der Höhe des Nominaleinkommens ab. Für $Y_1$ ergibt sich die Transaktionskasse $L_{T,1}$. Da sie nicht vom Zins abhängt, verläuft sie, bezogen auf z, senkrecht (Quadrant 2). Beträgt der Zins beispielsweise $z_1$, so hat die Transaktionskasse das Volumen $L_{T,1}$. Dagegen wird die $L_S$- Kasse vom Zins determiniert und beträgt in diesem Fall $L_{S,1}$ (Quadrant 3). Durch **Horizontaladdition** beider Kassen erhält man im 4.Quadranten die gesamtwirtschaftliche Geldnachfrage $L_1$, die beim Einkommen $Y_1$ und beim Zins $z_1$ entfaltet wird.

Liegt der Zinssatz bei $z_2$, so verringert sich die gesamte Geldnachfrage. Zwar bleibt $L_T$ unverändert, infolge des höheren Zinses wünschen die Spekulanten jedoch eine geringere $L_S$- Kasse, so daß der gesamte Geldbedarf auf $L_2$

zurückgeht. Die Kurve im 4.Quadranten stellt die gesamtwirtschaftliche Geldnachfrage bei einem bestimmten Einkommen $Y_1$ dar. Es handelt sich dabei um nichts anderes als die $L_S$- Funktion, die um den Betrag $L_{T,1}$ nach rechts verschoben ist.

Liegt ein höheres Einkommen vor, so erfordert dessen Finanzierung eine höhere Transaktionskasse. Dadurch verschiebt sich die $L_T$- Funktion im 2.Quadranten nach rechts, wodurch auch die gesamte Geldnachfrage (Quadrant 4) entsprechend nach rechts wandert. Allgemein kann die gesamtwirtschaftliche Geldnachfragefunktion daher als Kurvenschar dargestellt werden:

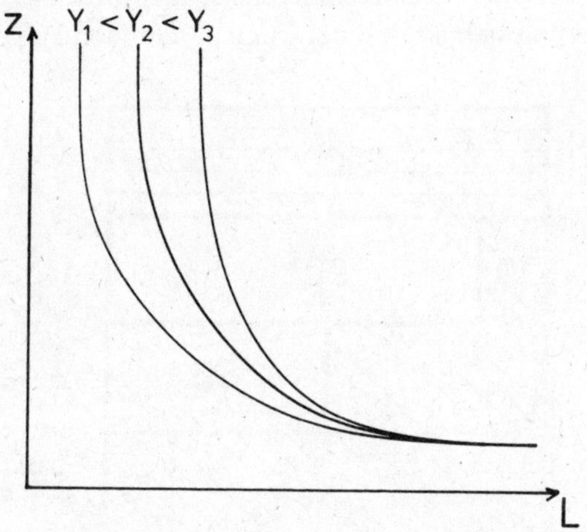


Abb.64: Gesamtwirtschaftliche Geldnachfrage

Die Steigung wird durch die $L_S$- Funktion bestimmt, während die Lage vom Einkommen abhängt.

## c. Geldwirtschaftliches Gleichgewicht

Ein monetäres Gleichgewicht liegt allgemein dann vor, wenn geplantes Geldangebot und geplante Geldnachfrage übereinstimmen. In der Keynesianischen Theorie ist dies dann der Fall, wenn das von der Zentralbank autonom kontrollierte Geldangebot vollständig zu Transaktions- und Spekulationszwecken nachgefragt wird. Die Gleichgewichtsbedingung lautet also:

$$\overline{M} = L_T + L_S = L_T(Y) + L_S(z)$$

Da der Geldbedarf zu Transaktionszwecken vom Einkommen abhängt, während für den gewünschten Inhalt der Spekulationskasse der Zinssatz verantwortlich ist, bedarf es offenbar bestimmter Einkommens-Zins-Werte, um den Gleichgewichtszustand herbeizuführen. Ein Zahlenbeispiel soll diese Zusammenhänge verständlich machen. Angenommen, das Geldangebot liege bei 100 Mrd. DM, dann muß auch die Geldnachfrage 100 Mrd.DM betragen, damit ein Gleichgewicht vorliegt. Da die Geldnachfrage aber aus zwei Komponenten, nämlich $L_T$ und $L_S$ besteht, ist der Inhalt der einzelnen Kassen unbestimmt. In der Summe müssen sie sich allerdings zu 100 ergänzen. In Abbildung 65 sind beispielhaft drei derartige Situationen aufgeführt:

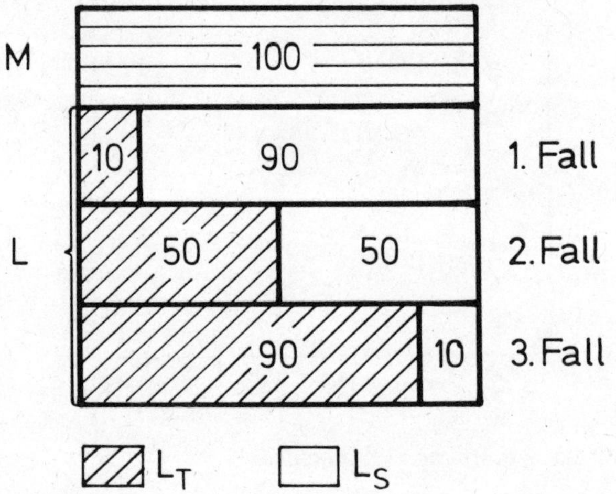


Abb.65: Gleichgewichtssituationen auf dem Geldmarkt

Damit sich die für das monetäre Gleichgewicht erforderlichen Geldbeträge in den beiden Kassen befinden, müssen deren Determinanten ganz bestimmte Werte annehmen. Sie können über die Cambridge-Gleichung ($L_T$) und die Spekulationsfunktion ($L_S$) ermittelt werden. Eine willkürliche Skalierung der hierbei in Betracht kommenden Achsen führt zu den gesuchten Werten:

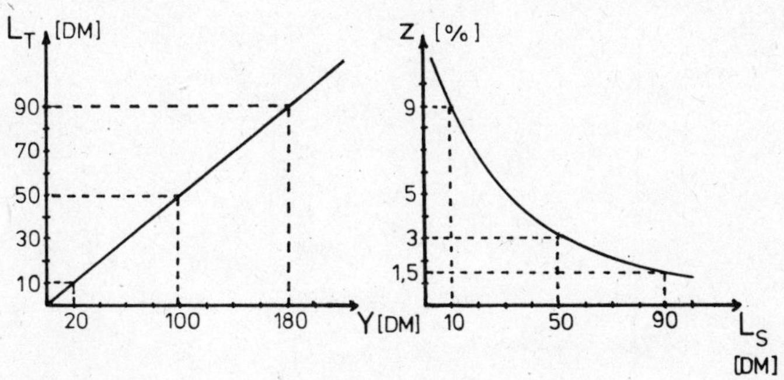


Abb.66: Ermittlung der Einkommens- und Zinswerte

Aufgrund der Funktionsverläufe und der Skalierung erhält man für die drei Fälle also folgende Ergebnisse:

| Fall | M | $L_T$ | Y | $L_S$ | z |
|---|---|---|---|---|---|
| 1 | 100 | 10 | 20 | 90 | 1,5% |
| 2 | 100 | 50 | 100 | 50 | 3% |
| 3 | 100 | 90 | 180 | 10 | 9% |

Tab.11: Gleichgewicht auf dem Geldmarkt

Im ersten Fall fragen die Wirtschaftssubjekte 10 Mrd.DM zu Transaktionszwecken und 90 Mrd.DM zu Spekulationszwecken nach. Damit jedoch $L_T$ bei 10 Mrd.DM liegt, bedarf es bei gegebenen Zahlungsgewohnheiten eines Einkommens von 20 Mrd.DM. Die spekulative Geldhaltung liegt ihrerseits nur dann bei 90 Mrd.DM, wenn der Zinssatz 1,5% beträgt. Entsprechendes gilt für die beiden anderen Fälle.

Stellt man die jeweils einander zugehörigen Einkommens- und Zinswerte in einer Graphik zusammen, so ergeben sich in der Einkommens-Zins-Ebene zunächst drei Punkte. Durch Konstruktion weiterer Gleichgewichtspunkte kommt man zu folgendem Bild:

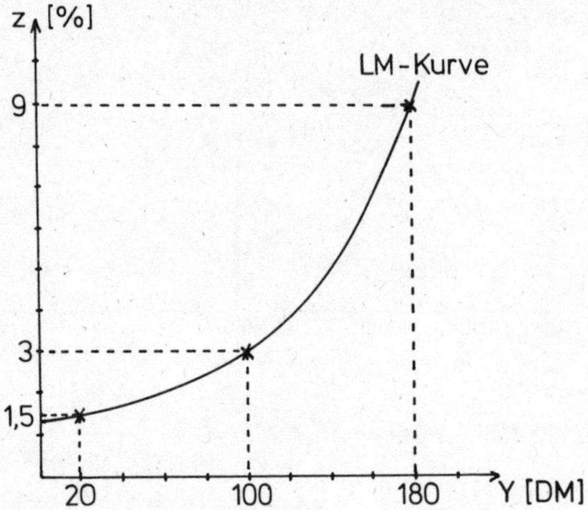


Abb.67: Geldwirtschaftliches Gleichgewicht

Sämtliche Punkte auf dieser Kurve stellen alternative Gleichgewichtspositionen auf dem Geldmarkt dar. Daher heißt die Kurve auch **LM - Kurve**, denn auf ihr befinden sich alle Einkommens-Zins-Kombinationen, die ein Gleichgewicht auf dem Geldmarkt (L = M) herbeiführen.

Analog zum güterwirtschaftlichen Gleichgewicht sind also die Höhe von Y und z letztlich ausschlaggebend für das geldwirtschaftliche Gleichgewicht:

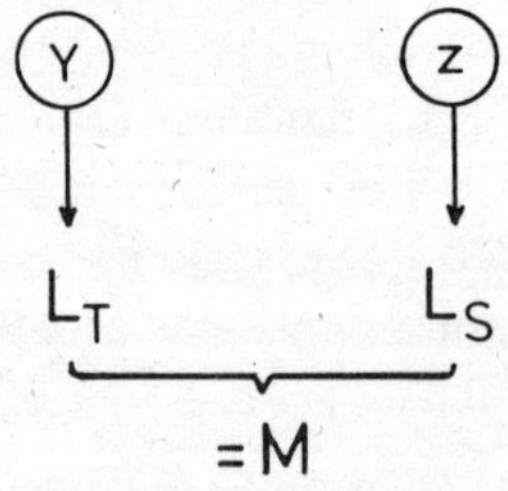


Im Gegensatz zum Gütermarkt erfordert das geldwirtschaftliche Gleichgewicht ein **positives** Verhältnis von Einkommen und Zins. Geht man von einem hohen Einkommen aus, so muß auch $L_T$ hoch sein. Bei vorgegebenem Geldangebot verbleibt dann für die $L_S$- Kasse nur noch ein relativ niedriger Betrag. Die Bereitschaft, wenig $L_S$ zu halten, besteht aber nur bei einem hohen Zins:

$$\overline{M}$$

$$Y \text{ hoch} \Longrightarrow L_T \text{ hoch} \Longrightarrow L_S \text{ niedrig} \Longrightarrow z \text{ hoch}$$

Entsprechend erfordert ein niedriger Zins, von dem ebenso ausgegangen werden kann, ein niedriges Einkommen:

$$\overline{M}$$

$$z \text{ niedrig} \Longrightarrow L_S \text{ hoch} \Longrightarrow L_T \text{ niedrig} \Longrightarrow Y \text{ niedrig}$$

Diese Zusammenhänge verdeutlichen, daß es sich bei der LM-Kurve um **keine Funktion** handelt, sondern sie nur gleichgewichtstheoretisch erforderliche Y-z-Kombinationen beinhaltet.

Zur **allgemeinen Herleitung** der LM-Kurve bedient man sich wiederum eines 4-Quadranten-Schemas:

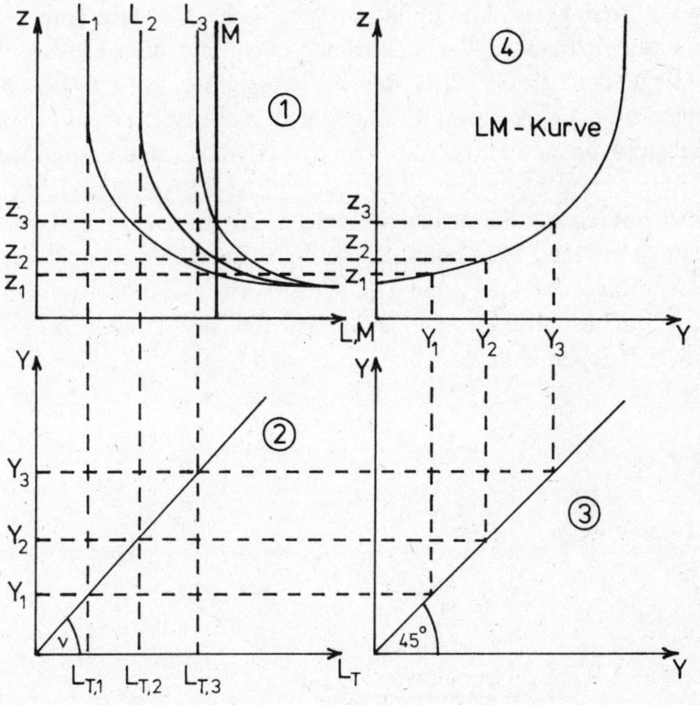


Abb.68: Herleitung der LM-Kurve

Im ersten Quadranten findet sich die als Kurvenschar darstellbare gesamtwirtschaftliche Geldnachfrage (siehe Abb. 64). Zusätzlich ist das autonome Geldangebot als senkrechte Linie eingezeichnet. Je nach Lage der Geldnachfrage ergibt sich ein bestimmter Gleichgewichtszins, z. B. für die Geldnachfrage $L_1$ der Zins $z_1$. Wie an früherer Stelle gezeigt (Abb. 63), entspricht der Abstand zwischen der Ordinate und dem senkrechten Teil der Geldnachfragefunktion der $L_T$- Kasse. Diese wird daher im 2.Quadranten über die Cambridge-Gleichung eingeführt. Dadurch kann das für die jeweilige Lage der Geldnachfrage verantwortliche Einkommen exakt bestimmt werden. Beispielsweise entspricht der Geldnachfrage $L_1$ das Einkommen $Y_1$. Über eine Spiegelachse im 3. Qudranten wird das so ermittelte Einkommen auf die Abszisse des Quadranten 4 übertragen. Auf die Ordinate dieses Quadranten projiziert man zusätzlich die im 1.Quadranten ermittelten Gleichgewichtszinssätze. Ordnet man die jeweiligen Y- und z-Werte einander zu, so ergibt sich als Verbindungslinie die LM-Kurve.

Sie weist analog zur $L_S$- Funktion spezifische **Bereiche** auf (Abb.69). Der horizontale (bzw. sehr flache Verlauf) entspricht dem **Keynesschen Bereich**. Hier liegt der größte Teil des Geldangebots in der $L_S$- Kasse, deren Zinselastizität im Extremfall unendlich groß ist. Der in der $L_T$- Kasse befindliche Rest deutet auf das geringe Aktivitätsniveau in der Volkswirtschaft hin. Den ansteigenden Teil der LM-Kurve bezeichnet man als **"Zwischenbereich"** oder **"Normalbereich"**. Im senkrechten (bzw. sehr steilen Abschnitt) besteht die Geldnachfrage nur noch aus dem Transaktionsmotiv heraus; infolge der fehlenden $L_S$- Kasse spricht man daher vom **klassischen Bereich** der LM-Kurve. Die Zinselastizität der Geldnachfrage tendiert in diesem Fall gegen Null.

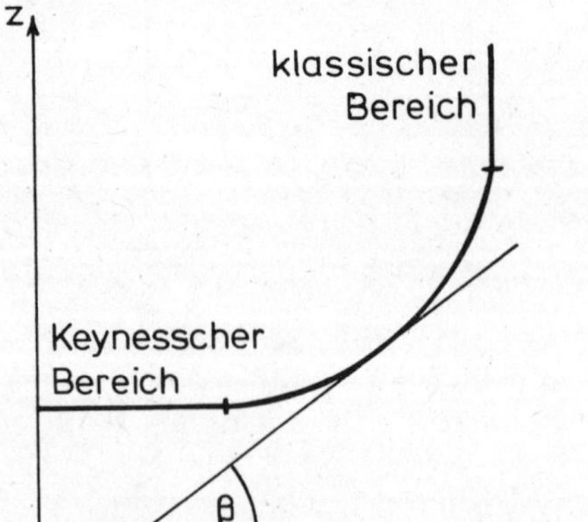


Abb.69: Bereiche der LM-Kurve

Wie aus Abb. 69 ersichtlich, hat die LM-Kurve die **Steigung**

$$\mathrm{tg}\ ß = \frac{dz}{dY} > 0$$

Unter Verwendung der Steigungen der Cambridge-Gleichung und der Spekulationsfunktion, die der LM-Kurve zugrundeliegen, kann dieses Winkelmaß auch in anderer Form geschrieben werden. Die Steigung der $L_T$-Kasse beträgt

$$k = \frac{dL_T}{dY} > 0 \quad \text{, es ist also}$$

$$dL_T = k \cdot dY$$

Für die Neigung der $L_S$- Funktion gilt

$$l' = \frac{dL_S}{dz} < 0 \quad \text{, woraus folgt}$$

$$dL_S = - l' \cdot dz$$

Auf der LM - Kurve gilt stets

$$dM = dL = 0 \quad \text{, bzw.}$$

$$dM = dL_T + dL_S = 0$$

Setzt man die ermittelten Ausdrücke für $dL_T$ und $dL_S$ ein, so ist

$$dM = k \cdot dY - l' \cdot dz = 0$$

$$k \cdot dY = l' \cdot dz \quad \text{; somit ist}$$

$$\mathrm{tg}\ ß = \frac{dz}{dY} = \frac{k}{l'}$$

Die LM-Kurve verläuft **flach**, wenn der Kassenhaltungskoeffizient niedrig (also die Umlaufgeschwindigkeit des Geldes hoch) bzw. die Liquiditätsneigung hoch ist. In diesem Fall sind zur Aufrechterhaltung des Gleichgewichts nur geringe Zinsänderungen, aber große Einkommensänderungen erforderlich. Umgekehrtes gilt für einen steilen Verlauf.

Für die **Lage** der LM-Kurve sind verschiedene Einflußfaktoren verantwortlich. So kann etwa eine Rechtsverschiebung durch eine Erhöhung der Geldmenge ausgelöst werden. Derselbe Effekt tritt auch ein, falls k sinkt, d. h. die Umlaufgeschwindigkeit des Geldes steigt, oder die Bereitschaft zur Haltung von $L_S$- Kasse bei jedem Zinssatz zurückgeht. Schließlich kommt es zu einer Rechtsverlagerung, wenn das - bisher als konstant angenommene - Preisniveau sinkt, in diesem Fall steigt die "reale" Geldmenge ($\frac{M}{P}$) an.

Sofern man sich links oder rechts von der LM-Kurve befindet, liegt ein geldwirtschaftliches **Ungleichgewicht** vor. Anhand eines Beispiels soll eine solche Situation kurz beleuchtet werden:

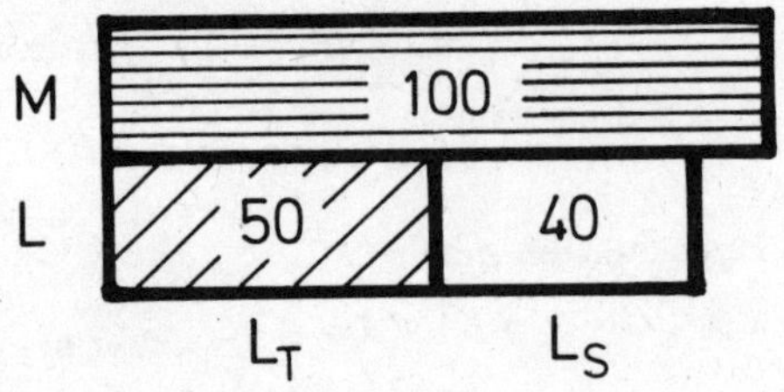


Abb.70: Beispiel eines Ungleichgewichts auf dem Geldmarkt

Hier wird das Geldangebot nicht vollständig ausgeschöpft. Hinter der $L_T$-Nachfrage von 50 steht ein Einkommen von 100, während die spekulative Geldnachfrage von 40 aufgrund eines Zinssatzes von 5 % (siehe Abb. 66) zustandekommt. Die Y-z-Kombination liegt damit oberhalb der LM-Kurve, es ist M > L (Abb. 71).

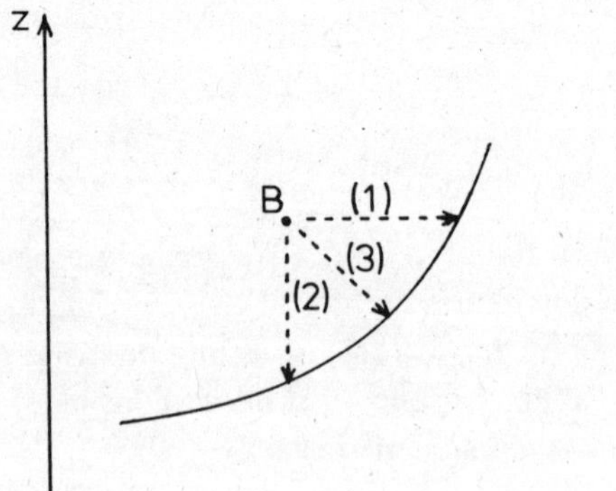


Abb.71: Ungleichgewicht auf dem Geldmarkt

Sieht man von einer Linksverlagerung der LM-Kurve ab, so stehen zur Wiedererreichung eines geldwirtschaftlichen Gleichgewichts prinzipiell drei

Wege offen:

(1) die $L_T$- Kasse muß um 10 auf 60 ansteigen, was einen Anstieg des Einkommens um 20 voraussetzt;
(2) die $L_S$- Kasse muß um 10 auf 50 ansteigen, dies bedingt einen Zinsrückgang auf 3 %;
(3) $L_T$ und $L_S$ müssen sich zusammen um 10 erhöhen, wozu es eines entsprechenden Einkommensanstiegs und Zinsrückgangs bedarf.

Die Keynesianische Auffassung räumt den **Zinsanpassungen** die größere Wahrscheinlichkeit im Vergleich zu den Einkommensreaktionen ein. Ein Überschuß in der Kasse wird danach durch den Erwerb von Wertpapieren abgebaut. Die steigende Obligationsnachfrage zieht einen Kursanstieg bzw. Zinsrückgang nach sich, worauf die Wirtschaftssubjekte bereit sind, das zunächst überschüssige Geld in der $L_S$- Kasse zu halten.

Existiert ein Einkommens-Zins-Verhältnis unterhalb der LM-Kurve, so handelt es sich um ein Ungleichgewicht vom Typ $M < L$. Die damit verbundenen Implikationen gelten analog zu dem beschriebenen umgekehrten Fall und bedürfen daher keiner weiteren Erläuterung. Prinzipiell kann festgehalten werden, das ein bestehendes Ungleichgewicht auf dem Geldmarkt über systembedingte Anpassungsvorgänge beseitigt wird, wobei in erster Linie Zinssatzvariationen für das Zustandekommen des Gleichgewichtes sorgen. Das geldwirtschaftliche Gleichgewicht ist **stabil**.

Damit ist die Keynesianische Sicht des monetären Sektors in den Grundzügen dargestellt. Die volkswirtschaftliche Bedeutung des Geldes wird deutlich, wenn man den Gütermarkt in die Überlegungen mit einbezieht, was in Abb. 72 in Gestalt der IS-Kurve geschieht. Bei Vorliegen der Kombination $z^*_1$ und $Y^*_1$ herrscht sowohl auf dem Geldmarkt als auch auf dem Gütermarkt ein Gleichgewicht. Erhöht nun die Zentralbank das Geldangebot, so führt dies zu einer Verlagerung der LM-Kurve nach rechts. Liegt der Schnittpunkt außerhalb des Keynesschen Bereichs, dann kommt ein neues Gleichgewicht bei einem höherem Einkommen ($Y^*_2$) und einem niedrigeren Zins ($z^*_2$) zustande. Das Geld kann also aufgrund der Ergebnisse der Keynesianischen Theorie durchaus Wirkungen im güterwirtschaftlichen Sektor der Volkswirtschaft zeigen. **Geld** ist **nicht** - wie von der Klassik unterstellt - in jedem Fall **neutral**. Während in der Klassik die Vermögensbildung ausschließlich in der Form festverzinslicher Wertpapiere geschah, deren Verkaufserlös von den Unternehmungen zur Investitionsnachfrage verwendet wurde, können die Wirtschaftssubjekte nach Keynesianischer Auffassung ihr

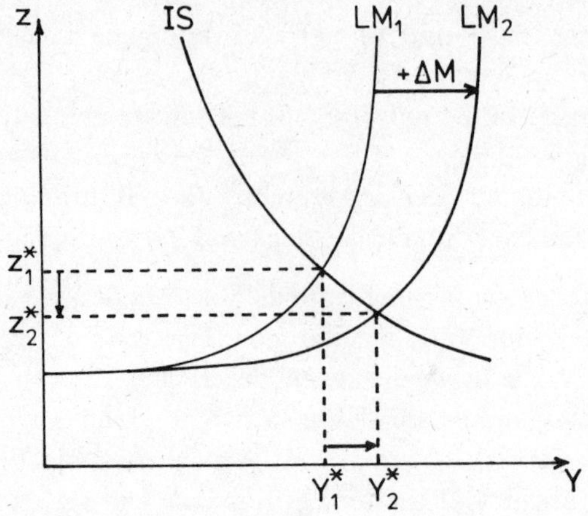


Abb.72: Aneutralität des Geldes

Vermögen auch als Barvermögen halten. Diese Geldbestände werden dann nicht auf dem Gütermarkt nachfragewirksam, wodurch entsprechende Rückwirkungen auf den realen Sektor ausgehen.

Eine **zusammenfassender Überblick** soll die unterschiedliche Sicht des Geldmarktes nochmals verdeutlichen (Abb.73). Nach klassischer Ansicht stellt Geld kein Gut dar. Es hat lediglich die Aufgabe, als Tausch- und Zahlungsmittel sowie als Wertmesser die im Zuge der Arbeitsteilung anfallenden Tauschvorgänge zu erleichtern. Hieraus resultiert formal die Cambridge-Gleichung, über die man zur Quantitätsgleichung des Geldes gelangt. Zur Erreichung des geldwirtschaftlichen Gleichgewichts bedarf es bei gegebenen Zahlungsgewohnheiten eines ganz bestimmten nominellen Einkommens, welches in eine Preis- und eine Mengenkomponente zerlegt werden kann. Mit der Vorstellung des Geldschleiers wird die Meinung verbunden, vom Geld gingen keinerlei Einflüsse auf den realwirtschaftlichen Bereich der Volkswirtschaft aus. Die bloße Haltung von Geld ist nicht rational, da dieses einen Verzicht auf Zinseinnahmen bedeutet.

Die **Keynesianische Theorie** stellt das klassische Transaktionsmotiv nicht in Frage, betont jedoch darüber hinaus die Wertaufbewahrungsfunktion des Geldes, was dazu führt, daß Geld als ein Gut anzusehen ist, welches einen Nutzen stiftet. Es erscheint durchaus rational, Geld um seiner selbst willen zu halten, da es als Vermögensalternative den Vorzug höchster Liqudität in sich birgt. Dies führt zur Begründung der Spekulationskasse, die ein jederzeitiges

"Umsteigen" in festverzinsliche Wertpapiere ermöglicht. Ihre Existenz ist indes verantwortlich dafür, daß Geld nicht mehr neutral ist; Änderungen der Geldmenge können den güterwirtschaftlichen Sektor beeinflussen. Da die gesamtwirtschaftliche Geldnachfrage vom Einkommen und vom Zins abhängt, müssen diese beiden Größen ganz bestimmte Werte annehmen, um ein Gleichgewicht auf dem Geldmarkt herbeizuführen. Dies findet seinen Ausdruck in der LM-Kurve.

GELDANGEBOT = GELDNACHFRAGE

$M = L$

**Klassik**

Geld stiftet keinen Nutzen, nur technisches Hilfsmittel zur Synchronisation von Einnahmen und Ausgaben

$$L = L_T = k \cdot P \cdot Y$$

$$\overline{M} = k \cdot P \cdot Y$$

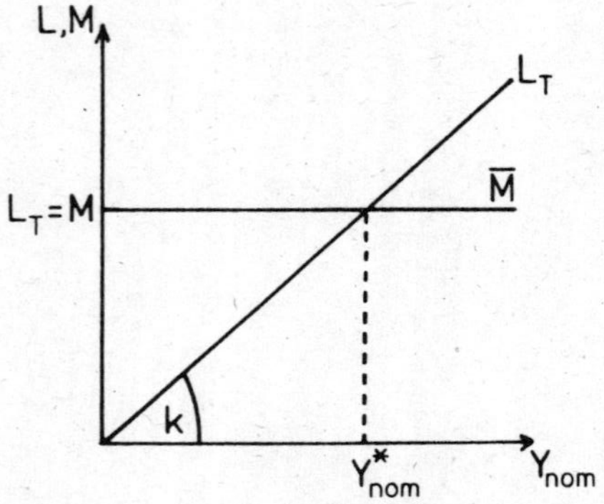


Neutralität des Geldes

**Keynes**

Geld stiftet Nutzen in Form höchster Liquidität und ist damit eine sinnvolle Alternative des Nominalvermögens

$$L = L_T + L_S = L_T(Y) + L_S(z)$$

$$\overline{M} = L_T(Y) + L_S(z)$$

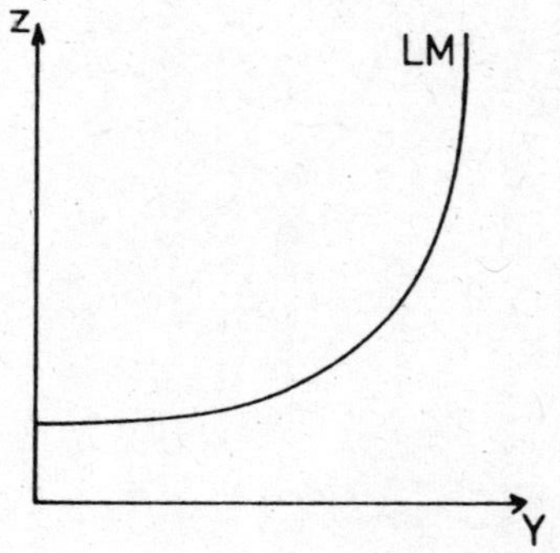


Aneutralität des Geldes

Abb.73: Zusammenfassende Übersicht des Geldmarktes

## IV. Der Arbeitsmarkt

Als dritter zentraler Markt in der makroökonomischen Theorie ist der Arbeitsmarkt zu behandeln. Auf ihm vollzieht sich der Handel mit der Faktorleistung Arbeit. Es stehen sich Arbeitsangebot und Arbeitsnachfrage gegenüber, bei deren Übereinstimmung ein Gleichgewicht vorliegt. Die Arbeitsmenge kann sowohl in der Anzahl der Arbeitskräfte als auch in der Zahl der geleisteten Arbeitsstunden ausgedrückt werden.

Das **Arbeitsangebot** wird von den Haushalten erbracht. Es darf also nicht mit dem in der Alltagssprache gebräuchlichen "Stellenangebot" der Firmen verwechselt werden. Hinter dem Arbeitsangebot verbirgt sich die Bereitschaft der Haushalte, ihre Arbeitskraft den Unternehmungen bereitzustellen. Den Rahmen hierfür bildet das Erwerbspersonenpotential.

Demgegenüber entfalten die Unternehmungen die **Arbeitsnachfrage**, das ist die Absicht, Arbeitskräfte für den Produktionsprozeß einzustellen. Auch dieser Begriff darf nicht mit den "Stellengesuchen" der Haushalte assoziiert werden. Im folgenden sollen die paradigmatischen Sichtweisen des Arbeitsmarktes in ihren Grundzügen vorgestellt werden.

### 1. Der klassische Ansatz

#### a. Arbeitsangebot

Die Bereitschaft der Haushalte, ihre Arbeitskraft anzubieten, entspringt in aller Regel dem Zweck der Einkommenserzielung, die zur Finanzierung des Lebensunterhaltes erforderlich ist. Daraus resultiert unmittelbar die plausible Hypothese, daß der Lohnsatz prinzipiell die Höhe des Arbeitsangebots determiniert.

Zu unterscheiden ist hierbei zwischen zwei verschiedenen Lohnsätzen. Der **Geld- oder Nominallohnsatz** (l) stellt den Geldbetrag dar, den der Arbeitnehmer für beispielsweise eine geleistete Arbeitsstunde erhält. Beim **Reallohnsatz** hingegen handelt es sich um das Verhältnis von Geldlohnsatz und Preisniveau ($l_r = \frac{l}{P}$).

Anhand eines Beispiels kann man sich den Unterschied zwischen diesen beiden Lohnsätzen leicht klarmachen. Angenommen, der Geldlohnsatz betrage 10,-DM pro Stunde. Liegt der Preis eines Gutes bei 2,-DM pro Stück, so kann der Arbeitnehmer mit der Arbeitsleistung von einer Stunde 5 Stück des Gutes erwerben, der Reallohnsatz beträgt 5. Kostet das Gut dagegen

10,-DM, so ist mit dem Nominaleinkommen von einer Arbeitsstunde nur der Kauf von einer Gütereinheit möglich, der Reallohnsatz ist Eins. Mithin drückt der Reallohn die Kaufkraft des Geldlohnes aus.

Nach klassischer Ansicht orientieren die Arbeitnehmer ihr Arbeitsangebot am Reallohnsatz. Man sagt dazu auch, die Arbeitnehmer unterliegen nicht der **Geldillusion.** Das Arbeitsangebot ($B^A$) nimmt grundsätzlich mit steigendem Reallohnsatz zu (Abb.74), so daß die **Arbeitsangebotsfunktion** lautet:

$$B^A = B^A (l_r) \qquad \text{, mit } \frac{dB^A}{dl_r} > 0$$

Graphisch weist sie die aus der Preistheorie bekannte typische Gestalt der Angebotsfunktion auf:

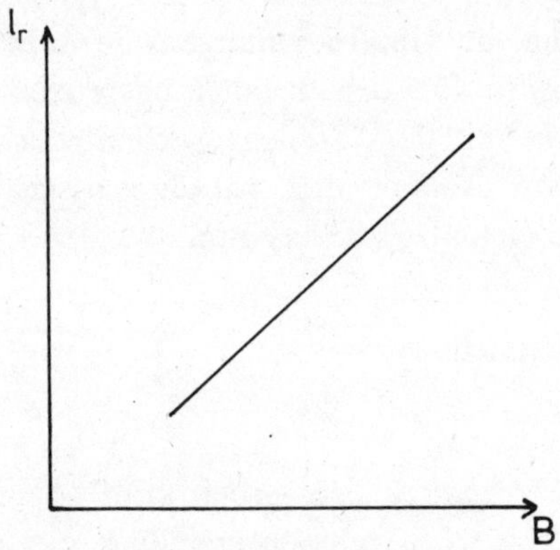


Abb.74: Klassisches Arbeitsangebot

Sofern die Arbeitskräfte mit zunehmendem Einkommen ihre Freizeit als komplementäre Größe zur Arbeitszeit höher schätzen, verläuft die Angebotsfunktion progressiv. Bei **sehr kurzfristiger** Betrachtung ergäbe sich ein senkrechter Verlauf, d.h. die Arbeitsmenge würde auf Änderungen des Reallohnsatzes nicht reagieren. Unter **sehr langfristigem** Aspekt käme nach klassischer Auffassung eine horizontal verlaufende Angebotsfunktion zustande; gemäß des sog. "Malthusianischen Gesetzes" läßt die Bevölkerungsentwicklung auf Dauer nur einen Lohnsatz zu, der dem Existenzminimum entspricht. Im folgenden wird jedoch an Abbildung 74 anknüpfend unterstellt, daß die Höhe des Arbeitsangebots weder völlig elastisch noch völlig unelastisch auf Lohnänderungen reagiert.

## b. Arbeitsnachfrage

Bei der Erklärung der Arbeitsnachfrage tritt die den klassischen Ansatz kennzeichnende mikroökonomische Fundierung besonders deutlich zutage. Analog zur Nachfrage nach dem Produktionsfaktor Kapital verhalten sich die Unternehmer bei der Arbeitsnachfrage nach den Regeln des **Grenzproduktivitätssatzes.** Anhand eines Zahlenbeispiels soll dieser Sachverhalt verdeutlicht werden (Abb.75). Ausgangspunkt ist eine ertragsgesetzliche Produktionsfunktion; bei konstantem Kapitalbestand führt eine Erhöhung der Beschäftigung zu einem unterproportionalen Anstieg des Outputs. Aufgrund der Skalierung der Achsen ergeben sich die in Abbildung 75 aufgeführten Zuordnungen von Arbeitseinsatz und Produktionsmenge. Der erste Arbeiter produziert 33 Stück eines Gutes, durch den zweiten Arbeiter erhöht sich die Produktion um 19 Stück auf 52 Gütereinheiten usw. Zeichnet man den Produktionszuwachs, der auf den jeweils zusätzlich eingestellten Arbeiter zurückgeht (=physisches Grenzprodukt der Arbeit) in das untere Diagramm von Abb. 75 ein und verbindet diese Punkte, so erhält man die **erste Ableitung der Produktionsfunktion.** Der Grenzproduktivitätssatz zeigt, daß diese Kurve nichts anderes darstellt als die **Nachfrage nach Arbeit**:

$$\text{Gewinn} = \text{Erlös} - \text{Kosten}$$

$$G = P \cdot Y - l \cdot A$$

$$\frac{dG}{dA} = P \cdot \frac{dY}{dA} - l \overset{!}{=} 0$$

$$P \cdot \frac{dY}{dA} = l$$

$$\frac{dY}{dA} = \frac{l}{p} = l_r$$

Die Unternehmer stellen zusätzliche Arbeitskräfte ein, solange der Grenzerlös der Arbeit (=Grenzwertprodukt= $P \cdot \frac{dY}{dA}$) höher liegt als die Grenzkosten der Arbeit (l). Die gewinnmaximale Produktionsmenge ist dann erreicht, wenn Grenzerlös und Grenzkosten übereinstimmen, d.h. das physische Grenzprodukt der Arbeit gleich hoch ist wie der Reallohnsatz. Allgemein lautet die Funktion für die **Arbeitsnachfrage** ($B^N$):

$$B^N = B^N(l_r) \qquad \text{, mit } \frac{dB^N}{dl_r} < 0$$

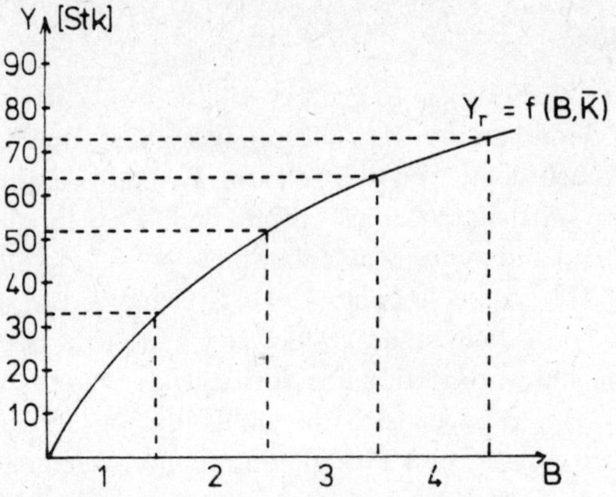


| Arbeitseinsatz | Gesamtproduktion (in Stück) | Produktionszuwachs durch den Arbeiter (in Stück) |
|---|---|---|
| 1. Arbeiter | 33 | 33 |
| 2. Arbeiter | 52 | 19 |
| 3. Arbeiter | 64 | 12 |
| 4. Arbeiter | 73 | 9 |

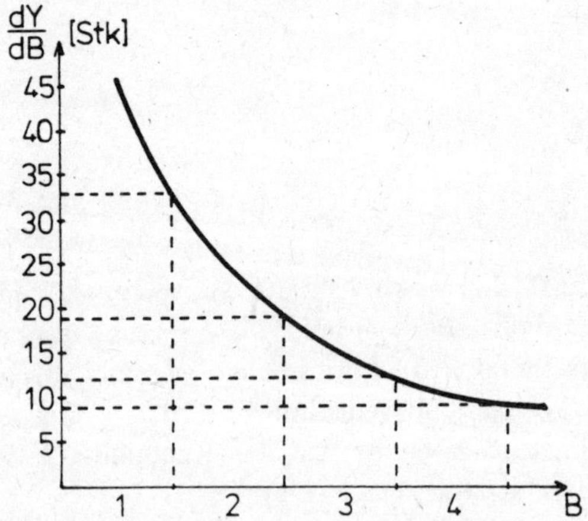


Abb.75: Produktionsfunktion und Grenzprodukt der Arbeit

Sie hat folgendes Aussehen:

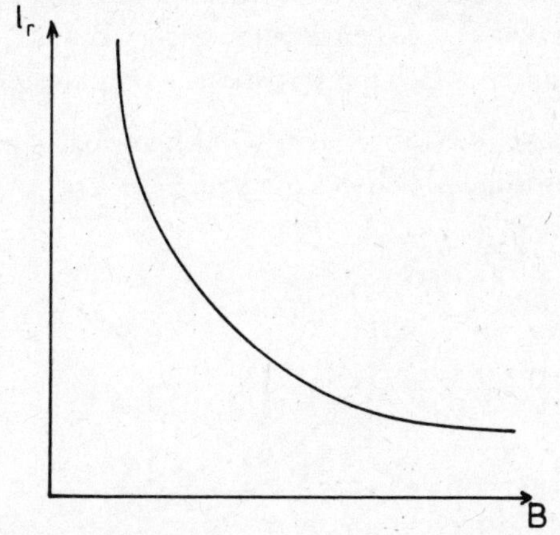


Abb.76: Klassiche Arbeitsnachfrage

## c. Vollbeschäftigungsgleichgewicht

Der Arbeitsmarkt ist der ökonomische Ort des Aufeinandertreffens von Arbeitsangebot und Arbeitsnachfrage. Damit ergibt sich folgendes Bild:

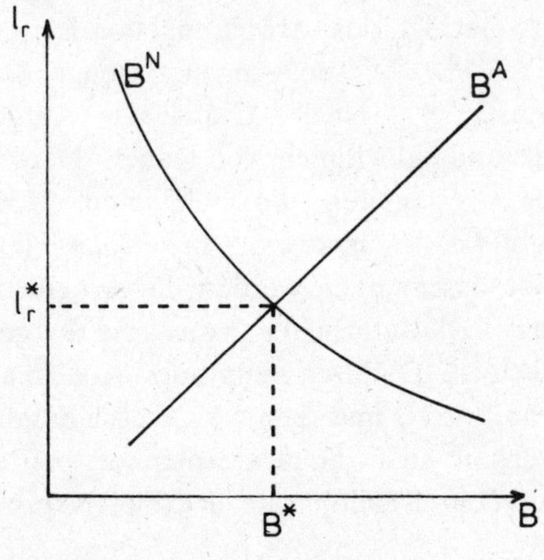


Abb.77: Gleichgewicht auf dem Arbeitsmarkt

Im Gleichgewicht herrscht nach klassischer Auffassung stets **Vollbeschäftigung**. Dieser Tatbestand resultiert aus der Definition, wonach die Vollbeschäftigung ein Zustand ist, bei dem zum herrschenden Lohnsatz alle Arbeitswilligen auch einen Arbeitsplatz finden. Sollten beim Gleichgewichtslohnsatz $l^*_r$ Arbeitskräfte nicht bereit sein, eine Arbeit aufzunehmen, so handelt es sich um **freiwillige Arbeitslosigkeit**.

Existiert ein Lohnsatz, der über dem Gleichgewichtslohn liegt, so besteht zunächst eine **unfreiwillige Arbeitslosigkeit**:

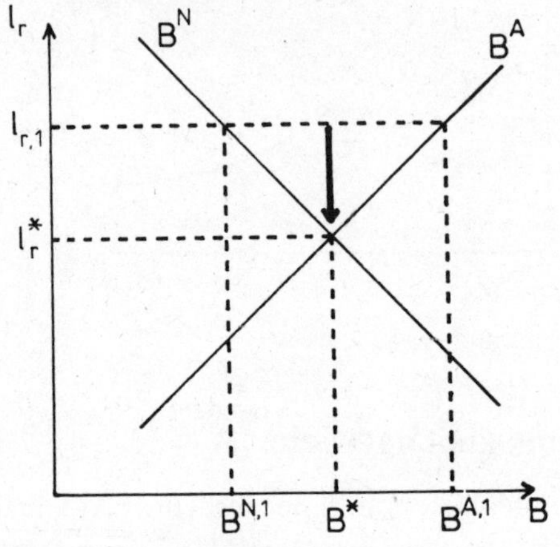


Abb.78: Unfreiwillige Arbeitslosigkeit in der Klassik

Beim Reallohnsatz $l_{r,1}$ beträgt das Arbeitsangebot $B^{A,1}$, dagegen liegt die Arbeitsnachfrage bei $B^{N,1}$. Dieser Angebotsmengenüberschuß bedeutet unfreiwillige Arbeitslosigkeit. Nach klassischer Auffassung ist dieser Unterbeschäftigungszustand jedoch nicht von Dauer. Der Arbeitsmarkt ist ein **Konkurrenzmarkt**, d.h. es gelten die bekannten Modellannahmen wie Homogenität und Mobilität des Faktors Arbeit, volle Flexibilität der Löhne usw. Unter diesen Voraussetzungen werden die Arbeitslosen den bis dahin bestehenden Lohnsatz $l_{r,1}$ unterbieten, was durch geringere Nominallohnforderungen möglich ist. Dadurch nimmt die Arbeitsnachfrage zu. Dieser Prozeß hält so lange an, bis $l^*_r$ und damit Vollbeschäftigung erreicht ist. Im umgekehrten Fall würden sich die Unternehmer bei einer bestehenden Überbeschäftigung mit dem Reallohnsatz überbieten, bis das Gleichgewicht wieder erreicht wäre.

Daraus folgt eine zentrale Aussage der Klassik: Zu unfreiwilliger Arbeitslosigkeit kann es nur kommen, wenn die **Löhne starr** sind, d.h. der Preismechanismus auf dem Arbeitsmarkt versagt. Als Ursache hierfür kommen etwa gesetzliche Mindestlöhne oder das Vorhandensein von Organisationen wie Gewerkschaften oder Arbeitgeberverbänden in Betracht. Der Arbeitsmarkt ist dann kein Konkurrenzmarkt mehr, der Lohnmechanismus wird außer Kraft gesetzt. Da derartige Marktunvollkommenheiten jedoch kennzeichnend für die Realität sind, erscheint der klassische Vollbeschäftigungsoptimismus fragwürdig. Außerdem gilt es zu bedenken, daß der gleichgewichtstheoretisch erforderliche Reallohnsatz ein derart niedriges Niveau aufweisen kann, daß Massenelend die Folge ist.

## 2. Der Keynesianische Ansatz

### a. Arbeitsangebot

Auch nach Keynesianischer Ansicht wägen die Arbeitnehmer zwischen Freizeit und Einkommenserzielung ab, so daß der Lohnsatz das Arbeitsangebot bestimmt. Im Gegensatz zur Klassik orientieren die Haushalte die Bereitstellung ihrer Arbeitskraft jedoch am **Nominallohnsatz**. Die Arbeitnehmer unterliegen der sog. **Geldillusion**. Dies besagt, daß sie bei der Bereitstellung ihrer Arbeitsleistung weder der Höhe noch der Veränderung des Preisniveaus Beachtung schenken, sondern nur "vordergründig" auf den Geldlohnsatz sehen.

Eine Erhöhung des Geldlohnes veranlaßt die Arbeitnehmer zur Ausdehnung ihres Arbeitsangebots, ohne daß möglicherweise gleichzeitig stattfindende Preissteigerungen im Angebotsverhalten berücksichtigt werden. Selbst wenn die Preise stärker steigen als der Nominallohnsatz, der Reallohnsatz also sinkt, vergrößern die Haushalte ihr Arbeitsangebot. Entsprechendes gilt für einen Rückgang des Geldlohnes.

Eine weitere Besonderheit stellen **starre Nominallöhne** dar. Bedingt durch die Organisation und die Marktverhältnisse auf dem Arbeitsmarkt ist der Nominallohnsatz nach unten starr; die Arbeitnehmer und deren Organisationen sind nicht bereit, ihre Arbeitsleistung unterhalb eines bestimmten Mindestlohnsatzes ($l_{min}$) anzubieten. Damit lautet die Arbeitsangebotsfunktion:

$$B^A = B^A(l) \quad , \text{mit} \quad \frac{dB^A}{dl} > 0$$

Sie hat folgendes Ausssehen:

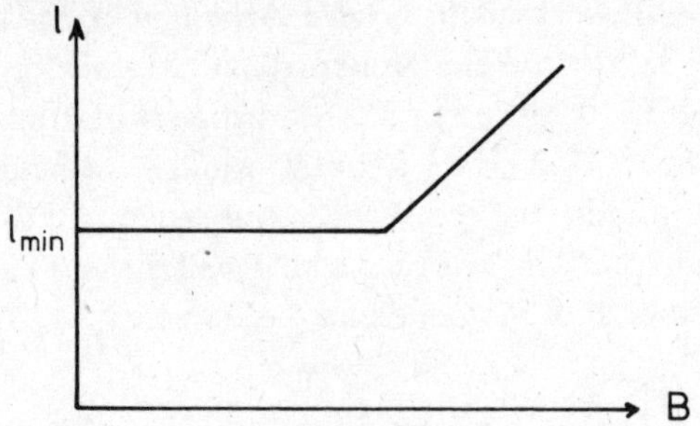


Abb.79: Keynesianisches Arbeitsangebot

## b. Arbeitsnachfrage

Auf mikroökonomischer Ebene verhalten sich die Unternehmer bei der Nachfrage nach Arbeit ebenfalls gewinnmaximierend, insofern hat der **Grenzproduktivitätssatz** auch in der Keynesianischen Theorie Gültigkeit. Mit steigenden realen Lohnkosten geht die Bereitstellung von Arbeitsplätzen zurück und umgekehrt.

Im makroökonomischen Gesamtzusammenhang ist allerdings die für das Keynesianische Gedankengebäude kennzeichnende **Nachfrageorientierung** in die Überlegungen mit einzubeziehen. Wie an früherer Stelle dargelegt, entscheidet die Höhe der gesamtwirtschaftlichen Nachfrage über das Produktionsvolumen und damit die Beschäftigung in der Volkswirtschaft. Daraus resultiert eine **gesamtwirtschaftliche Beschäftigungsfunktion**, wie sie in Abbildung 80 dargestellt ist.

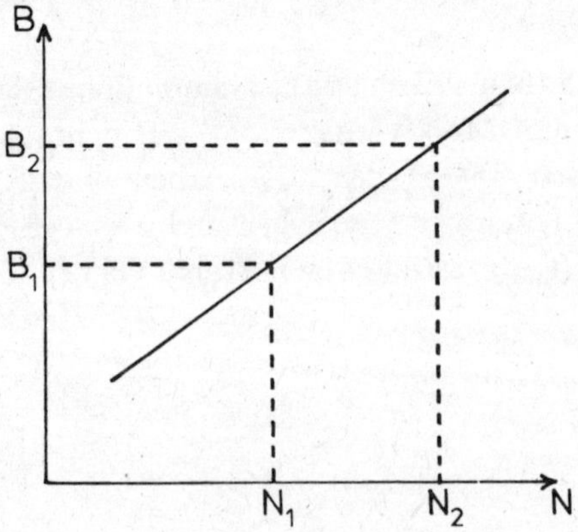


Abb.80: Gesamtwirtschaftliche Beschäftigungsfunktion

Mit steigender Nachfrage nimmt ceteris paribus der Beschäftigungsgrad zu. Allerdings dürfte kaum damit zu rechnen sein, daß diese Funktion reversibel ist, denn trotz eines Rückgangs der Nachfrage von $N_2$ auf $N_1$ ist es fraglich, ob angesichts bestehender institutioneller Faktoren wie z.B. Kündigungsschutz ein aufgrund des Funktionsverlaufs zu erwartender Abbau der Beschäftigung zustandekommt.

Die Funktion der Arbeitsnachfrage nimmt daher folgende Gestalt an:

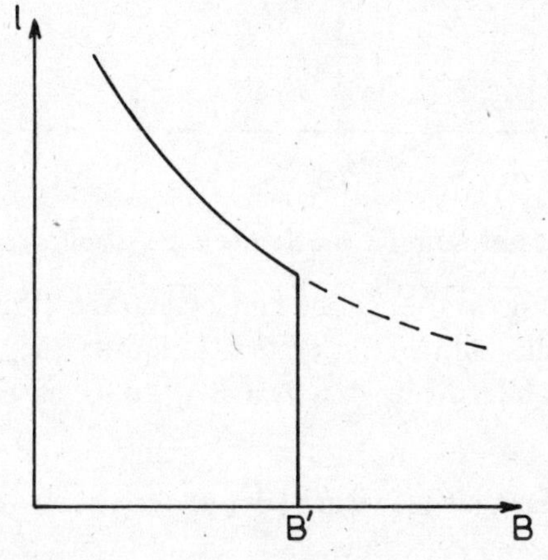


Abb.81: Keynesianische Arbeitsnachfrage

Für die Vergleichbarkeit mit dem Arbeitsangebot steht auf der Ordinate der Geldlohnsatz, der gemäß des Grenzproduktivitätssatzes mit dem Grenzwertprodukt der Arbeit übereinstimmen muß. Die Arbeitsnachfrage verläuft zunächst bis B' invers, dann aber senkrecht. Der gestrichelt gezeichnete Teil der Funktion ist makroökonomisch nicht relevant. Ursache hierfür ist die Höhe der gesamtwirtschaftlichen Nachfrage, zu deren Befriedigung der Arbeitseinsatz B' erforderlich ist. Eine Ausdehnung der Beschäftigung über B' kommt für die Unternehmer nicht in Betracht,da die dann zusätzlich hergestellten Güter keinen Absatz fänden.

### c. Unterbeschäftigungsgleichgewicht

Fügt man Arbeitsangebot und Arbeitsnachfrage zusammen, so erhält man den Arbeitsmarkt, wie er sich aus Keynesianischer Sicht darstellt:

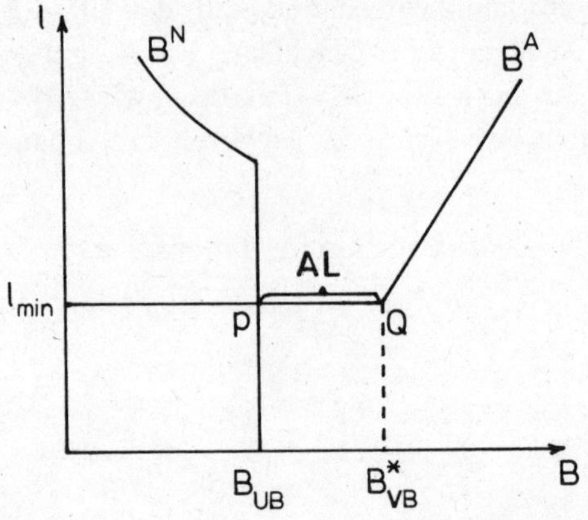


Abb.82: Gleichgewicht auf dem Keynesianischen Arbeitsmarkt

Trotz Übereinstimmung von Angebot und Nachfrage (Punkt P) finden nicht alle Arbeitswilligen, die zum herrschenden Lohnsatz ($l_{min}$ ) arbeiten wollen, einen Arbeitsplatz, sondern nur der Teil $B_{UB}$, d.h. es tritt **Arbeitslosigkeit** (AL) auf.

Ein Vollbeschäftigungsgleichgewicht ($B^*_{VB}$) erscheint bei entsprechender Lage der Funktionen zwar durchaus denkbar, dies wäre aber reiner Zufall. So könnte ein entsprechender Anstieg der Güternachfrage dazu führen, daß die Arbeitsnachfragefunktion infolge der Rechtsverschiebung durch den Punkt Q geht. Ein Grund für diese Verlagerung könnte nach Keynesianischer Meinung in dem als zunächst zu hoch angesehenen Lohnsatz $l_{min}$ liegen. Aufgrund der hohen Löhne entfalten die Arbeitnehmer eine höhere Güternachfrage, welche den beschriebenen positiven Beschäftigungseffekt nach sich zieht. Diese sog. **"Kaufkrafttheorie"** läßt jedoch die möglicherweise auftretenden Sickerverluste außer Acht, denn die (für die Vollbeschäftigung zunächst zu hohen) Löhne können beispielsweise in verstärktem Maße in die Ersparnisbildung fließen. Auch fällt die Rechtsverschiebung schwächer aus, falls die Unternehmer Rationalisierungsinvestitionen tätigen.

Eine zusammenfassende Übersicht des Arbeitsmarktes ist in Abbildung 83 wiedergegeben. Bringt man den Arbeitsmarkt in Beziehung mit dem Güter- und dem Geldmarkt, so ergibt sich das gesamtwirtschaftliche Gleichgewicht, welches den Gegenstand des nächsten Punktes bildet.

**ARBEITSANGEBOT = ARBEITSNACHFRAGE**

$$B^A = B^N$$

## Klassik

Arbeitsmarkt ist ein Konkurrenzmarkt; Flexibilität des Nominallohnsatzes garantiert langfristig Vollbeschäftigung

$$B^A = B^A (l_r)$$

$$B^N = B^N (l_r)$$

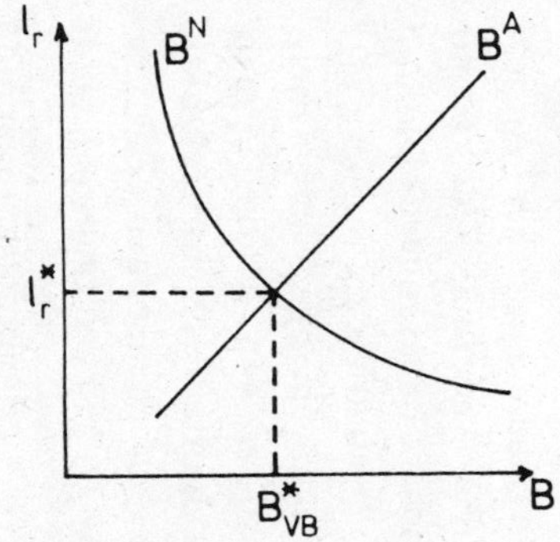


Vollbeschäftigungsgleichgewicht

## Keynes

Arbeitsanbieter unterliegen der Geldillusion; Nominallohnsatz ist nach unten starr; Arbeitsnachfrage ist durch gesamtwirtschaftliche Nachfrage begrenzt

$$B^A = B^A (l)$$

$$B^N = B^N (l_r)$$

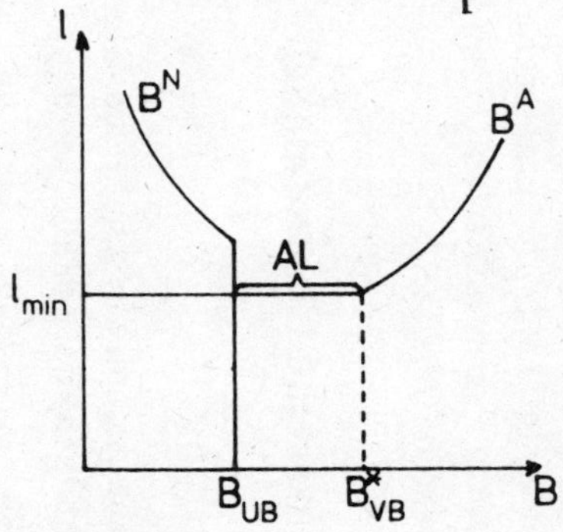


Unterbeschäftigungsgleichgewicht

Abb.83: Zusammenfassende Übersicht des Arbeitsmarktes

## V. Gesamtwirtschaftliches Gleichgewicht

Nachdem die makroökonomisch relevanten Teilmärkte behandelt wurden, sollen die partiellen Gleichgewichte nunmehr zusammengefügt werden. Dadurch gelangt man zu einem **Totalmodell** der Volkswirtschaft, welches auch **"gesamtwirtschaftliches Gleichgewicht"** heißt. Für seine Präsentation soll im folgenden in erster Linie die graphische Darstellungsform dienen, da sie die teilweise recht komplizierten interdependenten Zusammenhänge in anschaulicher Weise aufzeigt.

### 1. Das klassische Gesamtmodell

#### a. Darstellung

Das klassische gesamtwirtschaftliche Gleichgewicht kann in graphischer Form recht anschaulich dargestellt werden (Abb. 84). Ausgangspunkt ist der Arbeitsmarkt (Quadrant 1), auf dem der Lohnmechanismus ein **Vollbeschäftigungsgleichgewicht** herbeiführt. Die Vollbeschäftigungsmenge ($B^*$) verbindet den Arbeitsmarkt mit dem Gütermarkt. Bei Kenntnis des Arbeitseinsatzes und gegebenem Sachkapitalbestand liegt über die im 2.Quadranten eingezeichnete Produktionsfunktion der gesamtwirtschaftliche **Output** ($Y^*$) fest. Ihm ist bei autonomer Geldmenge und gegebener Umlaufgeschwindigkeit des Geldes das gleichgewichtige **Preisniveau** ($P^*$) zugeordnet.

Die horizontale Linie im 3.Quadranten entspricht der **gesamtwirtschaftlichen Angebotsfunktion**. Das Güterangebot wird in Abhängigkeit vom Reallohn erstellt. Da nach klassicher Ansicht Änderungen des Preisniveaus von proportionalen Änderungen des Nominallohnsatzes begleitet werden, bleibt der Reallohnsatz unverändert. Damit besteht auch für die Unternehmer kein Anlaß, die Produktion zu variieren. Das Güterangebot kommt gemäß der Vollbeschäftigungsmenge an Arbeit unabhängig von der Höhe des Preisniveaus auf den Markt. Entsprechend kann die Geldhyperbel als **gesamtwirtschaftliche Nachfragefunktion** interpretiert werden. Bei gegebener Geldmenge und gegebenen Zahlungssitten ist hohen Güterpreisen eine niedrige Nachfrage nach Gütern zugeordnet und umgekehrt.

Das Preisniveau erlaubt zusammen mit dem Reallohnsatz die Bestimmung des gleichgewichtigen **Geldlohnsatzes** ($l^*$). Er errechnet sich definitionsgemäß als Produkt aus $l_r$ und P. Graphisch resultiert hieraus die schraffiert

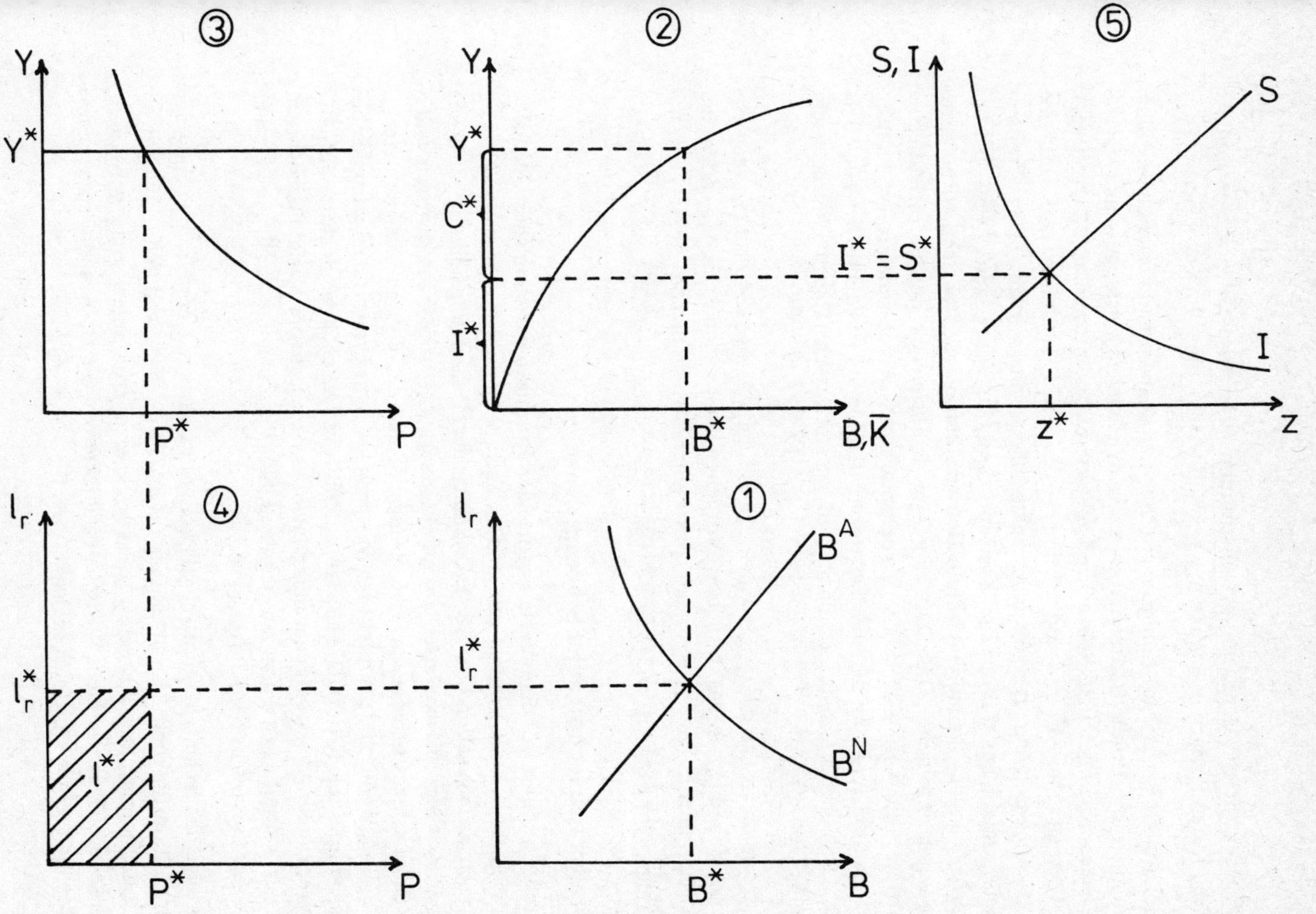


Abb.84: Klassisches gesamtwirtschaftliches Gleichgewicht

eingezeichnete Fläche im 4. Quadranten. Hierzu werden das ermittelte Preisniveau $P^*$ nach unten und der Reallohnsatz $l^*_r$ nach links projiziert.

Bei Kenntnis der Funktionsverläufe auf dem Kapitalmarkt ist es schließlich möglich, die **Produktionsstruktur** sowie den **Gleichgewichtszins** und das im Gleichgewicht getätigte **Sparen** und **Investieren** zu bestimmen (5. Quadrant). Überträgt man $I^*$ auf die Ordinate des 2. Quadranten, so kann die Zusammensetzung des Sozialprodukts abgelesen werden. Das Problem unterschiedlicher Preise für Konsum- und Investitionsgüter wird hierbei vernachlässigt. Damit sind alle in Betracht kommenden Gleichgewichtswerte simultan ermittelt. Die Darstellung verdeutlicht den **angebotsorientierten Ansatz** der Klassik. Der Arbeitsmarkt und die damit verknüpfte Produktionsfunktion, d.h. die Determinanten für die Erstellung des Angebots in der Volkswirtschaft, verleihen dem gesamtwirtschaftlichen Gleichgewicht seine Gestalt.

Interessant ist nun die Frage, wie das klassische System auf Störungen reagiert. In Anlehnung an das bisherige Vorgehen sollen dabei im folgenden die Auswirkungen von Störungen im güterwirtschaftlichen und geldwirtschaftlichen Sektor genauer analysiert werden.

## b. Realwirtschaftliche Störung

Ausgangspunkt sei eine Verbesserung der **Produktionstechnologie**. Dadurch verschiebt sich die Produktionsfunktion nach oben (Abb.85, 2.Quadrant). Die Arbeitsnachfragefunktion als 1.Ableitung der Produktionsfunktion verlagert sich als Folge hiervon nach rechts (1.Quadrant). Angesichts des steigenden Reallohnsatzes nehmen das Arbeitsangebot und die Vollbeschäftigungsmenge zu ($B^*_2$), wodurch der Output auf $Y^*_2$ ansteigt. Das Preisniveau bildet sich bei unveränderten Gegebenheiten innerhalb des monetären Sektors auf $P^*_2$ zurück. Die Auswirkung auf den Geldlohnsatz hängt vom Verlauf der Kurven ab; so kommt es zu einem Anstieg von l, falls die Zunahme des Reallohnsatzes größer ausfällt als der Rückgang von P.

Infolge des technischen Fortschritts kommt es auch zu einer Verschiebung der Investitionsfunktion nach außen (Quadrant 5), wodurch eine neue Produktionsstruktur festgelegt wird. Die größere Gütermenge wird über sinkende Preise an die Wirtschaftssubjekte abgesetzt, was im gestiegenen Reallohn seinen Ausdruck findet.

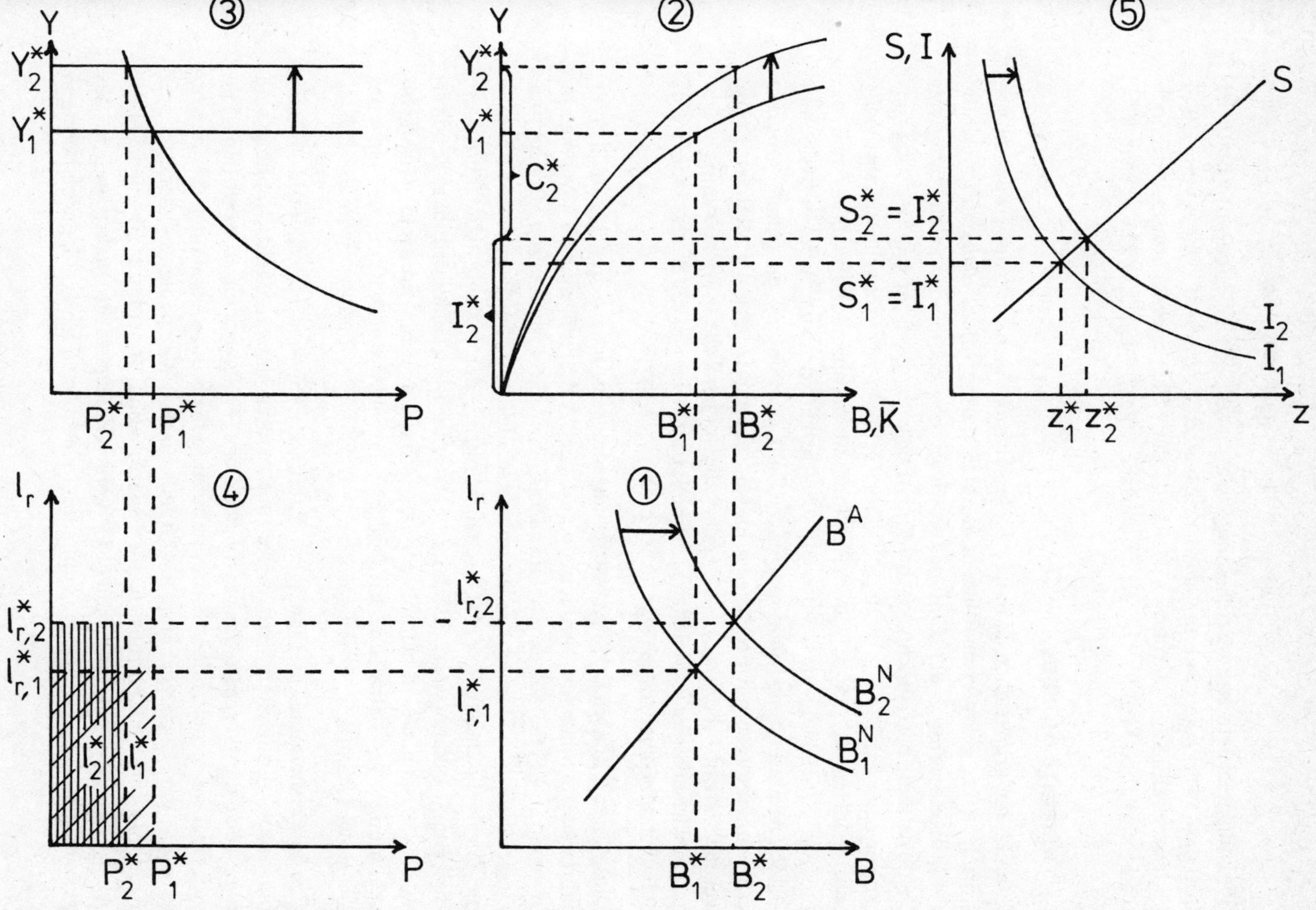


Abb.85: Realwirtschaftliche Störung

Die komparativ-statische Betrachtung zeigt damit, daß eine realwirtschaftliche Störung zwar die Werte der relevanten Variablen im güter- und geldwirtschaftlichen Bereich verändert, der Gleichgewichtszustand jedoch aufrechterhalten bleibt . Das gesamtwirtschaftliche Gleichgewicht ist **stabil**.

### c. Monetäre Störung

Anhand der graphischen Darstellung lassen sich auch die Auswirkungen von Störungen im geldwirtschaftlichen Bereich durchspielen. Angenommen, die Zentralbank **erhöhe** die **Geldmenge**. Dies bewirkt eine Verschiebung der Geldhyperbel nach rechts (Abb.86). Folge hiervon ist ein Anstieg des Preisniveaus auf $P^*_2$ (3.Quadrant). Der Geldlohnsatz steigt im selben Maße an (Quadrant 4), so daß der Reallohnsatz unverändert bleibt. Auch die anderen Variablen des güterwirtschaftlichen Sektors werden von der Geldmengenerhöhung nicht berührt. **Geld** ist **neutral**, es gehen von ihm keinerlei Einflüsse auf Produktion und Beschäftigung aus, die relativen Preise werden nicht berührt, es gilt die klassische Dichotomie. Das gesamtwirtschaftliche Gleichgewicht bleibt auch hier erhalten, es ändern sich lediglich die Gleichgewichtswerte im monetären Sektor.

Diese streng klassische Sicht wurde allerdings in der zweiten Hälfte des 19. Jahrhunderts relativiert. Nach **neoklassischer** Auffassung spielen Vorgänge im monetären Sektor durchaus eine Rolle für die Struktur der Produktion. Ursache für eine Störung des gesamtwirtschaftlichen Gleichgewichts ist hierbei die Giralgeldschöpfung der Geschäftsbanken , der bislang keine besondere Beachtung zukam. Berücksichtigt man jedoch die Fähigkeit der Kreditinstitute, zusätzliche Sichteinlagen zu schaffen, d.h. **multiple Giralgeldschöpfung** zu betreiben, so folgen hieraus Rückwirkungen auf das gesamtwirtschaftliche Gleichgewicht.

Bei den bisherigen Überlegungen traten ausschließlich Haushalte als Käufer von festverzinslichen Wertpapieren auf. Durch die Giralgeldschöpfung sind aber auch die Geschäftsbanken in der Lage, Obligationen zu erwerben. Die sich hieraus ergebenden Konsequenzen gehen aus Abbildung 87 hervor. Infolge der zusätzlichen Nachfrage nach Wertpapieren seitens der Kreditinstitute verlagert sich die Sparfunktion (Quadrant 5) nach oben. Allerdings herrscht im Punkt Q kein Gleichgewicht mehr; wegen des gesunkenen Zinses liegen die geplanten Investitionen bei $I^*_2$, dagegen betragen

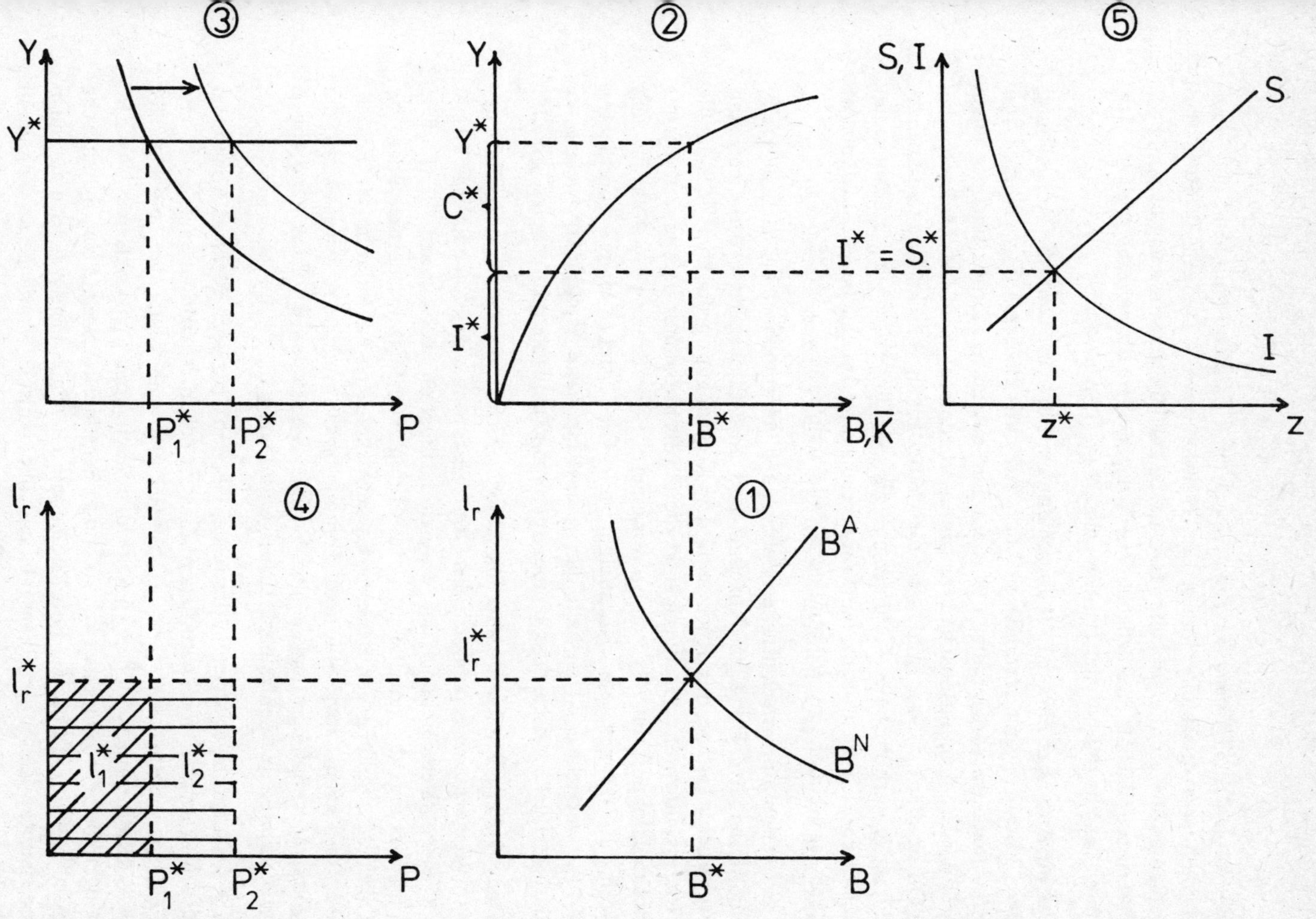


Abb.86: Monetäre Störung

die geplanten Ersparnisse nur $S^*_2$. Die Banken täuschen auf dem Kapitalmarkt quasi ein Sparen der Haushalte vor. Denjenigen Zins, der geplantes Sparen und geplantes Investieren zur Übereinstimmung bringt ($z^*_1$), bezeichnet man als **"natürlichen Zins"**, dagegen heißt der Zins, welcher sich durch das Hinzutreten der Banken einstellt ($z^*_2$), **"Marktzins"**.

Da im Ausgangszeitpunkt Vollbeschäftigung herrscht, kann die Ausdehnung der Investitionsgüterproduktion nur zu Lasten der Herstellung von Konsumgütern vorgenommen werden. Die monetäre Störung findet in einer **geänderten Produktionsstruktur** ihren Niederschlag (siehe Ordinate des 2.Quadranten). Das von den Geschäftsbanken geschaffene zusätzliche Giralgeld erhöht die Geldmenge, die Geldhyperbel im 3.Quadranten verschiebt sich nach rechts, das Preisniveau steigt. Im gleichen Ausmaß nimmt auch der Geldlohn zu, während der Reallohn unverändert bleibt.

In dieser gesamtwirtschaftlichen Betrachtung kommt jedoch die partielle Preis- und Lohnentwicklung im Konsum- und Investitionsgütersektor nicht zum Ausdruck. Infolge des Rückgangs der Konsumgüterproduktion steigen die Konsumgüterpreise. Dadurch sinkt die auf Konsumgüter bezogene Kaufkraft des Geldlohnes, das insgesamt unveränderte Einkommen ($Y^*$) stößt auf eine geringere Menge an Konsumgütern. Dies stellt einen ungeplanten Konsumverzicht der Haushalte dar, es liegt ein **Zwangssparen** vor, welches ex post die Lücke zwischen geplantem Sparen und geplantem Investieren schließt.

Der Prozeß ist damit allerdings noch nicht zu Ende. Aufgrund der Preissteigerungen erhöht sich das Grenzwertprodukt des Kapitals, was formal zu einer Verschiebung der Investitionsfunktion nach oben führt. Die Finanzierung der zusätzlichen Investitionen erfolgt wiederum über die Giralgeldschöpfung der Banken. Es entwickelt sich ein **kumulativer Prozeß**, der erst dann zum Stillstand kommt bzw. umgekehrt wird, wenn die Giralgeldschöpfungsfähigkeit der Banken am Ende ist. Dies kann durch Maßnahmen der Zentralbank herbeigeführt werden.

Da das auslösende Moment des beschriebenen Prozesses in einem Abweichen des Marktzinses vom natürlichen Zins zu sehen ist, spricht man auch vom **"Zinsspannentheorem"**. Seine Entwicklung geht auf den Neoklassiker K.Wicksell zurück, daher spricht man auch vom **"Wicksellschen Prozeß"**. Gegenüber der rein klassischen Theorie liegt hier im Ansatz eine **dynamische** Analyse vor, die über die Betrachtung von Gleichgewichtszuständen zu einem bestimmten Zeitpunkt hinausgeht und ökonomische Vorgänge im Zeitablauf beschreibt.

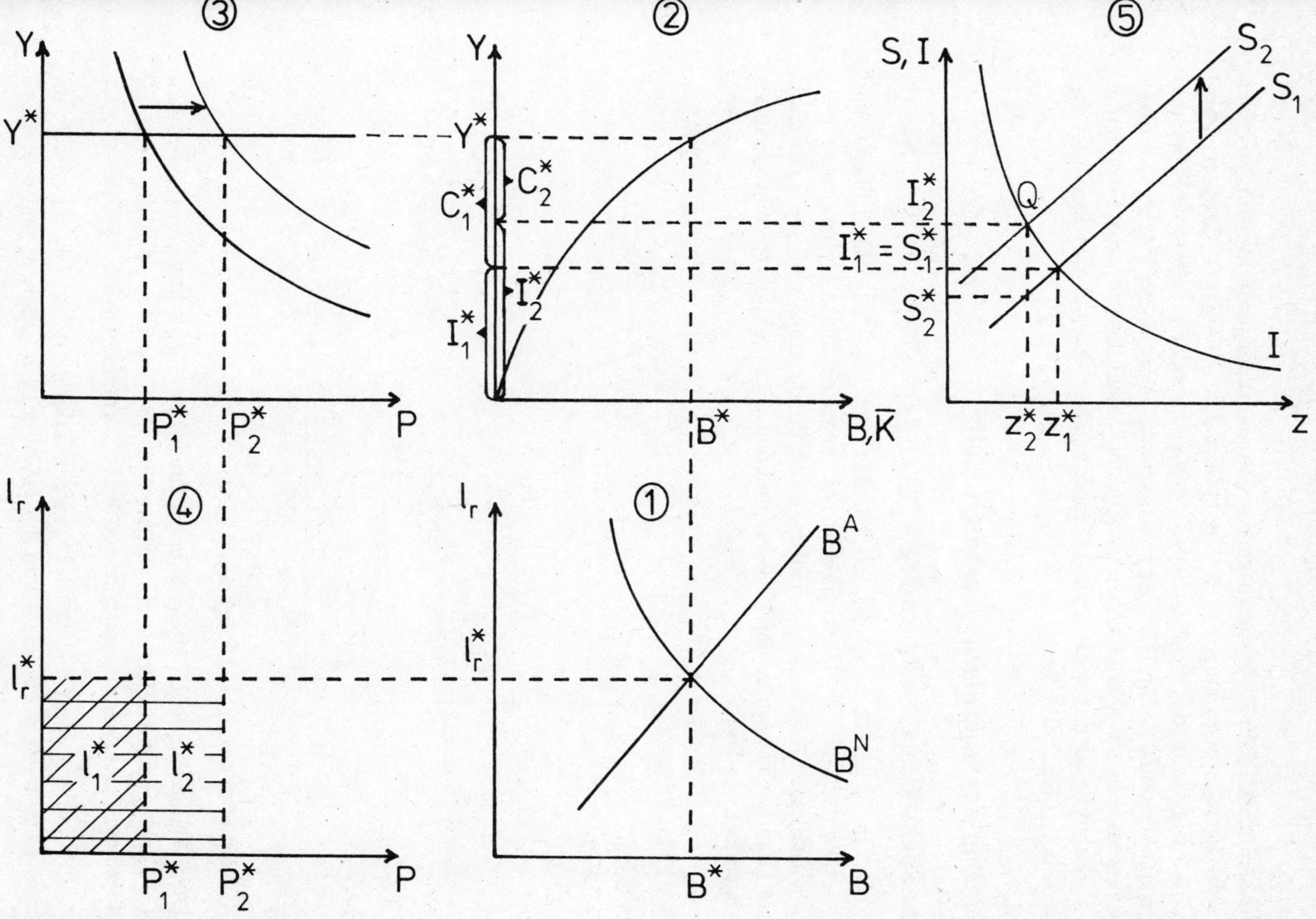


Abb.87: Wicksellscher Prozeß

An den klassischen Ergebnissen ändert sich allerdings insofern nichts, als eine monetäre Störung lediglich zu Veränderungen nomineller Größen führt. Langfristig bleibt das Vollbeschäftigungsgleichgewicht erhalten, während der Produktionsumstellung kann es jedoch zu temporärer Arbeitslosigkeit kommen. Nach neoklassischer Ansicht beeinflussen aber monetäre Geschehnisse den realen Sektor insofern, als sie auf die Struktur der Produktion Einfluß nehmen.

## 2. Das Keynesianische Gesamtmodell

### a. Hicks-Hansen-Diagramm

Auch in der Keynesianischen Theorie besteht die Möglichkeit, das gesamtwirtschaftliche Gleichgewicht in unterschiedlichen Sprachsystemen darzustellen. Wählt man die häufig anzutreffende graphische Form, so kann der Gütermarkt mithilfe der IS-Kurve und der Geldmarkt durch die LM-Kurve abgebildet werden:

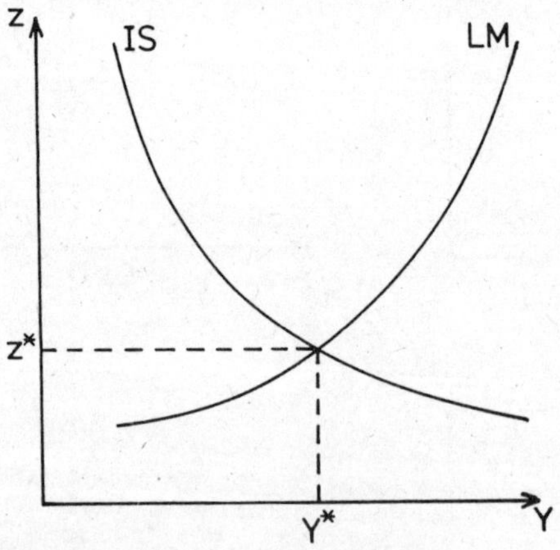


Abb.88: Hicks-Hansen-Diagramm

Diese Darstellung heißt **Hicks-Hansen-Diagramm**. Es geht auf die Ökonomen J.R.Hicks und A.H.Hansen zurück, welche die Theorie von Keynes in dieser, allerdings keineswegs unumstrittenen Weise formalisierten.

Aus Abbildung 88 geht deutlich hervor, daß die partiellen Gleichgewichte im realen und monetären Sektor von der Höhe des Einkommens und des Zinses bestimmt werden. Ausgehend von den Gleichgewichtsbedingungen

$$S(Y) = I(z) \quad \text{(Gütermarkt)} \quad \text{und}$$
$$\overline{M} = L(Y,z) \quad \text{(Geldmarkt)}$$

läßt sich die Rolle von Zins und Einkommen auch schematisch darstellen:

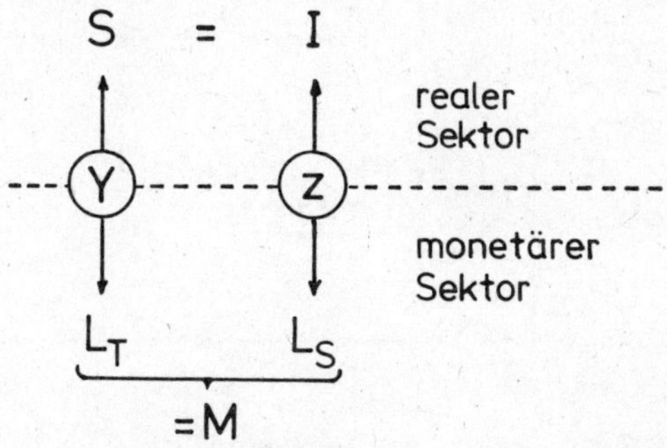


Aufgrund der beschriebenen gleichgewichtstheoretischen Erfordernisse besteht im realen Sektor eine inverse Zuordnung von Einkommen und Zins, während der monetäre Sektor einen positiven Zusammenhang von Y und z impliziert. Trotz dieser Gegenläufigkeit existiert **eine Einkommens-Zins-Kombination** ($Y^*/z^*$), die ein Gleichgewicht auf beiden Teilmärkten garantiert. Häufig spricht man bereits an dieser Stelle vom "gesamtwirtschaftlichen Gleichgewicht". Diese Bezeichnung ist allerdings insofern nicht zutreffend, als hierbei der Arbeitsmarkt außer Acht bleibt.

Vor dessen Einbeziehung soll aber noch kurz auf die Stabilität des simultanen geld- und güterwirtschaftlichen Gleichgewichts eingegangen werden. Wie die partiellen Betrachtungen zeigten, löst das System bei bestehenden **Ungleichgewichten** Anpassungsprozesse aus, die zum Gleichgewicht zurückführen. Ein güterwirtschaftliches Ungleichgewicht wird tendenziell über Einkommensänderungen beseitigt, während die Erreichung des geldwirtschaftlichen Gleichgewichts in erster Linie über Zinsänderungen erfolgt. In Abbildung 89 herrscht im Punkt A ein Gleichgewicht auf dem Gütermarkt, während das Geldangebot über der Geldnachfrage liegt. Die Wirtschaftssubjekte bauen ihre Überschußkasse durch Wertpapierkäufe ab, was einen Kursanstieg und damit Zinsrückgang bewirkt. Im Punkt B ist zwar der Geldmarkt im Gleichgewicht, aber nun besteht ein güterwirtschaftliches Ungleichgewicht des Typs I > S. Der niedrigere Zins zieht höhere

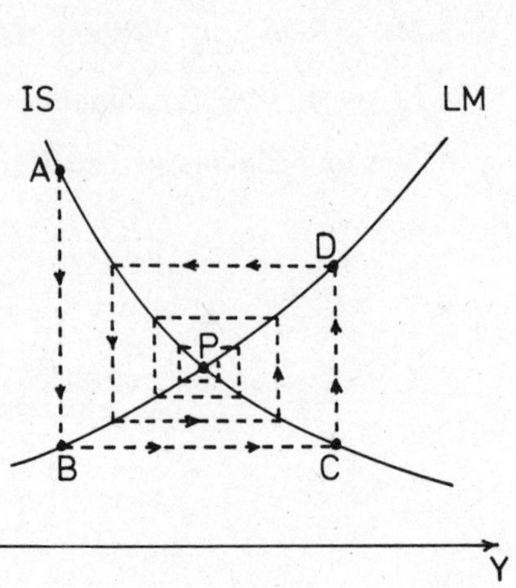


Abb.89: Anpassungsprozeß zum Gleichgewicht

Investitionen nach sich, die zu einer Einkommenssteigerung führen (Punkt C). Zur Finanzierung des höheren Einkommens ist jedoch eine höhere Transaktionskasse erforderlich; das hierfür benötigte Geld wird aber nur bei einem höheren Zins aus der Spekulationskasse freigegeben, wodurch man sich im Punkt D befindet. Infolge des höheren Zinses sinken die Investitionen, was wiederum Rückwirkungen auf die $L_T$- Kasse hat. Der Prozeß dauert so lange an, bis schließlich das geld- und güterwirtschaftliche Gleichgewicht im Punkt P erreicht ist.

Zu bedenken ist, daß der Zeitbedarf zur Beseitigung eines partiellen Ungleichgewichts unterschiedlich groß sein dürfte. Die zur Erreichung des geldwirtschaftlichen Gleichgewichts erforderlichen Zinsänderungen geschehen üblicherweise schneller als die Einkommensänderungen, derer es für die Realisierung des güterwirtschaftlichen Gleichgewichts bedarf. Bezogen auf obige Abbildung würde dies bedeuten, daß zunächst der Punkt B erreicht wird und dann eine Bewegung entlang der LM - Kurve erfolgt, bis P erreicht ist. In jedem Fall tendiert das System aber zum Punkt P, d.h. das simultane geld- und güterwirtschaftliche Gleichgewicht ist **stabil**. Abbildung 90 verdeutlicht diesen Sachverhalt in schematischer Form.

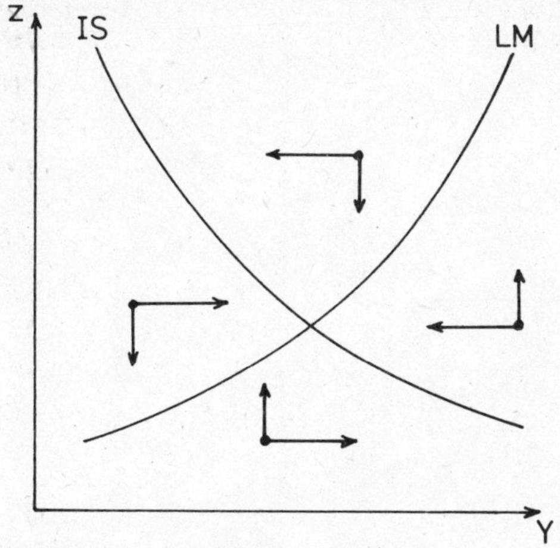


Abb.90: Anpassungsrichtungen bei Ungleichgewichten

## b. Gleichgewicht bei Voll- und Unterbeschäftigung

Zur Darstellung des gesamtwirtschaftlichen Gleichgewichts ist die Einbeziehung des **Arbeitsmarktes** als dem dritten zentralen makroökonomischen Teilmarkt erforderlich (Abb.91). Als Verbindungsglied zwischen dem im Hicks-Hansen-Diagramm abgebildeten geld- und güterwirtschaftlichen Gleichgewicht (Quadrant 4) und dem Arbeitsmarkt dient die Produktionsfunktion. Sie tritt zwar in der Keynesianischen Theorie angesichts deren Nachfrageorientierung in den Hintergrund, gleichwohl existieren aber auch hier produktionstechnische Gegebenheiten, die analog zur Klassik in einer ertragsgesetzlichen Produktionsfunktion Eingang finden (Quadrant 2). Um zur relevanten Produktionsmenge zu gelangen, projiziert man das im ISLM - Diagramm ermittelte Gleichgewichtseinkommen über eine Spiegelachse (Quadrant 1) auf die Ordinate des 2.Quadranten. Der 3.Quadrant enthält den Arbeitsmarkt; gemäß der beschriebenen Funktionsverläufe von Arbeitsangebot und Arbeitsnachfrage bildet sich die für die Produktion erforderliche Beschäftigungsmenge heraus.

Wie Abbildung 91 zeigt, ist ein Gleichgewicht auf dem Güter- und Geldmarkt durchaus mit Arbeitslosigkeit vereinbar. Man bezeichnet diesen Sachverhalt auch als das **Keynessche Unterbeschäftigungsgleichgewicht**. Wenngleich auf dem Arbeitsmarkt nicht alle Arbeitswilligen zum herrschenden Lohnsatz einen

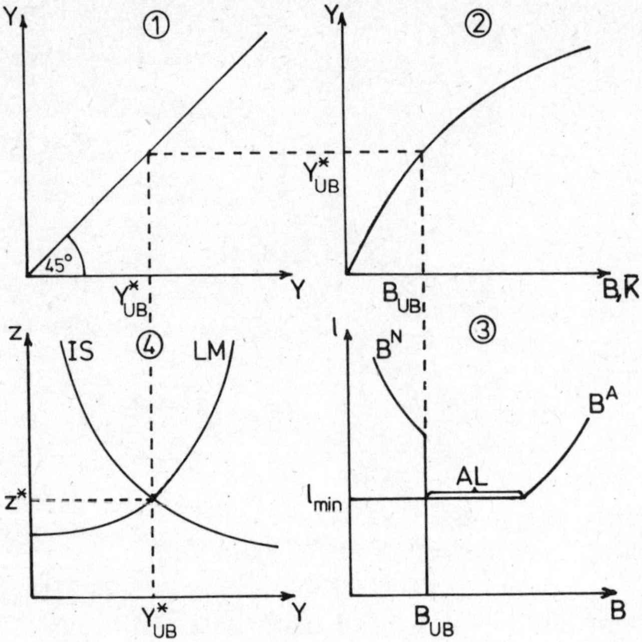


Abb.91 Gleichgewicht bei Unterbeschäftigung

Arbeitsplatz finden, existiert eine Einkommens-Zins-Kombination, die eine Übereinstimmung von Angebot und Nachfrage im realen und monetären Sektor garantiert.

Das Keynesianische Modell ist aber prinzipiell auch mit Vollbeschäftigung vereinbar. Es bedarf hierzu allerdings ganz bestimmter Kurvenverläufe. Liegt beispielsweise die LM-Kurve weiter rechts ($LM_2$ in Abb.92), so bildet sich ein Vollbeschäftigungseinkommen ($Y^*_{VB}$) heraus. Infolge der höheren Güternachfrage, die hier herrscht, kommt eine Produktion zustande, die eines höheren Arbeitseinsatzes bedarf. Die Funktion der Arbeitsnachfrage verlagert sich entsprechend nach rechts ($B^N_2$), so daß keine unfreiwillige Arbeitslosigkeit mehr besteht. Zu demselben Ergebnis gelangt man über eine Rechtsverschiebung der IS-Kurve ($IS_2$) bzw. durch eine - in Abbildung 92 nicht eingezeichnete - kombinierte Rechtsverschiebung der IS- und LM-Kurve. Man erhält in jedem Falle ein **gesamtwirtschaftliches** Gleichgewicht im Sinne eines **Vollbeschäftigungsgleichgewichts**.

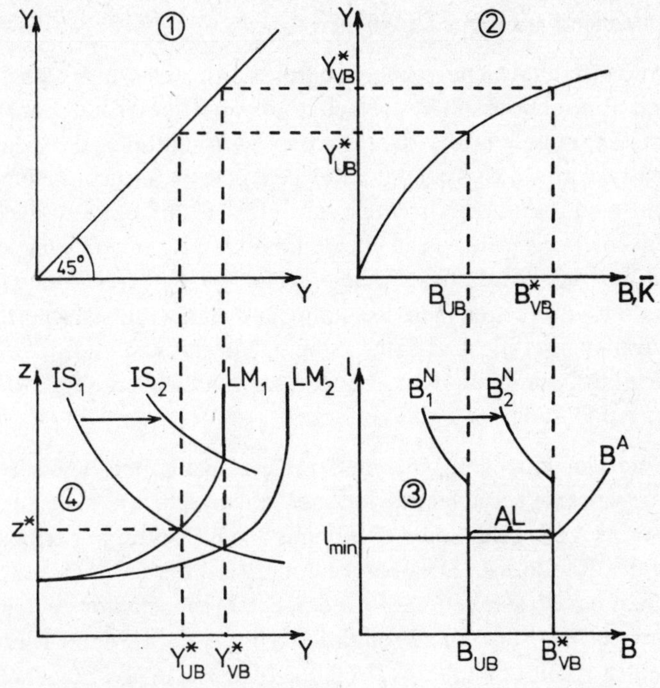


Abb.92: Vollbeschäftigungsgleichgewicht

Im Gegensatz zur Klassik ist das Zustandekommen eines derartigen Gleichgewichts jedoch reiner Zufall. Entscheidend hierfür ist die Lage, welche die IS- und LM-Kurve einnehmen. Herrscht im Ausgangszeitpunkt ein Unterbeschäftigungsgleichgewicht, so bedarf es zur Erreichung der Vollbeschäftigung der beschriebenen Kurvenverschiebungen. Es ist daher im folgenden zu prüfen, ob das System aus sich heraus die zur Beseitigung der Arbeitslosigkeit erforderlichen Anpassungsprozesse in Gang setzt, bzw. welche Möglichkeiten der Wirtschaftspolitik zur Verfügung stehen, um die Lage der IS- und LM-Kurve und damit das Volkseinkommen und den Beschäftigungsgrad in gewünschter Weise zu beeinflussen.

## c. Das gleichgewichtige Preisniveau

Die bisherigen Ausführungen gingen von einem konstanten, exogen vorgegebenen Preisniveau aus. Gibt man diese vereinfachende Annahme auf, so ist die Betrachtung der gesamtwirtschaftlichen Angebots- und Nachfragefunktion erforderlich. Deren Herleitung sowie die damit verbundenen

Implikationen sind nunmehr darzulegen.

Die **gesamtwirtschaftliche Angebotsfunktion** entspringt der volkswirtschaftlichen Produktionssphäre. Nach Maßgabe der produktionstechnischen Gegebenheiten erstellen die Unternehmungen mithilfe des Einsatzes der Produktionsfaktoren das Angebot. Bei gegebenem Sachkapitalbestand hängt der Output von der Arbeitsmenge ab. Dabei orientieren die nach dem Gewinnmaximierungsprinzip entscheidenden Unternehmer den Arbeitseinsatz an der Höhe des Reallohns. Wie bereits an früherer Stelle ausgeführt, berühren Preisänderungen den Reallohn und damit die Beschäftigungs- und Produktionsmenge nicht, falls bei Variationen des Preisniveaus gleichgerichtete Nominallohnänderungen zu verzeichnen sind. Dies ist nach klassischer Auffassung der Fall.

Ist der Geldlohn hingegen, wie in der Keynesianischen Theorie unterstellt, starr, so bewirken Preisniveauvariationen entsprechende Veränderungen des Reallohnsatzes. So führt eine Erhöhung von P ceteris paribus zu einem Rückgang des Reallohns. Die Unternehmer sind daraufhin bereit, zusätzliche Arbeitsplätze bereitzustellen. Sofern der Produktionsfaktor Arbeit noch nicht voll ausgelastet ist, kann die Produktion gesteigert werden. Einem höheren Preisniveau ist somit ein höheres Angebot zugeordnet und umgekehrt. Daraus folgt die Keynesianische gesamtwirtschaftliche Angebotsfunktion:

$$A = A(P) \text{ , mit } \quad \frac{dA}{dP} > 0$$

die folgendes Aussehen hat:

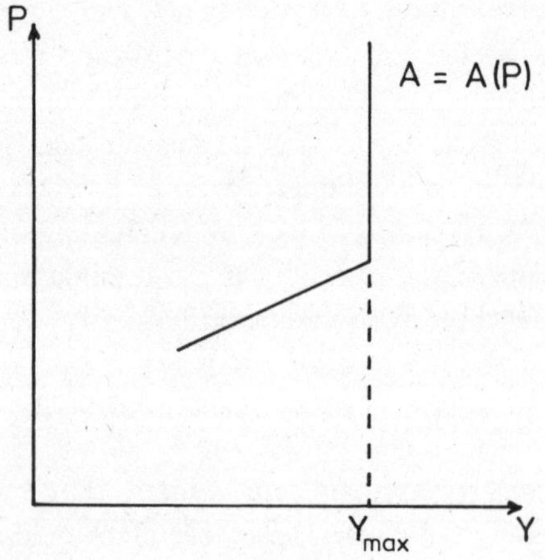


Abb.93: Keynesianische Angebotsfunktion

Allerdings kann das Angebot kurzfristig nur bis zur Kapazitätsgrenze ($Y_{max}$) ausgedehnt werden. Hier herrscht Vollbeschäftigung, was in einem senkrechten Verlauf der Angebotsfunktion zum Ausdruck kommt (klassischer Fall).

Den Ausgangspunkt zur Ableitung der **gesamtwirtschaftlichen Nachfragefunktion** bildet das ISLM-Diagramm. In diesem statisch konzipierten, nachfrageorientierten Modell wird das Gleichgewichtseinkommen in Abhängigkeit von der Höhe der gesamtwirtschaftlichen Nachfrage erstellt. Preisniveauveränderungen schlagen sich hierbei in der Lage der LM-Kurve nieder.

Steigen die Preise, so bedarf es bei gegebenem Realeinkommen gemäß der Cambridge-Gleichung zur Finanzierung der Ausgaben einer höheren Transaktionskasse. Bei unverändertem Geldangebot muß das für Transaktionszwecke zusätzlich benötigte Geld aus der Spekulationskasse freigestzt werden. Eine geringere $L_S$-Kasse kommt aber nur bei einem höheren Zinssatz zustande. Bleibt dagegen der Zins und damit $L_S$ unverändert, dann muß ceteris paribus das Realeinkommen sinken. Zur Aufrechterhaltung des geldwirtschaftlichen Gleichgewichts muß sich die LM-Kurve bei einem gestiegenen Preisniveau und damit einer niedrigeren realen Geldmenge also nach oben bzw. links **verschieben**. Analog bedingt ein niedrigeres Preisniveau, d.h. ein Anstieg der realen Geldmenge, eine Rechtsverschiebung der LM-Kurve.

Die Verschiebung der LM-Kurve führt im Hicks-Hansen-Diagramm zu einem neuen Gleichgewichtseinkommen. So bewirkt der infolge von Preiserhöhungen induzierte Zinsanstieg eine Verringerung der Investitionsnachfrage, wodurch die Gesamtnachfrage auf dem Gütermarkt rückläufig wird. Umgekehrt geht ein Sinken des Preisniveaus über sinkende Zinsen mit einem Anstieg der Investitions- und damit Güternachfrage einher. Für die gesamtwirtschaftliche Nachfragefunktion folgt hieraus:

$$N = N(P) \quad , \text{mit } \frac{dN}{dP} < 0$$

Die beschriebenen Zusammenhänge sind in Abbildung 94 illustriert.

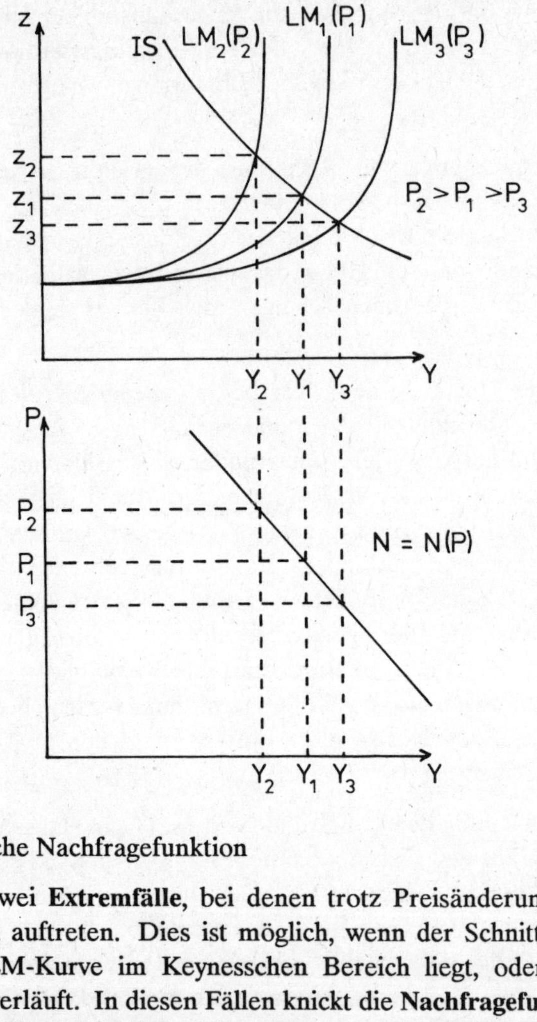


Abb.94: Keynesianische Nachfragefunktion

Zu bedenken sind zwei **Extremfälle**, bei denen trotz Preisänderungen keine Nachfragereaktionen auftreten. Dies ist möglich, wenn der Schnittpunkt der IS-Kurve mit der LM-Kurve im Keynesschen Bereich liegt, oder falls die IS-Kurve senkrecht verläuft. In diesen Fällen knickt die **Nachfragefunktion** bei Erreichung des jeweiligen Gleichgewichtseinkommens **senkrecht** nach unten ab.

Fügt man die Angebots- und Nachfragefunktion zusammen, so kann das **gleichgewichtige Preisniveau** ($P^*$) in der Volkswirtschaft ermittelt werden. In Abb. 95 ist das bisher verwendete Keynesianische System im 5. Quadranten um diesen Aspekt erweitert, wobei hier eine Unterbeschäftigungssituation unterstellt ist.

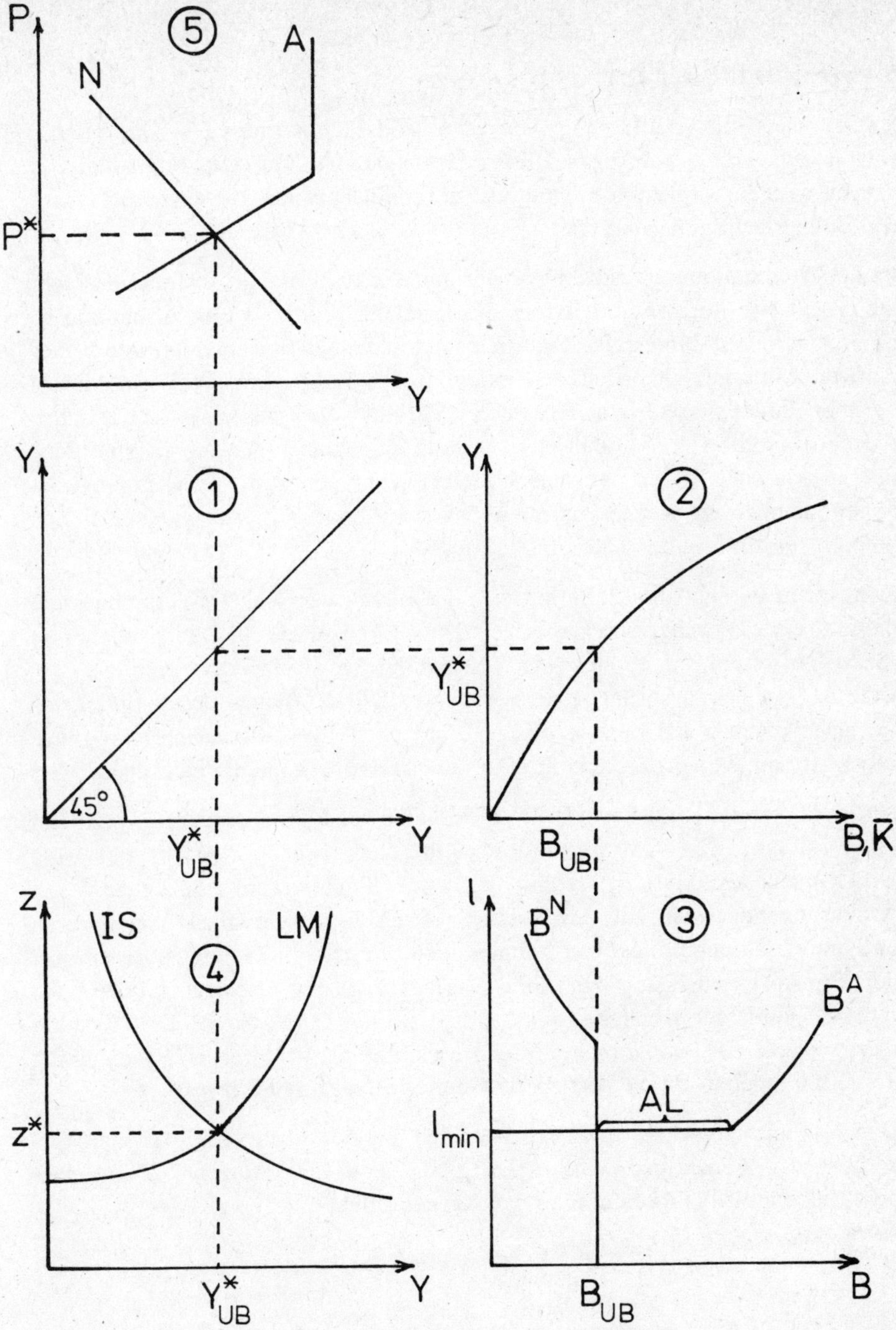


Abb.95: Einbeziehung der Angebots- und Nachfragefunktion

## d. Flexibilität der Preise und Löhne

Häufig wird die Auffassung vertreten, die im Keynesianischen Modell auftretende Arbeitslosigkeit sei Folge der starren Löhne. Im folgenden soll geprüft werden, ob flexible Löhne im Verein mit flexiblen Preisen stets Garant der Vollbeschäftigung sind.

Ist der Nominallohnsatz flexibel, so verläuft die Arbeitsangebotsfunktion nicht mehr teilweise horizontal, sondern durchgehend positiv, wie in Abbildung 96 im 3.Quadranten dargestellt. Dadurch sinkt der Geldlohnsatz unter den bisher gültigen Minimallohn ab. Die Flexibilität der Löhne und Preise impliziert darüber hinaus einen senkrechten Verlauf der gesamtwirtschaftlichen Angebotsfunktion (5.Quadrant), wodurch das gesamtwirtschaftliche Preisniveau sinkt ($P^*_2$). An dieser Stelle setzen nun zwei Überlegungen an, denen zufolge im Keynesianischen System Anpassungsprozesse stattfinden können, die zur Vollbeschäftigung führen.

Zum einen bedingt die Deflation eine Erhöhung der realen Geldmenge und damit eine **Rechtsverschiebung der LM-Kurve** (4.Quadrant). Im ISLM-Diagramm bildet sich ein neues Gleichgewichtseinkommen ($Y^*_{VB}$), welches über dem ursprünglichen Wert liegt. Die Erklärung hierfür findet sich im gesunkenen Zins, der zu einer zusätzlichen Investitionsnachfrage führt. Über Multiplikatorprozesse kommt es dann zur Einkommenssteigerung.

Auf dem Arbeitsmarkt bewirkt die Flexibilität der Löhne einen Rückgang auf $l^*_2$. Infolge des Anstiegs der Güternachfrage verlagert sich die Arbeitsnachfragefunktion nach rechts. Sieht man bezüglich des Arbeitsangebots auch von der zweiten typisch Keynesianischen Annahme ab und unterstellt neben flexiblen Löhnen auch Freiheit von Geldillusion, so führt der Preisniveaurückgang zu einer Verlagerung des Arbeitsangebots nach rechts. Damit der Reallohn sinkt, muß l stärker fallen als P. Das Resultat dieser Effekte ist eine Zunahme der Beschäftigung, wodurch eine Anpassung des Güterangebots an die gestiegene Güternachfrage möglich wird.

Das System entwickelt offenbar von sich heraus Kräfte, die Anpassungsvorgänge in Richtung **Vollbeschäftigung** in Gang setzen. Den eben beschriebenen Ablauf nennt man den **Keynes-Effekt**.

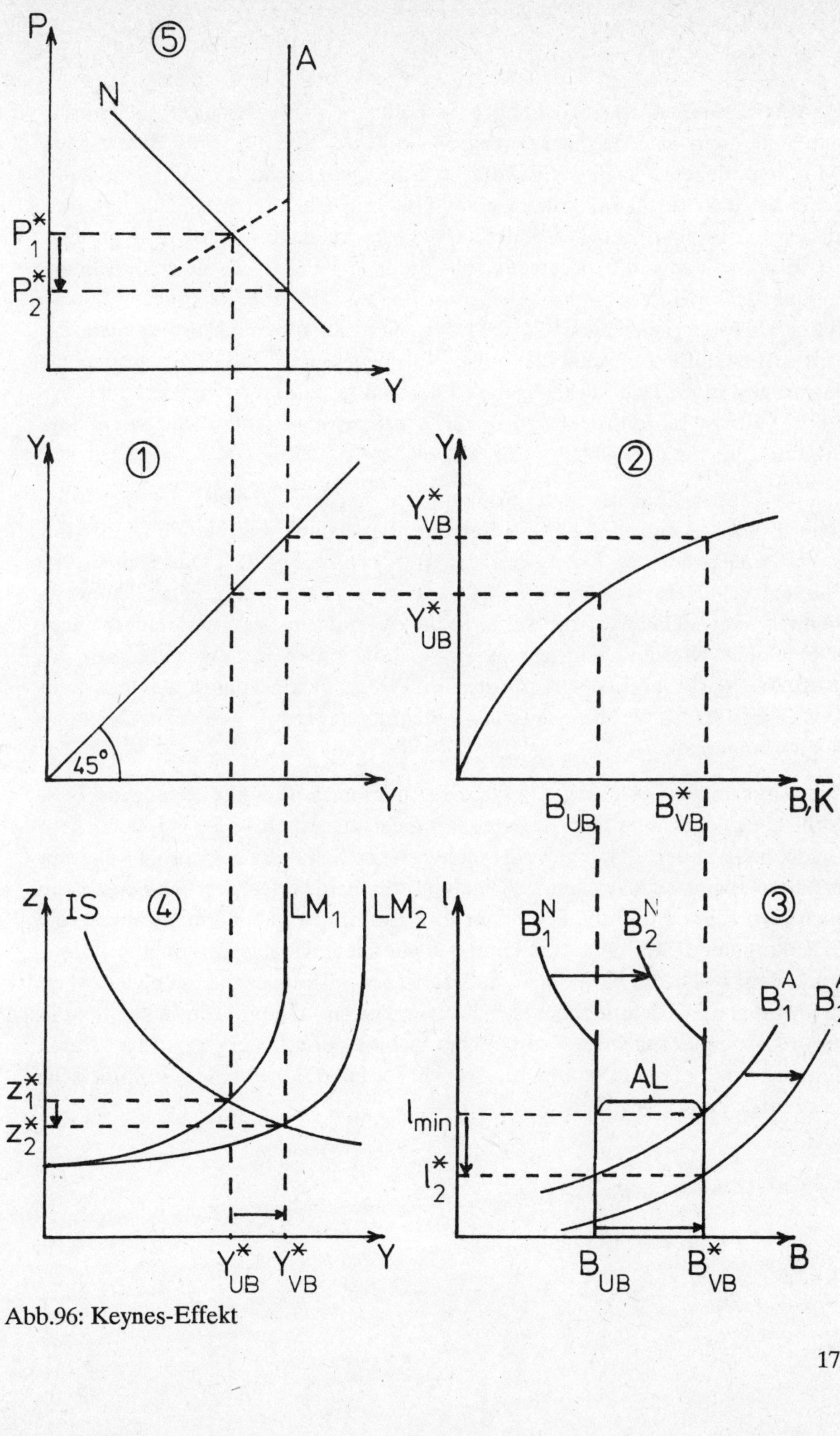


Abb.96: Keynes-Effekt

Seine **Wirksamkeit** ist jedoch an verschiedene Voraussetzungen geknüpft. Zum ersten darf das Ausgangsgleichgewicht nicht im Keynesschen Bereich der LM-Kurve liegen ("**Liquiditätsfalle**"). Eine sehr hohe Liquiditätsneigung verhindert das Zustandekommen eines höheren Einkommens. Zum zweiten müssen die Investitionen auf den Zinsrückgang reagieren. Eine sehr geringe Investitionsneigung, die in einem sehr steilen (im Extremfall senkrechten) Verlauf der IS-Kurve ihren Ausdruck findet, läßt ebenfalls den für das Vollbeschäftigungsgleichgewicht erforderlichen Einkommensanstieg nicht zu ("**Investitionsfalle**"). Schließlich ist zu bedenken, daß die gestiegene Nachfrage **inflatorisch** wirken kann. Dies würde zu einer Linksverschiebung der LM-Kurve führen, der ursprüngliche expansive Effekt würde zumindest teilweise zunichte gemacht.

Eine weitere Chance zum Abbau der Arbeitslosigkeit eröffnet der **Pigou-Effekt**. Danach hat die in der Rezession auftretende Deflation Auswirkungen auf das Vermögen der Wirtschaftssubjekte. Das **Geld- oder Nominalvermögen** weist wegen der Preisniveausenkung einen **höheren Realwert** auf. Dadurch fühlen sich die Vermögensbesitzer "reicher" und dehnen ihre Konsumnachfrage aus. Als Folge hiervon verschiebt sich die **IS-Kurve** nach **rechts**. Auf diesem Wege kann dann analog zum Keynes-Effekt das Vollbeschäftigungseinkommen erreicht werden, Abbildung 96 gilt sinngemäß.

Die Wirksamkeit des Pigou-Effektes, den man auch als sog. **Vermögenseffekt** bezeichnet, ist allerdings ebenfalls nicht gesichert. So stehen dem Geldvermögen der Gläubiger notwendigerweise Schulden gegenüber. Die mit Preissenkungen einhergehende Zunahme des **Realwertes der Schulden** kann aber dazu führen, daß die Schuldner ihre Konsumausgaben einschränken; die Erhöhung der Güternachfrage kommt dann allenfalls abgeschwächt zustande. Außerdem bilden sich bei deflatorischen Tendenzen möglicherweise **Erwartungen** in Richtung weiterer Preissenkungen, die eine Zurückhaltung in der Konsumgüternachfrage zur Folge haben. Sollte der expansive Effekt dennoch zum Tragen kommen, so würden ihm auftretende **inflatorische Tendenzen** entgegenwirken.

Insgesamt kann festgehalten werden, daß mit dem Keynes- und dem Pigou-Effekt prinzipiell systemimmanente Kräfte vorhanden sind, die bei flexiblen Preisen und Löhnen zur Überwindung der Unterbeschäftigung beitragen können. Die Erreichung eines Vollbeschäftigungsgleichgewichts ist jedoch nicht gesichert. Insbesondere die Existenz der Liquiditätsfalle, d.h. einer sehr hohen Liquiditätsneigung, sowie eine fehlende Zinsempfindlichkeit der Investitionen können dazu führen, daß trotz voll beweglicher Löhne und Preise die Arbeitslosigkeit bestehen bleibt. Angesichts einer derartigen Situation stellt sich die Frage, ob und inwieweit die Wirtschaftspolitik Möglichkeiten besitzt, ein Vollbeschäftigungsgleichgewicht herbeizuführen. Dies soll im letzten Abschnitt geprüft werden.

## VI. Wirtschaftspolitische Konsequenzen

Wie die eingangs des Buches erörterte Klassifikation der Volkswirtschaftslehre zeigte, besteht zwischen der Wirtschaftstheorie und der Wirtschaftspolitik ein untrennbarer Zusammenhang. In diesem Sinne hat die Theorie die Aufgabe, der Wirtschaftspolitik Handlungsanweisungen zur Erreichung wirtschaftspolitischer Ziele zu liefern.

Innerhalb des Zielbündels der Wirtschaftspolitik sind für die makroökonomische Theorie vor allem die **Stabilisierungsziele** relevant. In der Bundesrepublik findet sich die Formulierung dieser Ziele im bereits erwähnten § 1 des Stabilitätsgesetzes. In ihm werden Bund und Länder aufgefordert, "bei ihren wirtschafts- und finanzpolitischen Maßnahmen die Erfordernisse des gesamtwirtschaftlichen Gleichgewichts zu beachten". Der Begriff des **"gesamtwirtschaftlichen Gleichgewichts"** wird hierbei aber nicht im Sinne der makroökonomischen Theorie als simultanes Gleichgewicht auf dem Güter-, Geld- und Arbeitsmarkt verstanden. Vielmehr versteht das Gesetz den Zustand des gesamtwirtschaftlichen Gleichgewichts in der Form, daß gleichzeitig Stabilität des Preisniveaus, ein hoher Beschäftigungsgrad und außenwirtschaftliches Gleichgewicht bei stetigem und angemessenem Wirtschaftswachstum herrschen sollen. Dabei werden die **Preisniveaustabilität** und der **hohe Beschäftigungsgrad** als **Primärziele** angesehen. Im folgenden soll deshalb insbesondere auf diese beiden Ziele abgestellt werden. Die Behandlung des außenwirtschaftlichen Gleichgewichts ist vorwiegend Gegenstand der Außenwirtschaftstheorie und -politik, während das Wachstumsziel unter langfristigem Aspekt im Rahmen der Wachstumstheorie und -politik vertieft behandelt wird.

# 1. Klassischer Ansatz und angebotsorientierte Wirtschaftspolitik

## a. Wirtschaftspolitik im klassischen Modell

Kennzeichnend für die klassische Theorie ist der Glaube an die **Stabilität des privaten Sektors.** Das System tendiert zur Übereinstimmung von Angebot und Nachfrage auf allen Märkten. Voraussetzung hierfür ist die **Wirksamkeit des Preismechanisnus**, wozu es der vollen Flexibilität sämtlicher Güter- und Faktorpreise bedarf. Dem Geld messen die Klassiker keinerlei Bedeutung für die Geschehnisse im realen Sektor zu, **Geld** ist **neutral**. Hierauf basiert das **Saysche Theorem**, wonach auf Dauer eine allgemeine Überproduktion in der Volkswirtschaft nicht möglich ist.

Aus diesen konstituierenden Elementen folgen die wirtschaftspolitischen Konsequenzen. Da das klassische System aus sich heraus zu Gleichgewichtszuständen auf allen Märkten neigt, bedarf es zur Steuerung der Abläufe in der Volkswirtschaft prinzipiell keinerlei korrigierender Eingriffe durch den Staat. Dem **Interventionismus** wird eine **Absage** erteilt, die Prozeßpolitik ist grundsätzlich überflüssig.

Wenngleich in der Neutralität des Geldes zum Ausdruck kommt, daß Beschäftigung und Produktion auf Änderungen der Geldmenge nicht reagieren, so ist die **Geldpolitik** deshalb keineswegs bedeutungslos. Die Quantitätsgleichung verdeutlichte den proportionalen Zusammenhang zwischen Geldmenge und Preisniveau, wenn gegebene Zahlungsgewohnheiten und ein konstanter Output angenommen werden. In einer wachsender Wirtschaft führt eine Geldmengenausweitung jedoch nur dann zu Inflation, wenn bei unveränderter Umlaufgeschwindigkeit das Geldmengenwachstum über der Zuwachsrate der Produktion liegt. Der Geldpolitik fällt somit die Aufgabe der **Stabilisierung des Preisniveaus** zu. Angesichts der bekannten allokativen und distributiven Effekte der Inflation trägt die für die Geldmengenentwicklung in der Regel verantwortliche Zentralbank damit eine große gesamtwirtschaftliche Verantwortung.

Die Hauptaufgabe der Wirtschaftspolitik liegt in einer klassisch funktionierenden Wirtschaft jedoch in der Aufrechterhaltung des Preismechanismus. Bezüglich des Arbeitsmarktes bedeutet dies auch nach unten flexible Nominallöhne. Damit kommt der **Lohnpolitik** entscheidende Bedeutung für die **Vollbeschäftigung** zu. Da der Arbeitsmarkt kein vollkommenes Polypol, sondern ein bilaterales Monopol ist, wo sich

Arbeitgeber und Arbeitnehmer in organisierter Form gegenüberstehen, sind gemäß des klassischen Modells die Gewerkschaften in besonderem Maße für die Erreichung eines hohen Beschäftigungsgrades verantwortlich.

Auch auf dem Gütermarkt sollte die Funktionsfähigkeit des Preismechanismus gewährleistet sein. Hierfür hat in erster Linie die **Wettbewerbspolitik** zu sorgen, indem sie generell Marktmacht verhindert bzw. beseitigt. Hierdurch soll die Beweglichkeit der Güterpreise aufrechterhalten werden, wodurch die Unternehmer Signale für die jeweilige Produktionsrichtung erhalten. Nur so ist es möglich, daß die im Rahmen des Sayschen Theorems auftretenden partiellen Überschüsse bzw. Defizite lediglich kurzfristiger Natur sind.

Daneben hat der Staat entsprechend der Idee des Liberalismus die **Freiheitsrechte** der Individuen zu sichern. Zur freien Entfaltung der Privatinitiative des einzelnen Wirtschaftssubjektes gehören etwa das Recht auf Privateigentum und dessen freie Verfügung sowie das Recht auf Freiheit des Vertragsabschlusses.

Daraus folgt die Betonung der **Ordnungspolitik**. Sie sollte nach klassischer Auffassung durch die Schaffung entsprechender Rahmenbedingungen den Schwerpunkt der Wirtschaftspolitik bilden. Die Prozeßpolitik ist angesichts der inhärenten Stabilität des privaten Sektors im Prinzip überflüssig. Damit entfällt für den Staat auch die Aufgabe, vorübergehend defizitfinanzierte Ausgaben zu tätigen, eine Aktivität, die der Keynesianismus später explizit forderte.

### b. Monetarismus und angebotsorientierte Wirtschaftspolitik

Spätestens die im Zuge der Weltwirtschaftskrise eintretenden Ergebnisse des Wirtschaftsprozeßes erschütterten den bis dahin vorherrschenden Glauben an die klassische Wirtschaftstheorie und die damit verbundenen Implikationen für die Wirtschaftspolitik. Auf diesem historischen Hintergrund formulierte J.M.Keynes seine Theorie, deren wirtschaftspolitische Bedeutung noch behandelt wird.

Wenngleich Keynesianische Gedanken in der damaligen Zeit rasch Eingang in die praktische Wirtschaftspolitik fanden, gab es weiterhin Ökonomen, die der Stabilität des privaten Sektors vertrauten. Allerdings vergingen rund dreißig Jahre, bis klassische Ideen wieder verstärkt in der Öffentlichkeit auf Beachtung stießen. Insbesondere das Inflationsproblem führte zu einer Rückbesinnung auf die Arbeiten der Klassiker. Es war vor allem **M.Friedman**, der mit seiner sog. **"Neoquantitätstheorie"** dem klassischen Denken zu einer Renaissance verhalf.

Die auf Interventionen ausgerichtete Keynesianische Politik wird als hauptverantwortlich für die Instabilitäten angesehen. Infolge der fallweisen Eingriffe in den Wirtschaftsprozeß kommt es zu, insbesondere in zeitlicher Hinsicht, nicht vorhersehbaren Reaktionen der Marktteilnehmer. Diese **time lags** verursachen bzw. verstärken Fehlentwicklungen in der Volkswirtschaft. Den zentralen Aktionsparameter der Wirtschaftspolitik sehen Neoquantitätstheoretiker in der **Geldmenge**, deren Entwicklung durch die Wirtschaftspolitik zu **verstetigen** ist. Daher trägt diese Strömung auch die Bezeichnung **"Monetarismus"**. Sie versteht sich als "Konterrevolution" auf die "Keynesianische Revolution". Gefordert wird eine im Zeitablauf konstante Zuwachsrate der Geldmenge, die sich an der Zunahme des Produktionspotentials orientieren soll. Damit weist diese sog. **"Geldmengenregel"** typische Züge einer langfristig ausgerichteten wirtschaftspolitischen Konzeption auf.

In einem konstanten und knappen Geldmengenanstieg wird die entscheidende Vorbedingung für die Wiedergewinnung und Erhaltung der Preisniveaustabilität erblickt, die ihrerseits langfristig Voraussetzung für Vollbeschäftigung und ein stabiles Wirtschaftswachstum ist. Um die Geldmenge in gewünschter Weise steuern zu können, ist insbesondere eine **außenwirtschaftliche Absicherung** erforderlich. Bei festen Wechselkursen besteht für eine Zentralbank die Verpflichtung, unter Umständen große Mengen an Devisen ankaufen zu müssen, was eine entsprechende Zentralbankgeldschöpfung bedeutet. Zur Vermeidung einer unerwünschten Geldschaffung plädieren Monetaristen deshalb für ein System **flexibler Wechselkurse**, in dem keine Interventionspflicht existiert.

Hinsichtlich der Wirkungen von Geldmengenveränderungen ist nach monetaristischer Ansicht zwischen kurz- und langfristigen Effekten zu unterscheiden. Eine Geldmengenvariation stört **kurzfristig** das Vermögensgleichgewicht der Wirtschaftssubjekte. Dies setzt Anpassungsprozesse in Gang, im Zuge derer die Vermögensstruktur eine Veränderung erfährt. Da das Gesamtvermögen sowohl Nominal- als auch Realvermögen enthält, beeinflußt eine Veränderung der Geldmenge zunächst den güterwirtschaftlichen Sektor, d.h. die Höhe von **Produktion** und **Beschäftigung**. Die Substitutionsvorgänge innerhalb des Gesamtvermögens werden durch eine Veränderung der relativen Preise und Erträge der Aktiva hervorgerufen. Daher spricht man auch von der **"Theorie der relativen**

**Preise"**, die insbesondere auf K. Brunner zurückgeht.

Entgegen der klassischen Theorie ist Geld damit nicht mehr neutral, da es Auswirkungen auf die Preisrelationen in der Wirtschaft hat. Diese Aussage gilt jedoch nur für die kurze Frist. Auf längere Sicht kommt es zu Rückkoppelungsprozessen, im Gefolge derer die ursprünglichen Verhältnisse im realen Sektor wiederhergestellt werden. Einzig das Preisniveau paßt sich langfristig der Geldmengenentwicklung an. So kann z.B. ein Geldmengenzuwachs vorübergehend zu einem Anstieg des Outputs und der Beschäftigung führen, auf lange Sicht aber nur zu **Inflation**, die damit ein ausschließlich **monetäres Phänomen** ist. Insoweit besitzt die klassische Dichotomie nach wie vor Gültigkeit.

Der Staat hat nach monetaristischer Auffassung nicht die Aufgabe, stabilisierend in den Wirtschaftsprozeß einzugreifen. Er hat vielmehr die Wirtschaftssubjekte in angemessener Weise mit öffentlichen Gütern und Dienstleistungen zu versorgen. Die Beeinflussungsmöglichkeiten der Wirtschaft durch die Fiskalpolitik werden von monetaristischer Seite ohnehin als gering veranschlagt. Im Vergleich zu Maßnahmen der Geldpolitik, die in eine Änderung der Geldmenge münden ("monetärer Impuls"), zeitigen Variationen der Staatseinnahmen und Staatsausgaben ("fiskalischer Impuls") nur geringe Wirkungen auf die wirtschaftliche Aktivität. Dieser Tatbestand ist Inhalt der sog. **"Dominanzhypothese"**, deren Gültigkeit die Monetaristen in zahlreichen empirischen Arbeiten nachzuweisen versuchten.

Bis in die siebziger Jahre hinein verengte sich die Weiterentwicklung der klassischen Theorie vor allem auf die Betrachtung der Rolle des Geldes in der Volkswirtschaft. Seitdem erleben klassische Gedanken auf wesentlich breiterer Basis eine Wiederentdeckung, die unter dem Etikett der **"angebotsorientierten Wirtschaftspolitik"** bekannt wurden. Den Hintergrund bildeten rückläufige Wachstumsraten sowie ein drastischer Anstieg der Arbeitslosenzahlen. Die entscheidenden Ursachen hierfür wurden in Fehlentwicklungen auf der Angebotsseite erblickt. Als Beispiele lassen sich exogene Preisschocks, der rasche Strukturwandel infolge neuer Technologien, die Erlahmung der Sachkapitalbildung in der Volkswirtschaft sowie Starrheiten auf den Märkten anführen. In diesem Zusammenhang ist auch das gestiegene Anspruchsdenken bei Verteilungsauseinandersetzungen zu erwähnen.

Theoretischer Hintergrund dieser wirtschaftspolitischen Konzeption, die vor allem in den Vereinigten Staaten, England und der Bundesrepublik Deutschland auf Akzeptanz stieß, ist letztlich das bekannte Saysche Theorem in Verbindung mit Schumpeters Theorie der wirtschaftlichen Entwicklung. Die Aussage des Sayschen Theorems kommt beispielsweise in einer Äußerung des Sachverständigenrates zur Begutachtung der gesamtwirtschaftlichen Entwicklung deutlich zum Ausdruck: "Die dauerhaften Impulse für wirtschaftliche Tätigkeit müssen jedoch von der einzelwirtschaftlichen Basis ausgehen, von der unternehmerischen Nutzung rentabel erscheinender Produktionschancen. Dabei wird Arbeit nachgefragt und Einkommen geschaffen, woraus dann Nachfrage nach Gütern entsteht. Im Zusammenspiel der Vielen schafft so das Angebot seine Nachfrage" (Jahresgutachten 1977/78, Ziffer 241). Partielle Ungleichgewichte sind denkbar, jedoch nur vorübergehender Natur; langfristig ist nicht mit einer allgemeinen Überproduktion zu rechnen.

Ebenso wie die Klassiker gehen auch angebotsorientierte Ökonomen von **unbegrenzten Bedürfnissen** der Wirtschaftssubjekte aus. Das Wachstums- und Beschäftigungsproblem ist nach ihrer Auffassung nicht auf eine allgemeine Sättigung und damit Nachfragemangel zurückzuführen. Vielmehr sollten die **Angebotsbedingungen verbessert** werden, damit eine Zunahme von Produktion und Beschäftigung herbeigeführt wird. Daraus folgen die Implikationen einer angebotsorientierten Wirtschaftspolitik. Sie hat den Abbau vorhandener Produktionshemmnisse zum Ziel, wodurch neue Bedürfnisse geweckt werden sollen.

Die Weckung neuer Bedürfnisse setzt die Einführung neuer Produkte voraus. Hier sind die Unternehmer gefordert, innovative Aktivitäten zu entfalten. Notwendig ist das Auftreten von sog. **"Pionierunternehmern"**, wie sie von **J.A.Schumpeter** charakterisiert wurden. Sie stellen das eigentliche dynamische Element des volkswirtschaftlichen Entwicklungsprozesses dar. Mithilfe von grundlegend neuen Erfindungen und Entdeckungen erschließen diese Unternehmer neue Märkte, in die dann alsbald weitere Anbieter als "Nachahmer" vorstoßen. Der Wirtschaftspolitik kommt hierbei die Aufgabe zu, ein innovationsfreundliches Klima zu schaffen. Insbesondere sind **administrative Hemmnisse**, welche die Forschungs- und Entwicklungstätigkeit behindern, zu beseitigen; durch eine entsprechende **Förderpolitik** ist die schöpferische Kraft der Unternehmer zu stärken, was etwa über Erleichterungen von Existenzgründungen bewirkt werden kann.

Darüber hinaus gilt es, Hemmnisse für die bereits laufende Produktion abzubauen. So sollten im Zuge der **Deregulierung** staatliche Vorschriften aller Art auf ihre Notwendigkeit hin überprüft werden, steuer- und ausgabenpolitische Regelungen sind leistungsfördernd zu gestalten. Auch sollte das in einem modernen Wohlfahrtsstaat anzutreffende Sicherheits- und Anspruchsdenken von den Beteiligten überdacht werden. Derartige Maßnahmen laufen auf die **Schaffung neuer Rahmenbedingungen** für die Wirtschaft und Gesellschaft hinaus. Sie zielen im Kern auf eine Stärkung der privaten Investitionstätigkeit ab. Hierzu gehört auch eine zurückhaltende **Lohnpolitik**, die kostenniveauneutral sein sollte; außerdem sollte der zunehmenden Angleichung der Einkommen in den unterschiedlichen Lohn- und Gehaltsgruppen entgegengetreten werden.

Der Rückzug des Staates wird von Seiten der angebotsorientierten Ökonomen jedoch nicht nur in bürokratischer Hinsicht gefordert. Vielmehr sollten der Staatsanteil sowie Defizite reduziert werden. Auch der Abbau von Subventionen sowie Steuersenkungen gehören in den Forderungskatalog, wobei eine leistungsfördernde Korrektur des Steuersystems zugunsten der indirekten Steuern anzustreben ist. Die öffentliche **Haushaltspolitik** sollte eine Verstetigung der Einnahmen und Ausgaben zum Ziel haben.

Zusammenfassend läßt sich festhalten, daß in strategischer Hinsicht sowohl der Staat als auch die Zentralbank eine **Verstetigung** ihrer am Wachstum des **Produktionspotentials** ausgerichteten Politik betreiben sollten. Dabei hat die Geldpolitik unter Anwendung der monetaristischen Geldmengenregel für ein stabiles Preisniveau zu sorgen. Mit dieser Strategie wird die Absicht verbunden, die Erwartungen aller am Wirtschaftsprozeß Beteiligten zu stabilisieren. Die beschriebenen Maßnahmen sollten auch nach Ansicht der Angebotstheoretiker und -politiker durch eine wirksame **Wettbewerbspolitik** unterstützt werden, wozu es gegebenenfalls einer geänderten Ausgestaltung der Wettbewerbsgesetzgebung bedarf. Ein funktionsfähiger Wettbewerb ist die entscheidende Voraussetzung für das Spiel der relativen Preise, ohne welches das Saysche Theorem nicht zum Tragen kommt.

## 2. Keynesianischer Ansatz und nachfrageorientierte Wirtschaftspolitik

Bereits an anderer Stelle wurden die Hintergründe des Paradigmawechsels in der makroökonomischen Theorie beleuchtet. Die schwere Depression der Jahre 1929 bis 1933 forderte eine Überarbeitung der klassischen Theorie geradezu heraus. Die Keynesianische Theorie bezweifelte die von klassischer Seite unterstellte Stabilität des privaten Sektors und ging stattdessen von einer **inhärenten Instabilität** eines marktwirtschaftlichen Wirtschaftssystems aus.

Insbesondere die Grenzleistungsfähigkeit des Kapitals sowie die Liquiditätsneigung erweisen sich aus Keynesianischer Sicht als instabile Größen. Der klassischen Vorstellung voll flexibler Preise und Löhne stellt die Keynesianische Theorie empirisch beobachtbare Preis- und Lohnstarrheiten gegenüber. Sie behindern die Funktionsfähigkeit des Sayschen Theorems. Schließlich steht die Existenz einer Spekulationskasse der Neutralität des Geldes im Wege. Als Folge des Auftretens dieser Faktoren kommt es bei der Nachfrage nach Gütern und Diensten zu zyklischen Schwankungen, die zu Fehlentwicklungen der Beschäftigung und des Preisniveaus führen.

Daraus geht unmittelbar die Stoßrichtung einer Keynesianisch ausgerichteten Wirtschaftspolitik hervor. Ihr fällt die Aufgabe zu, die **Schwankungen** der **privaten Nachfrage** zu **glätten**. Da die gesamtwirtschaftliche Nachfrage kurzfristig starken Veränderungen unterworfen sein kann, handelt es sich bei der Keynesianischen Wirtschaftspolitik um eine **kurzfristig** angelegte Strategie. Angesichts der Tatsache, daß hierbei die Steuerung der Nachfrage im Zentrum steht, spricht man auch von einer **nachfrageorientierten Wirtschaftspolitik**.

Die Steuerung der Nachfrage kann prinzipiell auf zwei Wegen geschehen. Entweder beeinflussen die Wirtschaftpolitiker die gesamtwirtschaftliche Nachfrage auf **indirekte** Weise, indem sie mithilfe geeigneter Maßnahmen die private Nachfrage zu steuern versuchen, oder aber sie variieren ihre eigene Nachfrage, betreiben also eine **direkte** Nachfragesteuerung. Als entscheidende Bereiche der Wirtschftspolitik rücken hierbei die **Geldpolitik** und die **Fiskalpolitik** in den Vordergrund. Während die Geldpolitik lediglich auf eine indirekte Beeinflussung der zinsabhängigen Ausgaben des privaten Sektors abstellt, kann die Fiskalpolitik sowohl indirekt als auch direkt auf die Nachfrage einwirken. Der analytisch fundierten Beurteilung der Erfolgschancen der Geld- und Fiskalpolitik gilt abschließend das Interesse. Als theoretischer Rahmen dient dabei das bekannte ISLM-Diagramm, wobei von außenwirtschaftlichen Beziehungen abstrahiert wird.

### a. Möglichkeiten und Grenzen der Fiskalpolitik

Die von der öffentlichen Hand betriebene Fiskalpolitik konkretisiert sich in einer Variation der Staatseinnahmen und -ausgaben zum Zwecke der Steuerung der gesamtwirtschaftlichen Nachfrage. Der Einsatz der Fiskalpolitik hat nach Keynesianischer Auffassung **antizyklisch** zu erfolgen. Befindet sich die Volkswirtschaft in einer rezessiven Konjunkturphase, so muß der Staat eine **expansive** Politik betreiben. Dies kann über eine Erhöhung der

Staatsausgaben sowie durch Steuersenkungen, welche die private Nachfrage beleben, geschehen. Formal bewirkt diese Politik eine Verlagerung der **IS-Kurve** nach **rechts**. In einer Boomphase ist eine **restriktive** Fiskalpolitik angezeigt. Hier gilt es, die Nachfrage einzudämmen, was über Ausgabenkürzungen und Steuererhöhungen möglich ist. Im Hicks-Hansen-Diagramm führt dies zu einer **Linksverschiebung** der **IS-Kurve**.

Die Auswirkungen des Einsatzes der Fiskalpolitik hängen entscheidend von der konjunkturellen Ausgangssituation ab. Befindet sich die Wirtschaft in einer **Rezession** (Abb.97), so bewirkt die expansive Fiskalpolitik, z.B. in Form einer Erhöhung der autonomen Staatsausgaben, eine Rechtsverschiebung der IS-Kurve innerhalb des Keynesschen Bereichs der LM-Kurve (in Quadrant 4 von $IS_1$ nach $IS_2$). Die Finanzierung der Ausgaben kann durch Auflösung von Haushaltsüberschüssen geschehen. Die erhöhten Staatsausgaben ziehen einen Einkommensanstieg nach sich. Dies erfordert eine höhere $L_T$- Kasse. Da man sich im Bereich der Liquiditätsfalle befindet, kann das erforderliche Geld aus der $L_S$- Kasse freigesetzt werden, ohne daß sich der Zins erhöht.

Die gestiegene Güternachfrage führt zu Inflation (Quadrant 5). Auf dem Keynesianischen Arbeitsmarkt (Quadrant 3) verschiebt sich die Nachfrage nach rechts; bei gleichbleibendem Nominallohn sinkt der Reallohn wegen des Preisniveauanstiegs. Eine Zunahme der Beschäftigung ist die Folge. Das Ausmaß des Einkommens- und Beschäftigungseffekts hängt bei gegebenen Funktionsverläufen von der Höhe der zusätzlichen Staatsnachfrage ab.

Betreibt der Staat in **"normalen" Konjunkturphasen** eine expansive Fiskalpolitik, dann fällt der Einkommens- und damit Beschäftigungseffekt schwächer aus. Hier schneidet die IS-Kurve die LM-Kurve im Zwischenbereich (vgl. Abb.98; auf die Darstellung der übrigen Quadranten wurde verzichtet). Seine Erklärung findet dieser Sachverhalt im Zinsanstieg. Aufgrund der Nachfrageerhöhung steigt das Einkommen, was eine höhere Transaktionskasse bedingt. Bei gegebener Geldmenge muß dies zu Lasten der Spekulationskasse gehen. Ein Abbau der $L_S$- Kasse bedarf aber eines höheren Zinsniveaus. Der Zinsanstieg hat wiederum Rückwirkungen auf den realwirtschaftlichen Sektor, da die zinsabhängigen Investitionen nunmehr zurückgehen. Dieser Vorgang setzt einen negativen Multiplikatorprozeß in Gang, der den expansiven Einkommenseffekt der gestiegenen Staatsausgaben abschwächt. Das Verdrängen der privaten Investitionen durch den Staat bezeichnet man auch als zinsbedingten **"crowding-out-Effekt"**. Sofern der Staat seine Ausgaben durch Kreditaufnahme bei der Zentralbank finanziert,

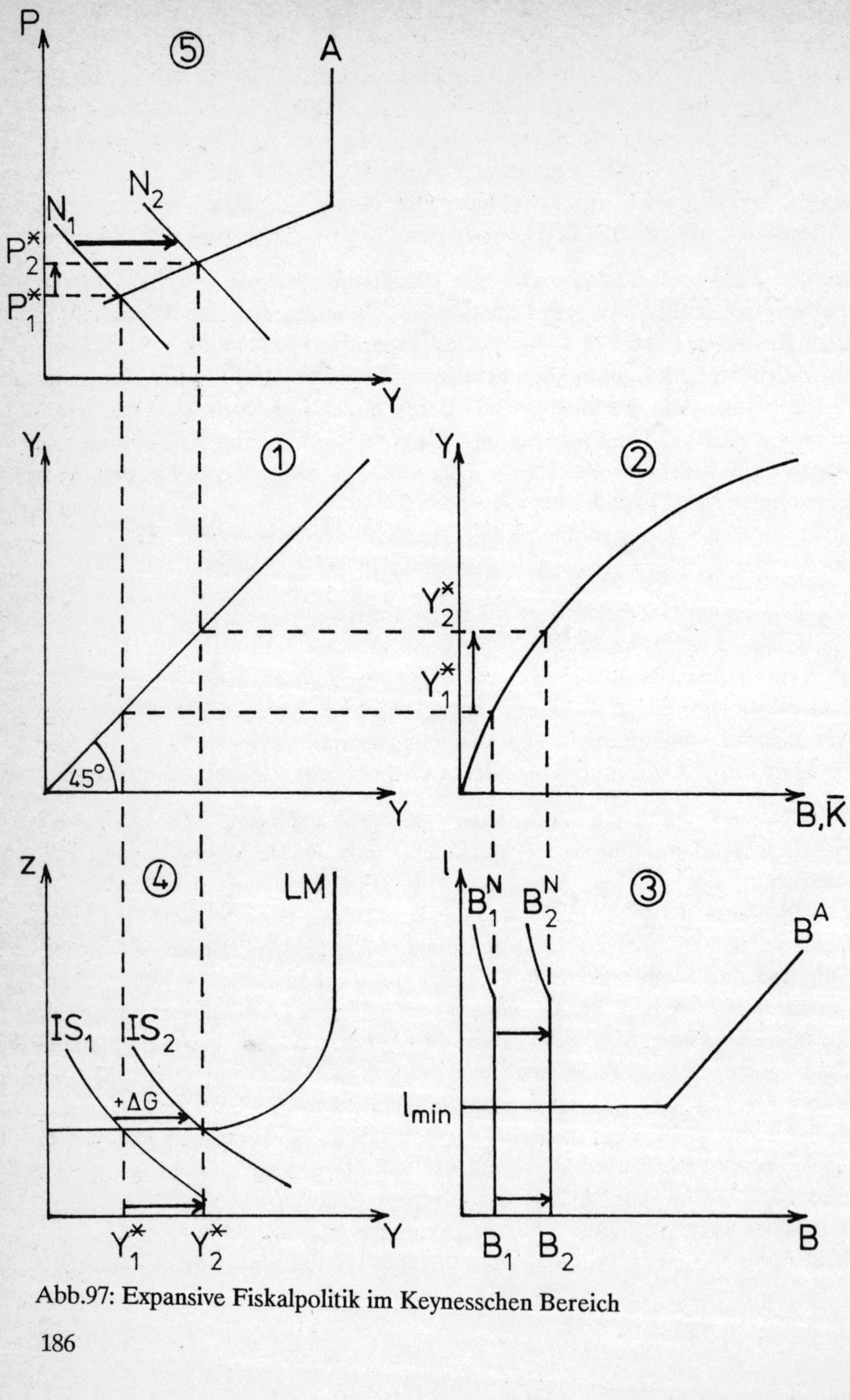


Abb.97: Expansive Fiskalpolitik im Keynesschen Bereich

wird die Expansionswirkung verstärkt, da sich die LM-Kurve nach rechts verschiebt. Auf eine genauere Erörterung der Implikationen alternativer Finanzierungsformen eines Defizits soll jedoch nicht näher eingegangen werden.

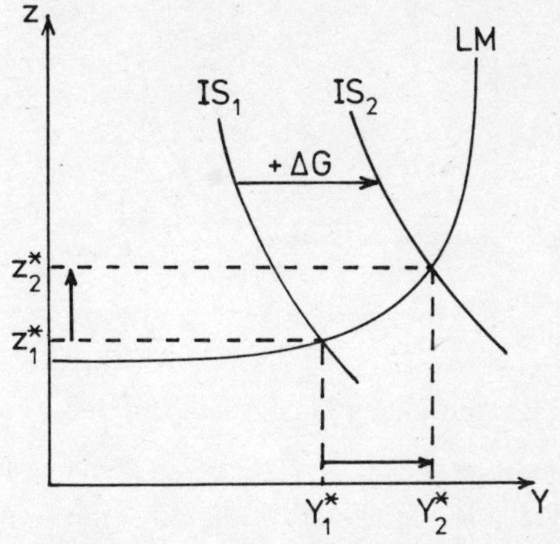


Abb.98: Expansive Fiskalpolitik im Zwischenbereich

In der **Boomphase** ist eine restriktive Fiskalpolitik angezeigt. Der Schnittpunkt der güter- und geldwirtschaftlichen Gleichgewichtskurven liegt in diesem Fall im klassischen Bereich der LM-Kurve (Abb.99). Wegen der Kürzung staatlicher Ausgaben bzw. infolge Steuererhöhungen (Verschiebung der IS-Kurve nach links) sinkt der Zins. Daraufhin steigt die private Investitionsnachfrage und tritt an die Stelle der staatlichen Nachfrage, so daß sich lediglich die Struktur, nicht aber das Volumen der gesamtwirtschaftlichen Nachfrage verändert. Die Bekämpfung konjunktureller Überhitzungserscheinungen mithilfe der staatlichen Einnahmen- und Ausgabenpolitik erscheint offenbar nicht erfolgversprechend.

Die Betrachtungen zeigen, daß die Effizienz der Fiskalpolitik in erster Linie von der konjunkturellen Ausgangssituation abhängt. In der Rezession sind die Erfolgsaussichten zur Ankurbelung der Volkswirtschaft sehr günstig, die Eindämmung einer Hochkonjunktur erscheint jedoch kaum möglich. Analytisch stehen hinter diesen Situationen die alternativen Bereiche der LM-Kurve, deren Neigung über die Wirksamkeit der Fiskalpolitik mit entscheidet. Eine niedrige **Liquiditätsneigung**, d.h. eine geringe Zinselastizität der Geldnachfrage behindert die Fiskalpolitik ebenso wie eine

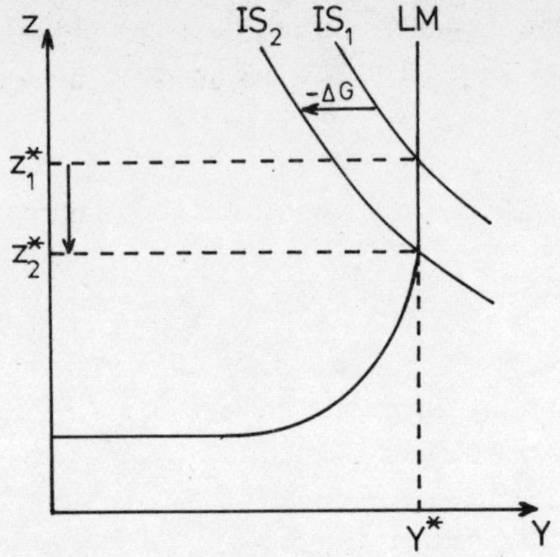


Abb.99: Restriktive Fiskalpolitik im klassischen Bereich

niedrige **Umlaufgeschwindigkeit** des Geldes, da die LM-Kurve unter diesen Bedingungen steil verläuft. Umgekehrt stellen hohe Werte von l' bzw. v günstige Voraussetzungen für die Effizienz der Fiskalpolitik dar, da hierdurch die LM-Kurve einen flachen Verlauf aufweist.

Daneben spielt die Steigung der IS-Kurve eine wesentliche Rolle für die Erfolgsaussichten der Fiskalpolitik. Die Verschiebung der IS-Kurve bewirkt einen umso stärkeren Einkommenseffekt, je steiler die IS-Kurve verläuft, d.h. je höher die **marginale Sparneigung** bzw. je niedriger die **Zinsreagibilität der Investitionen** ist. Es leuchtet unmittelbar ein, daß dann der crowding-out-Effekt wegen der Zinsunempfindlichkeit der Investoren abgeschwächt wird. Dagegen steht ein flacher Verlauf der IS-Kurve, der ein niedriges s' bzw. ein hohes z' impliziert, einer wirksamen Fiskalpolitik entgegen.

Zu bedenken sind weiterhin die Konsequenzen einer Veränderung des **Preisniveaus**. Bei einer expansiven Fiskalpolitik steigen im Zuge der Nachfrageausweitung die Preise; dies gilt zumindest dann, wenn die Wirtschaft in den Bereich der beginnenden Engpässe eintritt. Die Folge ist ein Rückgang der realen Geldmenge bzw. des Realwertes des Vermögens, wodurch der **Keynes-** bzw. **Pigou-Effekt** ausgelöst werden. Dabei kann eine Effizienzminderung der Fiskalpolitik eintreten.

Bisher wurde davon ausgegangen, daß der Staat die in der Rezession erforderlichen Ausgaben durch Auflösung von Haushaltsüberschüssen finanziert. Sollten derartige Mittel nicht vorhanden sein, so darf sich der Staat nach Keynesianischer Ansicht durchaus **verschulden**. Eine Rückzahlung scheint insofern möglich, als der Staat durch seine zusätzlichen Ausgaben einen konjunkturellen Aufschwung in Gang setzt, in dessen Gefolge die Einkommen, die Umsätze und die Beschäftigung steigen. Dies bedeutet für den Staat höhere Steuereinnahmen und rückläufige Ausgaben für die Arbeitslosenversicherung. Das Haushaltsdefizit finanziert sich auf diese Weise zumindest teilweise von selbst.

Damit rückt die Keynesianische Theorie grundlegend vom klassischen Postulat des jährlichen **Budgetausgleichs** ab. Stattdessen wird ein Haushaltsausgleich über den gesamten **Konjunkturzyklus** hinweg angestrebt. In der Rezession entstehen hierbei Haushaltsdefizite durch Ausgabenerhöhungen und Steuersenkungen. Dagegen sind in Zeiten der Hochkonjunktur Haushaltsüberschüsse zu bilden, die aus Steuererhöhungen und Ausgabenkürzungen resultieren. Insbesondere die praktische Durchsetzbarkeit der theoretisch erforderlichen Ausgabenkürzungen wird jedoch verschiedentlich stark angezweifelt. Mit dieser **antizyklischen Strategie** sollen die Konjunkturbewegungen geglättet werden. Das fallweise, im freien Ermessen des Staates liegende Eingreifen in den Wirtschaftsprozeß wird auch als **diskretionäre** Politik bezeichnet. Die Keynesianisch fundierte Wirtschaftspolitik plädiert somit für **staatliche Interventionen**, die allerdings marktkonform sein sollten.

In der Bundesrepublik Deutschland findet sich die gesetzliche Grundlage für das antizyklische Handeln der öffentlichen Hand im Keynesianisch geprägten Stabilitäts- und Wachstumsgesetz, welches im Jahr 1967 erlassen wurde. In diese Zeit fällt auch die erste Rezession nach dem zweiten Weltkrieg, in der die gesamtwirtschaftliche Produktion vorübergehend leicht rückläufige Werte aufwies. Die Überwindung dieser Konjunkturschwäche wird insbesondere von Keynesianischer Seite auf die damals praktizierte antizyklische Fiskalpolitik des damaligen Wirtschaftsministers K. Schiller zurückgeführt.

In den defizitfinanzierten Ausgaben sehen Keynesianer gleichzeitig eine "**Initialzündung**" für private Investitionen. Aus dem staatlich initiierten Nachfrageanstieg und dem damit einhergehenden Einkommenszuwachs erhofft man sich **induzierte Investitionen** der Privatunternehmen, die den Aufschwung verstärken. Dieses Prinzip der vom Staat ausgehenden Akzeleratoreffekte zur Ankurbelung der Konjunktur trägt daher auch die Bezeichnung "**pump priming**".

Aus diesen Überlegungen geht hervor, daß die staatliche Schuldenaufnahme ihre Rechtfertigung in der Belebung der Konjunktur und den damit verbundenen positiven Impulsen für den Arbeitsmarkt findet. Die Legitimation der öffentlichen Verschuldung erstreckt sich mithin auf **konjunkturelle Defizite**. Sie sind Folge von zeitlich befristeten Ausgabenerhöhungen bzw. Steuersenkungen und somit nur temporärer Natur. Liegt das Wachstum der Staatsausgaben jedoch dauerhaft über den Steuereinnahmen, so entstehen sog. **strukturelle Defizite**. Ihr Auftreten ist auch möglich, wenn die konjunkturellen Aufschwungskräfte nicht ausreichen, die zur Schuldentilgung erforderlichen Steuermehreinnahmen zu erbringen. Die öffentliche Verschuldung wächst dann immer stärker an. Gegen strukturelle Defizite bestehen sowohl aus wachstums- als auch aus ordnungspolitischer Sicht teilweise erhebliche Bedenken.

Der in den westlichen Volkswirtschaften beobachtbare starke Anstieg der Budgetdefizite seit der zweiten Hälfte der siebziger Jahre bis zu Beginn der achtziger Jahre ist in hohem Maße auf strukturelle Defizite zurückzuführen. Die Tatsache, daß sich trotz steigender Staatsverschuldung die Wachstums- und Beschäftigungsprobleme noch verschärften, ließ zunehmende **Zweifel an der Keynesianischen Theorie** und damit verbunden an der nachfrageorientierten Wirtschaftspolitik aufkommen. Dabei sollte jedoch nicht vergessen werden, daß die Keynesianische Wirtschaftspolitik prinzipiell auf den Ausgleich von Schwankungen in der effektiven Nachfrage ausgerichtet ist. Insoweit kann sie nur erfolgreich sein, wenn die Störungen auf der Nachfrageseite liegen, d.h. kurzfristigen Charakter haben. Liegen die Hauptursachen für Fehlentwicklungen jedoch auf der Angebotsseite der Wirtschaft, wie dies offenbar seit den siebziger Jahren der Fall ist, so bedarf es einer adäquaten wirtschaftspolitischen Strategie. Konsequenterweise findet seitdem auch die bereits beschriebene angebotsorientierte Wirtschaftspolitik verstärkt Beachtung und Anwendung.

### b. Möglichkeiten und Grenzen der Geldpolitik

Neben der Fiskalpolitik gilt die Geldpolitik als zentraler Bereich der Konjunkturpolitik. Träger der Geldpolitik ist üblicherweise die **Zentralbank**, deren Handlungsspielraum in Bezug auf Weisungen der Regierung (sog. **Autonomie**) von Land zu Land unterschiedlich geregelt ist. In der Bundesrepublik Deutschland ist die Deutsche Bundesbank bei ihren geldpolitischen Entscheidungen gemäß Bundesbankgesetz von Weisungen der Bundesregierung unabhängig ( § 12). Allerdings besteht für die Bundesbank die Verpflichtung, unter Wahrung ihrer Aufgabe der "Währungssicherung" ( § 3) die allgemeine Wirtschaftspolitik der Bundesregierung zu unterstützen ( § 12).

Aktionsparameter der Geldpolitik ist die **Geldmenge**, deren Volumen in der Lage der LM-Kurve zum Ausdruck kommt. Eine Erhöhung der Geldmenge, d.h. eine **expansive** Geldpolitik, die in einer rezessiven Situation angezeigt erscheint, verlagert die **LM-Kurve** nach **rechts**. Dagegen erfordern konjunkturelle Überhitzungserscheinungen und die damit verbundene Inflationsgefahr den Einsatz einer **restriktiven** Geldpolitik in Form der Geldmengenreduzierung. In diesem Fall verschiebt sich die **LM-Kurve** nach **links**. Als geeignetes Instrument zur Geldmengensteuerung bietet sich insbesondere die Offenmarktpolitik mit Nichtbanken an. Die Zentralbank betreibt hierbei Wertpapiergeschäfte mit privaten Haushalten und Unternehmungen, im Zuge derer eine unmittelbare Veränderung des Geldbestandes eintritt.

Die Effizienz der Geldpolitik richtet sich nach der jeweiligen Konjunkturlage.

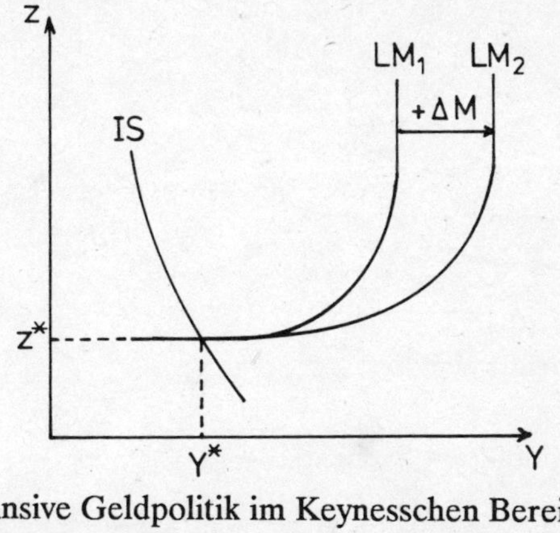


Abb.100: Expansive Geldpolitik im Keynesschen Bereich

Wie aus Abbildung 100 hervorgeht, bleibt eine expansive Geldpolitik in der **Rezession** völlig wirkungslos; zumindest gilt diese Aussage dann, wenn man den eingezeichneten horizontalen Verlauf der LM-Kurve als ein Abbild der Realität akzeptiert. Die ökonomische Erklärung liegt in den Implikationen des Keynesschen Bereichs, in dem die Liquiditätsneigung sehr hoch, im Extremfall sogar unendlich ist. Das zusätzlich von der Zentralbank ausgegebene Geld fließt in vollem Umfang in die $L_S$- Kasse, ohne daß es einer weiteren Zinssenkung bedarf. Dadurch verharren die zinsabhängigen Investitionen auf ihrem ursprünglichen Niveau, der für den Aufschwung erforderliche

Multiplikatoreffekt kommt nicht in Gang.

Interessant ist in diesem Zusammenhang ein Blick auf die Quantitätsgleichung des Geldes

$$M \cdot v = P \cdot Y$$

Im Keynesschen Bereich gehen von einer Geldmengenerhöhung keinerlei Wirkungen auf die Güternachfrage aus, d.h. auf der rechten Seite der Gleichung bleiben P und Y unverändert. Folglich muß die Zunahme von M durch einen Rückgang von v kompensiert werden. Dieses Ergebnis ist kennzeichnend für die Keynesianische Sichtweise, derzufolge es sich bei der **Umlaufgeschwindigkeit** des Geldes um eine höchst **instabile** und damit für die Geldpolitik nicht berechenbare Größe handelt.

Im Zwischenbereich hingegen zeigt die Geldpolitik Wirkungen im realen Sektor (Abb.101). Infolge der gestiegenen Geldmenge ist

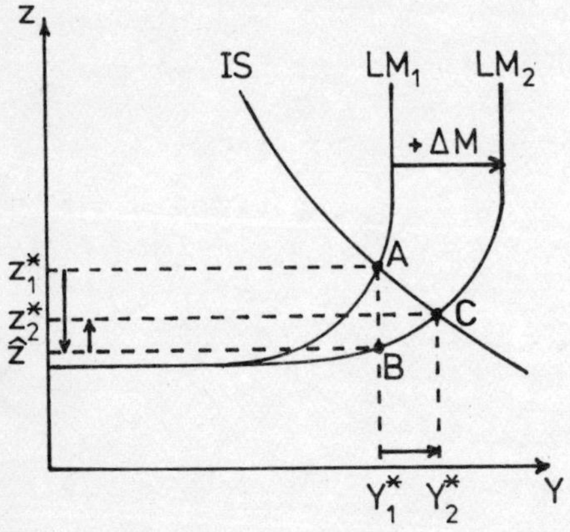


Abb.101: Expansive Geldpolitik im Zwischenbereich

ein höheres Einkommen bei gesunkenem Zinssatz zu verzeichnen. Der Weg zum neuen Gleichgewicht (Punkt C) kann dabei in zwei Komponenten zerlegt werden. Im ersten Schritt gelangt die zusätzliche Geldmenge in die $L_S$- Kasse, wozu es eines Zinsrückganges auf $\hat{z}$ bedarf. Man bezeichnet dies als den **"Liquiditätseffekt"** (im Bild von A nach B). Der Zins stellt das Bindeglied zwischen monetärem und realem Bereich der Volkswirtschaft dar, er ist die sog. **"Transmissionsvariable"**. Aufgrund der Zinssenkung steigt die Investitionstätigkeit der Unternehmungen, was eine Einkommenssteigerung bewirkt. Die Finanzierung des höheren Einkommens bedarf aber ceteris paribus einer höheren Transaktionskasse. Das erforderliche Geld kann nur aus der Spekulationskasse bereitgestellt werden, wobei es zur Freisetzung des erforderlichen Geldbetrages eines höheren Zinssatzes bedarf. Dieser schwächt die Investitionsnachfrage teilweise wieder ab. Das neue Gleichgewicht stellt sich bei $z^*_2$ und $Y^*_2$ ein. Den Einkommensanstieg (von B nach C) nennt man den **"Einkommenseffekt"**, mit dem ein entsprechender Beschäftigungseffekt verbunden ist.

Wie aus Abbildung 101 unmittelbar hervorgeht, hängt das Ausmaß des Einkommensanstiegs von der **Neigung der IS-Kurve** ab. Je flacher sie verläuft, desto stärker fällt der Einkommenseffekt aus. Die **Effizienz** der Geldpolitik wird somit durch eine **geringe Sparneigung** bzw. eine **hohe Zinsreagibilität der Investitionen** begünstigt. Umgekehrt behindert eine geringe Zinsreagibilität der Investitionen ebenso die Geldpolitik wie eine hohe Sparneigung, was im Extremfall einen senkrechten Verlauf der IS-Kurve und damit eine völlige Unwirksamkeit der Geldpolitik bedeutet.

Eine Geldmengenzunahme innerhalb des Zwischenbereichs beeinflußt auch die rechte Seite der Quantitätsgleichung. Nach Maßgabe der relevanten Funktionsverläufe steigen das Preisniveau und das Realeinkommen an. Fände die Geldmengenausweitung in der Hochkonjunktur, d.h. im senkrechten Teil der LM-Kurve statt, so blieben v und Y unverändert. In diesem Fall käme es ausschließlich zu Inflation, ein Ergebnis, zu dem bekanntlich die Klassik gelangte. Dieser Tatbestand macht die Sinnhaftigkeit der Bezeichnung "klassischer Bereich der LM-Kurve" deutlich. Die Ergebnisse der klassischen Theorie können insoweit als ein Spezialfall der "Allgemeinen Theorie" von Keynes interpretiert werden.

Von besonderer Bedeutung ist der restriktive Einsatz der Geldpolitik im **Boom**. Liegt das Gleichgewichtseinkommen auf sehr hohem Niveau, schneidet die IS-Kurve die LM-Kurve also im klassischen Bereich, so besteht die Gefahr von Inflation, der die Zentralbank entgegenzutreten hat. Die erforderliche Reduzierung der Geldmenge, die aus Wertpapierverkäufen seitens der Zentralbank resultieren kann, verschiebt die LM-Kurve nach links (Abb.102). Infolge des gestiegenen Zinses gehen die privaten Investitionen zurück, ein negativer Multiplikatorprozeß setzt ein, in dessen Gefolge das Einkommen auf $Y^*_2$ absinkt. Sowohl der höhere Zins als auch das geringere Einkommen verringern die Geldnachfrage, die sich dem gesunkenen Geldangebot anpaßt.

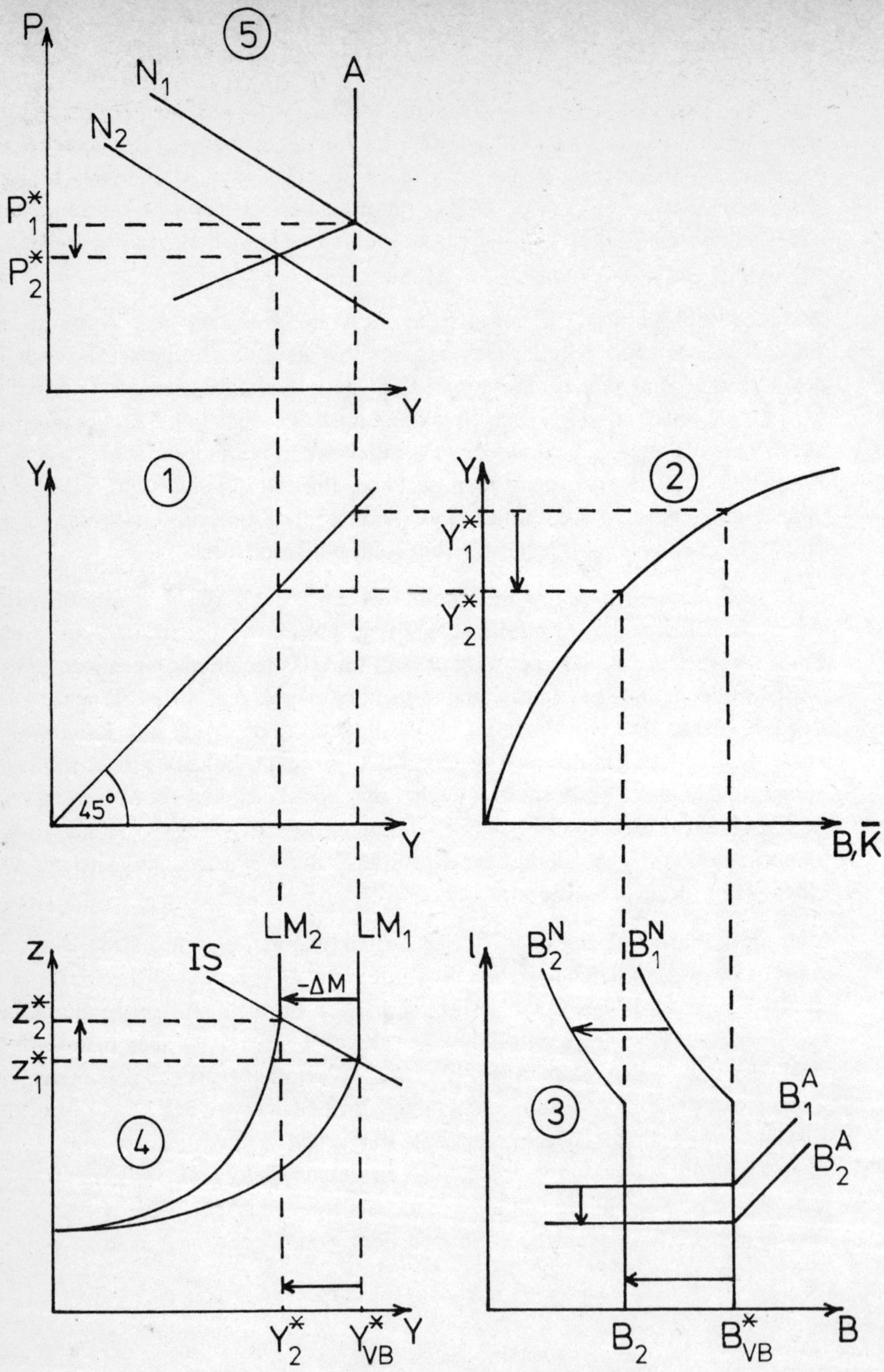


Abb.102: Restriktive Geldpolitik im klassischen Bereich

Die geringere Güternachfrage bewirkt einen Rückgang des Preisniveaus (Quadrant 5) bzw. der Inflationsrate, sofern von Veränderungsraten der Variablen ausgegangen wird. Auf dem Keynesianischen Arbeitsmarkt verschiebt sich die Arbeitsnachfragefunktion nach links. Wegen der allgemeinen Preissenkung steigt der Reallohn, wodurch es zu einer Verringerung der Arbeitsnachfrage und damit zu Arbeitslosigkeit kommt. Daraus wird deutlich, daß die Wiedergewinnung der Preisniveaustabilität zumindest kurzfristig zu Lasten des Beschäftigungsgrades gehen kann. Dieser Zielkonflikt, der den "schmalen Grat" deutlich macht, auf dem sich die Geldpolitik bewegt, wenn sie Inflations- und Beschäftigungsrisiken abzuwägen hat, ist in der Literatur unter der Bezeichnung **"Phillips-Kurve"** bekannt.

Die Effizienz der Geldpolitik wird auch umso mehr vermindert, je steiler die IS-Kurve verläuft. Hiermit ist gerade in der Hochkonjunktur zu rechnen. Die Unternehmen haben in dieser Situation unter Umständen sehr positive Gewinnerwartungen, so daß sie trotz einer Verteuerung des Geldes ihre Investitionstätigkeit nicht bzw. kaum einzuschränken gewillt sind.

Bei den bisherigen Überlegungen blieben der Keynes- bzw. der Pigou-Effekt unberücksichtigt. Betreibt die Zentralbank eine expansive Geldpolitik, die einen Nachfrageanstieg auslöst, so steigt möglicherweise das Preisniveau. Die damit einhergehende Linksverschiebung der LM-Kurve beeinträchtigt die Wirksamkeit der Geldpolitik. Umgekehrt stellt sich bei einer restriktiven Geldpolitik die beabsichtigte Linksverschiebung der LM-Kurve infolge des Preisniveaurückgangs nur teilweise ein. Insoweit führen der Keynes- bzw. der Pigou-Effekt, sofern sie zum Tragen kommen, zu einer Effizienzminderung der Geldpolitik.

## c. Das Konzept der Globalsteuerung

Die Betrachtungen zum Einsatz der Geld- und Fiskalpolitik machten deutlich, daß die Erfolgsaussichten dieser Politikbereiche wesentlich von den Steigungsparametern der IS- und LM-Kurve abhängen. In Tabelle 11 ist dieser Sachverhalt zusammenfassend dargestellt. Bezüglich der konjunkturellen Situation erweist sich vor dem Hintergrund der Keynesianischen Theorie die Fiskalpolitik als geeignet zur Überwindung einer Rezession. Hier versagt die von der Zentralbank betriebene "Politik des billigen Geldes" infolge der hohen Liquiditätsneigung, d.h. weil die zusätzlich eingegebenen Zahlungsmittel nicht nachfragewirksam eingesetzt werden. Dagegen erweist sich die Geldpolitik bei der Boombekämpfung als überlegen.

| Steigungsparameter | LM-Kurve | IS-Kurve | Geldpolitik | Fiskalpolitik |
|---|---|---|---|---|
| l' hoch, k niedrig | flach | | − | + |
| l' niedrig, k hoch | steil | | + | − |
| z' hoch, s' niedrig | | flach | + | − |
| z' niedrig, s' hoch | | steil | − | + |

Tab.12: Effizienz der Geld- und Fiskalpolitik

Für die Wirtschaftspolitik wird daher ein entsprechend kombinierter Mitteleinsatz beider Politikbereiche empfohlen, ein sog.**"policy mix"**.

Dies bedeutet zugleich eine bestimmte Sicht der **Rollenverteilung** in der Wirtschaftspolitik. Die Fiskalpolitik trägt in erster Linie die Verantwortung für die Sicherung der Vollbeschäftigung und damit verbunden für die Entwicklung des Volkseinkommens. Demgegenüber kann der Zentralbank das Ziel der Erreichung und Sicherung der Preisniveaustabilität übertragen werden. Die Zuordnung der Stabilitätsziele auf die Träger der Wirtschaftspolitik steht in unmittelbarem Zusammenhang mit der prinzipiellen Wirkungsweise der alternativen Politikbereiche. Die Fiskalpolitik wirkt sowohl indirekt als auch direkt auf die gesamtwirtschaftliche Nachfrage und damit auf Produktion und Beschäftigung. Dagegen beeinflußt die Geldpolitik die volkswirtschaftliche Endnachfrage grundsätzlich nur auf indirektem Wege. Daher nimmt der antizyklische Einsatz der Fiskalpolitik eine dominierende Rolle in einer Keynesianisch fundierten Stabilisierungspolitik ein. Diesem Tatbestand hat der Keynesianismus die vielfach verwendete Etikettierung **"Fiskalismus"** zu verdanken, und Keynesianer werden dementsprechend auch häufig als **"Fiskalisten"** bezeichnet.

Die Keynesianisch ausgerichtete interventionistische Strategie der antizyklischen Beeinflussung der gesamtwirtschaftlichen Nachfrage ist auch als **"demand management"** oder **"Globalsteuerung"** bekannt. Die erste Bezeichnung läßt erkennen, daß die Nachfrage und damit die Konjunktur in den Augen der Keynesianer grundsätzlich "machbar" ist. Der zweite Begriff macht deutlich, daß es bei dieser stabilitätspolitischen Strategie nicht um die Steuerung des wirtschaftlichen Handelns einzelner Wirtschaftssubjekte geht. Vielmehr steht die Beeinflussung der Komponenten der gesamtwirtschaftlichen Nachfrage im Zentrum.

Auch wirtschaftliche Probleme einzelner Branchen und Regionen finden in diesem wirtschaftspolitischen Konzept keine spezifische Berücksichtigung. Die Vernachlässigung sektoraler und regionaler Aspekte bildet einen wichtigen Kritikpunkt an der Globalsteuerung. Sie sollte in Verbindung mit einer den jeweiligen Erfordernissen entsprechenden **Struktur- und Regionalpolitik** betrieben werden.

Ein weiteres Problem im Konzept der antizyklischen Nachfragesteuerung wird im **freien Entscheidungs- und Handlungsspielraum** der Träger der Wirtschaftspolitik erblickt. Es liegt im Ermessen der öffentlichen Stellen und der Zentralbank, ob und wie lange die zur Verfügung stehenden Instrumente zum Einsatz kommen sollen. Auch die Auswahl der Instrumente sowie der Zeitpunkt des Einsatzes und die Dosierung unterliegen der politischen Willensbildung. Um in diesen Punkten richtig zu entscheiden, ist letztlich die genaue Kenntnis aller Ursache-Wirkungs-Zusammenhänge einschließlich des Zeitbedarfs der Anpassungsvorgänge erforderlich. Die "wahren" Zusammenhänge sind jedoch nicht vollständig bekannt, so daß Ermessensentscheidungen im Rahmen der antizyklischen "stop-and-go-Politik" stets mit einem Risiko behaftet sind.

Insbesondere der Aspekt von **Zeitverzögerungen** nimmt innerhalb der von monetaristischer Seite geübten Kritik an der Keynesianisch betriebenen Stabilitätspolitik breiten Raum ein. Zunächst besteht die Schwierigkeit darin, Fehlentwicklungen anhand geeigneter Indikatoren möglichst frühzeitig zu erkennen. Neben dieser **Erkennungsverzögerung** treten aber noch weitere **"time lags"** auf, die für die beiden im Mittelpunkt stehenden Politikbereiche von unterschiedlicher Bedeutung sind.

Bei der **Fiskalpolitik** ist vor allem mit **Entscheidungs- und Handlungsverzögerungen** zu rechnen. Zu denken ist hier etwa an langwierige Prozesse der politischen Willensbildung, speziell an das Zögern von Politikern beim Einsatz unpopulärer Instrumente. Die Wirkung der Fiskalpolitik auf die gesamtwirtschaftliche Nachfrage tritt jedoch, insbesondere bei der direkten Steuerung der Nachfragekomponenten, schnell ein; der Wirkungslag der Fiskalpolitik ist also vergleichsweise kurz.

Umgekehrt sieht es im Bereich der **Geldpolitik** aus. In der Bundesrepublik tagt der für die geld- und kreditpolitischen Entscheidungen zuständige Zentralbankrat alle zwei Wochen, so daß von dieser Seite her im Bedarfsfall mit einer raschen Entscheidung gerechnet werden kann. Angesichts der indirekten Wirkungsweise der Geldpolitik entstehen jedoch unter Umständen lange **Wirkungsverzögerungen**. Empirische Untersuchungen gelangten zu dem Ergebnis, daß geldpolitische time lags eine Länge von ca. zwei bis acht Quartalen aufweisen, wobei die Wirkungsverzögerungen einer expansiven Geldpolitik länger ausfallen als beim restriktiven Einsatz. Die Geldpolitik ist offenbar durch relativ **lange** und **variable** time lags gekennzeichnet.

Aus der Existenz von time lags folgt, daß der antizyklische Einsatz geld- und fiskalpolitischer Instrumente **prozyklische Wirkungen** auslösen kann. Die nach Keynesianischem Muster betriebene Stabilisierungspolitik erreicht dann aber keine Glättung der Konjunkturausschläge, sondern sie **verstärkt** vielmehr **konjunkturelle Schwankungen**. Die Kritiker der Keynesianischen Stabilisierungsstrategie sehen daher in der antizyklischen Wirtschaftspolitik eine entscheidende Ursache für das Auftreten von Konjunkturschwankungen.

Um die destabilisierenden Kräfte der antizyklischen Wirtschaftspolitik auszuschalten, bedarf es nach Auffassung der Gegner des Keynesianischen Konzepts eines grundlegenden Strategiewechsels. An die Stelle von Ermessensentscheidungen sollen längerfristig ausgerichtete **Regelbindungen** treten. Die Geldpolitik hat nach dieser Auffassung ein am Zuwachs des Produktionspotentials ausgerichtetes Wachstum der Geldmenge anzustreben. Für den fiskalischen Bereich wird eine sog. "konjunkturneutrale Haushaltspolitik" gefordert, die ebenfalls am Produktionspotential auszurichten ist. Aus der Verstetigung des Geldmengenwachstums sowie der Entwicklung der Staatseinnahmen und Staatsausgaben versprechen sich die auf klassischer Basis argumentierenden Kritiker der Keynesianischen Strategie eine Stabilisierung des Wirtschaftsprozeßes.

Die Vorschläge zur Regelbindung gehen teilweise sogar so weit, daß die Träger der Wirtschaftspolitik über keinerlei Handlungsspielraum mehr verfügen sollen. Eine derart extreme Forderung, bei deren Erfüllung die Geld- und Fiskalpolitik nur noch technokratischen Charakter hätten, wird jedoch überwiegend als zu weitgehend empfunden. Zwar legen die beschriebenen Probleme einer antizyklischen Wirtschaftspolitik die Abkehr von dieser Strategie und die prinzipielle Ausrichtung an der langfristigen Entwicklung der Produktionsmöglichkeiten einer Volkswirtschaft nahe. Trotzdem sollten nach verbreiteter Meinung die Geld- und Fiskalpolitik noch einen ausreichenden Spielraum besitzen, um bei als zu stark empfundenen Fehlentwicklungen kurzfristig korrigierend eingreifen zu können.

Zweifellos waren die angeführten Mängel, die der Keynesianisch orientierten Wirtschaftspolitik anhaften, mitverantwortlich dafür, daß diese stabilitätspolitische Konzeption auf zunehmende Skepsis stieß. Daneben spielt aber auch die Erkenntnis über die Ursachen der seit den siebziger Jahren verstärkt auftretenden wirtschaftlichen Fehlentwicklungen eine entscheidende Rolle für den **"Paradigmawechsel"** in der Stabilisierungspolitik. Wie an früherer Stelle erörtert, liegen die Schwierigkeiten in jüngster Vergangenheit nicht in erster Linie auf der Nachfrageseite, sondern auf der Angebotsseite der Volkswirtschaft. An die Stelle von konjunkturellen traten zunehmend strukturelle Probleme. Auf dem Hintergrund dieses Befundes konnte ein Konzeptionswechsel in der Wirtschaftspolitik nicht überraschen. Es bleibt abzuwarten, ob und wann das "Pendel der Zeit" wieder in die andere Richtung umschlägt.

# LITERATURVERZEICHNIS

## 1. Allgemeine Literaturhinweise

Ackley, G., Macroeconomic Theory, New York 1974

Barro, R.J., Makroökonomie, Regensburg 1986

Below, v., E., u.a., Makroökonomie, 2. Aufl., Wiesbaden 1979

Blümle, G., u.a., Grundlagen der Makroökonomik, Stuttgart u.a. 1977

Branson, W.H., Macroeconomic Theory and Policy, 2. Aufl., New York 1979

Cezanne, W., Grundzüge der Makroökonomik, 3. Aufl., München 1985

Claassen, E.M., Grundlagen der makroökonomischen Theorie, München 1980

Dernburg, T.F., McDougall, D.M., Lehrbuch der makroökonomischen Theorie, 3. Aufl., Stuttgart 1981

Dornbusch, R., Fischer, S., Makroökonomik, 3. Aufl., München 1985

Felderer, B., Homburg, S., Makroökonomik und neue Makroökonomik, 2. Aufl., Berlin u.a. 1985

Frerichs, W., Einkommens- und Beschäftigungstheorie, Neuwied 1974

Fuhrmann, W., Rohwedder, J., Makroökonomik, München 1986

Helmstädter, E., Wirtschaftstheorie, Bd. II: Makroökonomische Theorie, 2. Aufl., München 1981

Heubes, J., Makroökonomie, München 1982

Majer, H., Makoökonomik, München 1984

Monissen, H.G., Makroökonomische Theorie, 2 Bände, Stuttgart u.a. 1982

Münnich, F.E., Einführung in die empirische Makroökonomik, 3. Aufl., Berlin 1982

Peto, R., Grundlagen der Makroökonomik, 6. Aufl., München 1985

Rettig, R., Voggenreiter, D., Makroökonomische Theorie, 5. Aufl., Düsseldorf 1985

Richter, R., Schlieper, U., Friedmann, W., Makroökonomik, 4. Aufl., Berlin u.a. 1981

Rittenbruch, K., Makroökonomie, 4. Aufl., München 1986

Rose, K., Art. "Einkommens- und Beschäftigungstheorie" in: Kompendium der Volkswirtschaftslehre, Bd. 1, Hrsg.: W. Ehrlicher u.a., 5. Aufl., Göttingen 1975

Roth, A., Sonnenschein, U., Volkswirtschaftslehre-Teil 2, Sindelfingen, Stuttgart 1985

Siebert, H., Einführung in die Volkswirtschaftslehre, Teil II, 5. Aufl., Stuttgart u.a. 1982

Siebke, J., Thieme, H.J., Art. "Einkommen, Beschäftigung, Preisniveau", in: Vahlens Kompendium der Wirtschaftstheorie und Wirtschaftspolitik, Bd. 1, 2. Aufl., München 1982
Stobbe, A., Gesamtwirtschaftliche Theorie, Berlin u.a. 1975
Wedig, W., Einkommen und Beschäftigung, in: Grundriß der Volkswirtschaftslehre, Bd. 2, Hrsg.: H. Frisch u.a., 2. Aufl., Baden-Baden 1979
Woll, A., Allgemeine Volkswirtschaftlehre, 8. Aufl., München 1984
Wykoff, F.C., Theorie und Politik der Makroökonomie, Wiesbaden 1979

## 2. Weiterführende Literaturhinweise

### Erster Teil: Ex-post-Analyse des Volkseinkommens und der Beschäftigung

Brümmerhoff, D., Gesamtwirtschaftliches Rechnungswesen, Köln 1975
Cassel, D., Müller, H., Kreislaufanalyse und volkswirtschaftliche Gesamtrechnung, Stuttgart 1975
Geigant, F., u.a. Der Milliardenkreislauf, München, Wien 1972
Haslinger, F., Volkswirtschaftliche Gesamtrechnung, 4. Aufl., München 1986
Leipert, C., Unzulänglichkeiten des Sozialprodukts in seiner Eigenschaft als Wohlstandsmaß, Tübingen 1975
Müller-Meerkatz, P., Wirtschaftskreislauf und Gesamtrechnung, Neuwied 1974
Peto, R., Einführung in das Volkswirtschaftliche Rechnungswesen, 2. Aufl., München 1985
Stobbe, A., Volkswirtschaftslehre I, Volkswirtschaftliches Rechnungswesen, 4. Aufl., Berlin u.a. 1976
Ungerer, A., Häuser, S., Wirtschaftsstatistik als Entscheidungshilfe, Freiburg 1986

### Zweiter Teil: Ex-ante-Analyse des Volkseinkommens und der Beschäftigung

#### I.: Vorbemerkungen

Recktenwald, H.C., Die Klassik der ökonomischen Wissenschaft, WiSt, 12. Jg., 4/1983
Keynes, J.M., Allgemeine Theorie der Beschäftigung, des Zinses und des Geldes, ins Deutsche übersetzt von F. Waeger, 5. Aufl., Berlin 1974
Smith, A., Der Wohlstand der Nationen, London 1776, aus dem Englischen übertragen und mit einer Würdigung von H.C. Recktenwald, München 1974

Kleinewefers, H., Jans, A., Einführung in die volkswirtschaftliche und wirtschaftspolitische Modellbildung, München 1983
Ott, A.E., Winkel, H., Geschichte der theoretischen Volkswirtschaftslehre, Göttingen 1985
Stavenhagen, G., Geschichte der Wirtschaftstheorie, 4. Aufl., Göttingen 1969

**II.: Gütermarkt**

Borchert, M., Implikationen des Haavelmo-Theorems, WISU, 12. Jg., 1/1983
Cezanne, W., Grundzüge der Theorie der Investitionsnachfrage, WISU, 12. Jg., 8/1983
König, H., Art. "Konsumfunktionen", in: Handwörterbuch der Wirtschaftswissenschaft (HdWW), 4. Bd., Stuttgart u.a. 1978
Schulz, K.-E., Bestimmungsgründe der Investitionen (I) und II, WISU, 5. Jg., 11/1976 und 12/1976
Walter, H., Das Saysche Theorem, WISU, 15. Jg., 11/1986
Heubes, J., Das Akzeleratorprinzip, WiSt, 10. Jg., 4/1981
Streissler, E. und M. (Hrsg.), Konsum und Nachfrage, Köln, Berlin 1966

**III.: Geldmarkt**

Dürr, E., Time lags der Geldpolitik, Kredit und Kapital, 3. Jg., 1970
Claassen, E.-M., Die Definitionskriterien der Geldmenge: $M_1$, $M_2$,...oder $M_x$ ?, Kredit und Kapital, 7. Jg., 1974
Borchert, M., Geld und Kredit, Eine Einführung in die Geldtheorie und Geldpolitik, Stuttgart u.a. 1982
Issing, O., Einführung in die Geldtheorie, 4. Aufl., München 1981
Siebke, J., Willms, M., Theorie der Geldpolitik, Berlin u.a. 1974
Kalmbach, P. (Hrsg.), Der neue Monetarismus, München 1973
Ehrlicher, W., Becker, W.-D. (Hrsg.), Die Monetarismus-Kontroverse, Beihefte zu Kredit und Kapital, Heft 4, Berlin 1978
Cezanne, W., Grundzüge der Theorie der Geldnachfrage, WISU, 11. Jg., 7/1982

**IV.: Arbeitsmarkt**

Kösters, W., Zur theoretischen und empirischen Bestimmung der Vollbeschäftigung, Göttingen 1986
Friedmann, W., Reallohn und Beschäftigung, Saarbrücken 1975
Schmitt-Rink, G., Reallohnniveau und unfreiwillige Arbeitslosigkeit, WISU, 14. Jg., 1/1985

Siebert, H., Mohr, E., Nachfrage nach Arbeit und Beschäftigung, WISU, 15. Jg., 5/1986
Luckenbach, H., Grundzüge der Theorie des Arbeitsangebots, WiSt, 8. Jg., 2/1979
Walter, H., Lohnhöhe und Arbeitsangebot, WISU, 11. Jg., 3/1982
Hübl, L., Schepers, W., Arbeitslosigkeit, Hannover 1981

**V.: Gesamtwirtschaftliches Gleichgewicht**

Neldner, M., Preisflexibilität und Vollbeschäftigungstendenz: Der Pigou-Effekt, WISU, 8. Jg., 10/1979
Pohl, R., Theorie der Inflation, München 1981
Dieckheuer, G., Der Crowding-out-Effekt - Zum gegenwärtigen Stand von Theorie und Empirie, DIW-Vierteljahreshefte zur Wirtschaftsforschung (DIW-Symposium: Strategien zur Wiedererlangung der Vollbeschäftigung), 1/1980
Mackscheidt, K., Steinhausen, J., Finanzpolitik I, Grundfragen fiskalpolitischer Lenkung, 3. Aufl., Tübingen und Düsseldorf 1978
Harbrecht, W., Der Keynes-Effekt, WiSt, 3. Jg., 5/1974
Landmann, O., Keynes in der heutigen Wirtschaftstheorie, in: Der Keynesianismus I, Hrsg.: G. Bombach u.a., Berlin u.a. 1976
Jarchow, H.-J., Theorie und Politik des Geldes, I. Geldtheorie, 5. Aufl., Göttingen 1982

**VI.: Wirtschaftspolitische Konsequenzen**

Flassbeck, H., Was ist Angebotspolitik? Konjunkturpolitik, 28. Jg., 1982
Friedrich, H., Stabilisierungspolitik, 2. Aufl., Wiesbaden 1986
Kock, H., u.a., Konzepte der Konjunktursteuerung, Köln 1977
Müller, R., Röck, W., Konjunktur- und Stabilisierungspolitik, 3. Aufl, Stuttgart u.a. 1985
Pätzold, J., Angebotsorientierte Wirtschaftspolitik, Hrsg.: Informationsstelle Wirtschaft Baden-Württemberg (ISW), Stuttgart 1986
ders., Stabilisierungspolitik, 2. Aufl., Bern u. Stuttgart 1987
Schaal, P., Konjunktur und Stabilität, Stuttgart u.a. 1977
Teichmann, U., Grundriß der Konjunkturpolitik, 2. Aufl., München 1982
Welfens, P.J., Theorie und Praxis angebotsorientierter Wirtschaftspolitik, Baden-Baden 1985
Wendisch, P., Supply-Side Policy. Theoretische Grundlagen und prozeßpolitische Konsistenz, Frankfurt/M. u.a. 1984

## STICHWORTVERZEICHNIS


Abschreibungen 18
Aggregate 3
Agio 53
Akzelerator 103 ff.
Allokationsfunktion 19
Angebot
- auf dem Arbeitsmarkt 145 f., 151 f.
  geldwirtschaftliches- 118, 134, 137
  güterwirtschaftliches- 14 ff., 44 ff., 67 f.
angebotsorientierte Wirtschaftspolitik 181 ff.
Anlageinvestitionen 12
Arbeitsangebot 145 ff., 151 f.
Arbeitslosigkeit 31 f., 150, 154
Arbeitsmarkt 31 ff., 41 f., 145 ff.
Arbeitsnachfrage 147 ff., 152 f.
Arbeitsteilung 7
ausgleichende Ausgaben 86
Ausland 20 f., 95 ff.
außenwirtschaftliche Absicherung 180
Autonomie 190

Bargeld 116
Banknoten 116
Beschäftigungsfunktion 152
Bestandsgröße 121
Bonds, s. Obligationen
Bruttoproduktionswert 24
Budgetausgleich 87, 90, 189

Cambridge-Gleichung 123
Ceteris-paribus-Gleichung 35
crowding-out-Effekt 185, 188

Definitionsgleichungen 35
Defizite 86, 183, 189 f.
deflatorische Lücke, s. Kontraktionslücke
demand management 196
Dichotomie 127
Disinflation 127
Distributionsfunktion 19
Dominanzhypothese 181

Ein-Gut-Wirtschaft 48 f.
Einkommen, s. Sozialprodukt
Einkommenkreislaufgeschwindigkeit, s. Umlaufgeschwindigkeit
Entstehungsrechnung 26 f.
evolutorisch 13, 52
ex ante 5
Expansionslücke 78 f., 112
Exporte 21, 95
Exportmultiplikator 97
ex post 4, 14
- Identität 14, 18

Faktoreinkommen 8 f.
festverzinsliche Wertpapiere, s. Obligationen
Finanzierungsrechnung 6
Fishersche Verkehrsgleichung 125
Fiskalismus 196
Fiskalpolitik 184 ff., 197

Gegenwartswert 99
Geldangebot 118
Geldfunktionen 115 ff.
Geldhyperbel 125
Geldillusion 146, 151
Geldlohnsatz, s. Nominallohnsatz
Geldmarkt 41 f., 115 ff.
Geldmenge 117
Geldmengenregel 180
Geldnachfrage 118 ff., 128 ff.
Geldpolitik 127, 178, 184, 190 ff., 197 f.
Geldsubstitute 116
Geldvermögen 11 f., 129

gesamtwirtschaftliche Angebotsfunktion 156, 170 f.
gesamtwirtschaftliche Nachfragefunktion 156, 171 f.
Giralgeldschöpfung 118, 160 ff.
Gleichgewicht 14, 36,
- auf dem Arbeitsmarkt 149 ff., 154
  geldwirtschaftliches- 124 ff., 133 ff.
  gesamtwirtschaftliches- 156 ff., 167 ff.
  güterwirtschaftliches- 57 ff., 69 ff., 95, 97, 106 ff.
  stabiles- 50, 78, 112, 141, 165 ff.
Globalsteuerung 196
Grenzleistungsfähigkeit des Kapitals 99 f., 184
Grenzproduktivität
- der Arbeit 46, 147 f., 152
- des Kapitals 46, 56 f.
Gütermarkt 41 f., 44 ff.

Haavelmo-Theorem 91
Haushalte 2, 7 ff.
Haushaltsdefizit 41, 86, 189 f.
Hicks-Hansen-Diagramm 164

Importe 21, 95
Inflation 127, 181
inflatorische Lücke, s.Expansionslücke
Injektionen 94, 97
Inlandsproduktbegriffe 24
Input-Output-Tabellen 6
institutionelle Gleichungen 35
Investitionen 12 ff.,
  autonome- 69
  Brutto- 18
  Ersatz- 18
  induzierte- 104, 189
  Lager- 12, 16, 74
  Netto- 18
Investitionsfalle 176
Investitionsfunktion
  autonome- 69 ff.
  einkommensabhängige- 102 ff.
  klassische- 55 ff.
  zinsabhängige- 98 ff.
Investitionsmultiplikator 80 ff.
Investitionsneigung 101
  marginale- 102
IS-Kurve 107 ff., 164 ff., 185 ff.

Kapazitätseffekt 85
Kassenhaltungskoeffizient 123
Kaufkrafttheorie 154
Keynesianischer Ansatz 37, 39 ff., 62 ff., 128 ff., 151 ff., 164 ff., 183 ff.
Keynes-Effekt 174 f., 188, 195
Keynesscher Bereich 131, 138, 172, 176, 185, 191
Keynessches Unterbeschäftigungsgleichgewicht 167
klassischer Ansatz 37 ff., 44 ff., 118 ff., 145 ff., 156 ff., 178 ff.,
klassischer Bereich 130 f., 138, 187 f., 193 f.
Konsum 9
  autonomer- 64 f.
- funktion 55, 63 ff.
- hypothesen 64, 67 f.
- neigung 64
  ungeplanter- 17, 71, 74 f.
Kontraktionslücke 78 f., 112
Kreislauf 7 ff.
  äußerer- 9
  Gleichungsform des 10
  innerer- 9
  Kontenform des 10
  Matrixform des 10 f.
Kreislaufaxiom 9 ff.
Kurs 54 f., 129 ff.

Kurserwartungen 131

Lagerinvestitionen, s. Investitionen
Lieferfristen 74
Liquidität 129 f.
Liquiditätsfalle, s.Keynesscher Bereich
Liquiditätsneigung 131, 184, 187
Liquiditätspräferenzfunktion 130
LM-Kurve 136 ff., 164 ff., 185 ff., 191 ff.
Lohnpolitik 178, 183
Lohnquote 28
Lundberg-lag 76

makroökonomische Theorie 2 ff.
Malthusianisches Gesetz 146
Mehr-Güter-Wirtschaft 49 ff.
Modell 34 ff.
Monetarismus 127, 180 f.
Münzen 116

Nachfrage
- auf dem Arbeitsmarkt 147 ff., 152 f.
  geldwirtschaftliche- 118 ff., 128 ff.
  güterwirtschaftliche- 14 ff., 44, 59 ff., 62 ff.
nachfrageorientierte Wirtschaftspolitik 184 ff.
Neoklassik 160
Neoquantitätstheorie 126, 180
Neutralität des Geldes 127, 141, 160
Nominallohnsatz 145 ff., 151 ff.
Nominalvermögen, s. Geldvermögen

Obligationen 53 ff., 129
Opportunitätskosten 129 ff.
Ordnungspolitik 179

Paradigmen 37 ff., 199
Phillips-Kurve 195
Pigou-Effekt 176, 188, 195
Pol 7
policy-mix 196
Preisausgleich 17
Preisniveau 126, 169 ff., 178, 188
Produktionsfunktion 45 ff.
Produktionskonto 22f.
Produktionspotential 25 f.
Profitquote 28
pump priming 86

Quantitätsgleichung 125 f.
Querverteilung 28

Reaktionshypothesen 74, 76
Realausgleich 16
Reallohnsatz 145
Realvermögen, s. Sachvermögen
relative Preise 51, 127, 180 f.
Robertson-lag 76

Sachgeld 116
Sachvermögen 11
Saysches Theorem 51, 60 f., 179, 181 f., 184
Schumpeter 182
Sozialprodukt
  Begriffe des 24 f.
  Aussagefähigkeit des 29 f.
Sickerverluste 94, 97
Sparen 11 ff.
Sparfunktion 52 ff., 63 ff.
Sparneigung 64, 188, 193
Sparparadoxon 79
Spekulationsfunktion, s. Liquiditätspräferenzfunktion
Spekulationskasse 128 ff.
Staat 19 f., 87 ff.
Staatsausgaben 20, 87
- multiplikator 88
Staatseinnahmen 20

Stabilisierungsziele 177
Stabilität
geldwirtschaftliche- 141
gesamtwirtschaftliche- 166
güterwirtschaftliche- 50, 78, 112, 160
stationär 9, 48 ff.
Steuermultiplikator 89
Steuern 20, 24, 88
Ströme 7
Stromgrößen 121
Subventionen 20, 24
Supermultiplikator 103

technische Gleichungen 35
time lags 180, 197 f.
Transaktionen, s. Ströme
Transaktionskasse 118 ff.
Transaktor, s. Pol
Transfermultiplikator 93
Transferzahlungen 20, 92
Transmissionsvariable 192

Umlaufgeschwindigkeit 121, 188, 192
ungeplante Größen 15 ff.
Ungleichgewicht
- auf dem Arbeitsmarkt 150, 153 f.
geldwirtschaftliches- 140 f.
gesamtwirtschaftliches- 165 f.
güterwirtschaftliches- 51, 73 ff., 111 f.
Unterbeschäftigung, s. Arbeitslosigkeit
unverteilte Gewinne 18 f.

Variablen 37
Verhaltenshypothesen 5, 34 f.
Verkehrswirtschaft 7
Vermögensänderungspol 12 ff.
Vermögensrechnung 6
Verteilungsrechnung 26 ff.
Verwendungsrechnung 26, 28 ff.
Volkseinkommen, s. Sozialprodukt
Volkswirtschaftliche Gesamtrechnung 6
Volkswirtschaftliches Rechnungswesen 6 ff.
Vollbeschäftigung 149 ff., 168, 174, 178
Vorsichtskasse 128 f.

Wertaufbewahrungsfunktion 129
Wettbewerbspolitik 179, 183
Wicksellscher Prozeß 162 ff.
Wirtschaftskreislauf, s. Kreislauf
Wirtschaftsprozeß 4

Zahlungsbilanz 6
Zahlungsgewohnheiten 122
Zeitpräferenzäquivalent 53
Zentralbank 118
- geld 118
Zins 53 ff., 99 ff., 162
Zinsreagibilität der Investitionen 101, 188, 193
Zinsspannentheorem 162
Zwangssparen 17, 162
Zwischenbereich der LM-Kurve 138, 185, 192 f.